The war of the gods in addiction

중독, 신들의 전쟁

David E. Schoen 저
박성현 이재갑 역

중독의 심층심리학적 이해

박영story

역자 서문

박성현

인간이라는 존재의 독특성을 이해하는 다양한 접근들이 있겠지만, 다른 생명체와 달리 인간만이 유일하게 경험하는 괴로움을 탐구하는 것 또한 하나의 방법이 될 수 있습니다. 이 책에서 다루고 있는 중독 또한 인간 존재, 특히 인간의 의식이란 무엇인가에 대한 근본적인 질문을 던지게 하는 인간 고유의 괴로움이라고 할 수 있습니다.

우리들은 흔히 중독을 건강을 해치는 부주의한 습관이나 도덕적 결함의 문제로 혹은 알코올과 같은 중독성 물질의 남용에 따른 생리적 수준의 문제로 생각합니다. 전통적인 정신건강 전문가들의 중독에 대한 견해 또한 이 범주를 크게 벗어나지 않습니다.

이에 비해 중독을 신들의 전쟁으로 묘사한 이 책의 저자 Schoen 박사는 융의 분석심리학적 관점에서 중독에 얽힌 흥미진진하면서도 한편 오싹한 원형적 힘들의 이야기를 펼쳐내고 있습니다. 그는 중독의 파괴적 속성에 주목합니다. 여기서 파괴적이란 의미는 문자 그대로 중독자의 생명을 죽이고 관계를 황폐화시킨다는 뜻입니다. 그에 따르면 중독자의 자아가 중독-그림자-콤플렉스에 의해 사로잡힐 경우, 이 콤플렉스는 자신의 제단에 중독자의 생명이 바쳐질 때까지 중독자의 모든 사고, 감정, 충동, 관계 방식을 지배합니다.

　세계 곳곳에서 보편적인 인간 현상으로 나타나는 중독의 무시무시한 파괴성은 한 개인의 영역을 넘어선 초개인적인 어떤 힘을 상상하게 합니다. 분석심리학을 창시한 융은 이러한 힘을 인간의 집단 무의식에서 작용하는 원형의 작용으로 묘사했습니다. 원형은 개인성을 넘어선 창조적인 작용도 하지만, 반대로 인간을 죽음과 파멸의 구렁텅이로 밀어넣는 사악한 힘 또한 갖고 있습니다. 히틀러가 저지른 또한 지금도 곳곳에서 벌어지고 있는 인종학살이란 인간 현상이 이를 증거하고 있습니다.

　저자는 중독 현상의 뿌리에 원형적 그림자 또는 원형적 악의 힘이 도사리고 있다고 진단합니다. 원형적 그림자/악은 일개의 개인이 의식화하고 통합할 수 없는 초월적 힘으로서 자신에 대적하는 영혼을 철저히 파괴합니다. 중독－그림자－콤플렉스는 개인의 상처받은 내면의 공허감(저자의 표현으로는 구멍)을 파고들어, 공허감을 메꾸기 위해 구축한 거짓 자기를 부추깁니다. 중독－그림자－콤플렉스에 사로잡힌 거짓 자기는 내면의 깊은 공허감을 일시적인 자기애적인 만족과 우월감으로 채우며 생명의 에너지를 소모합니다.

　저자는 원형적 그림자/악의 힘으로부터 벗어나기 위해서는 이에 대응할 수 있는 위대한 힘의 지원이 필요하며 A.A로 알려진 '익명의 중독자들의 모임'을 이러한 원리에 기초하여 설명하고 있습니다. 중독에 빠진 혹은 중독의 경계에 있는 개인이 원형적 그림자/악의 사슬에서 벗어나기 위해서는 우선 자신의 힘으로는 중독에서 벗어날 수 없다는 사실을 인정하고 위대한 힘 앞에 자신을 내어맡기는 회심이 필요하다는 것입니다. 위대한 힘은 신, 불성, (원형적) 자기, 도, 성령으로 표현될 수 있는 신성하고 자아초월적인 선한 존재라고 할 수 있습니다.

　인간 현상을 기계론적이며 인과론적 방식으로 접근하는 전통적 생물심리사회학적 모델은 다양한 심리현상과 정신병리의 이해, 예방, 치료에서 커다란 발전을 이루어 왔습니다. 그러나 인간의 마음 깊은 곳에는 초개인적, 목적론적, 비인과론적 영역과 힘이 존재하며, 전통적 모델은 이 영역에서 몰이해와 한계를 보여 왔습니다. 오늘날 마음에 대한 포괄적 이해가 부재하고, 정신병리의 예방, 치료에서 획기적 진전을 보이지 못하는 것은 그러한 까닭에 연유하는 것일 수 있습니다.

　특히 중독은 전통적 모델이 분명한 한계를 보이는 영역으로서, 대부분의 전문가들이 기존의 심리학적, 의학적 치료가 아닌 '익명의 중독자들 모임'을 최선의 치료법으로 인정하고 있습니다. 우리는 지금까지도 알코올과 마약 중독에 놀라고, 이후 핸드폰, 게임, 인터넷, 쇼핑, 성 및 도박 중독 등 끝없이 다른 모습으로 나타나는 중독에 경악하고 자기파괴적 강박성에 두려움을 느끼면서도 효과적인 예방과 치료방안을 제시하지 못하고 대증요법적인 접근에 머무르고 있습니다. 이러한 측면에서 자아초월적 접근, 특히 분석심리학적 관점은 기존의 전통적 패러다임과는 근본적으로 다른 관점에서 중독의 자기파괴적이고 강박적 속성을 이해함으로써, 중독에 대한 새로운 조망과 해결 방안을 제시하고 있습니다.

　정신건강 전문가를 포함한 독자들은 중독은 왜 그렇게 치료가 어려우며, 왜 전통적 모델이 한계를 보이는 것인지를 이 책을 통하여 이해할 수 있을 것입니다. 또한, 우리 자신과 가족, 친구들이 중독의 자기파괴성에서 벗어나도록 돕기 위해서 어떤 노력을 해야 하는지를 분명하고 구체적으로 배울 수 있을 것으로 기대합니다.

　모쪼록 이 책이 중독으로 고민하고 고통받고 있는 분들과 중독에 대한 새로운 이해와 치료를 찾고 있는 정신건강 전문가들에게 도움이 되기를 기대하며, 더 나아가 인간의 다양한 심리현상과 정신병리에 대한 기존의 패러다임의 한계를 보완하고 새로운 통합모델의 발전에 기여하기를 바랍니다.

차 례

서문

Introduction

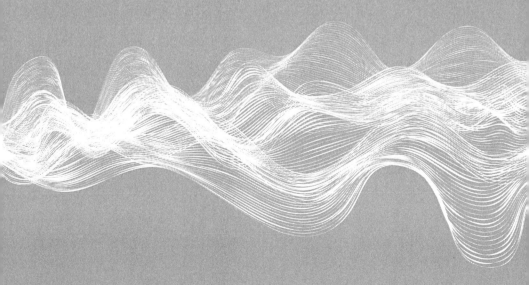

교육과 수련을 통해 나는 사회학자, 임상 사회사업가, 물질중독 상담사 그리고 융학파 분석가가 되었다. 나는 기질적으로 그리고 철학적인 태도에 있어 "현상학자phenomenologist"이다. 현상학자란 주요한 관심이 현상의 탐구에 있는 사람, 즉 세상을 있는 그대로 보려는 사람을 말한다. 나에게 실재 또는 현상을 보다 객관적으로 또는 절대적으로 이해하는 능력이 있다고 주장하고 싶지 않다. 나의 주관성, 한계, 무지 그리고 편견이 다른 사람들보다 적지 않을 것이다. 현상학자의 유일한 장점은 어떤 이론이나 관점 그 자체에 근본적이고 절대적인 충성을 보이지 않는다는 것이다. 어떤 이론이나 관점에 대한 나의 충성심은 그것이 현상의 어떤 측면을 정확히 반영하거나 이해를 돕는 정도에 달려 있다. 어떤 이론이 어떤 현상의 실재를 정확히 포착하고 반영한다면, 그것은 나에게 소중하고 중요한 것이 된다. 즉, 어떤 이론이 현상을 정확하게 표상하지 못한다면 나에게 그 이론의 중요성은 감소하게 된다.

이론은 어떤 현상을 가능한 정확하게 반영하고 표상하는 그림이나 공식을 만들어내려는 가설, 지도 또는 렌즈라고 할 수 있다. 어떤 지도는 다른 지도들보다 더 우수할 수 있다.

중독을 설명하려는 많은, 서로 경합하는, 그래서 때로는 혼란스러운 관점들이 존재한다. 어떤 이론은 중독 현상을 이해하는 데 다른 이론보다 도움이 된다. 그러나 어떤 이론은 너무나 부정확하다. 이것은 서울을 여행하던 사람이 길을 잃고 낙담하다가, 자신이 부산 지도를 갖고 운전하고 있었음을 깨달았다는 이야기를 생각나게 한다.[1]

나의 생각으로는, 오늘날의 정신역동 이론들은 중독의 본질과 독특한 측면을 정확히 설명하거나 표상하지 못하고 있다. 이론은 중독의 본성을 심리학적으로 이해하고 효과적으로 치료하기 위해 필요한 것이다. 이 책은 중독의 본성에 관한 이미 알려진 역사나 현존하는 이론들을 다루지 않을 것이다. 중독을 도덕적 결함, 성격적 문제 또는 신체 및 정신질환의 감춰진 증상으로 보는 관점[2]도 다루지 않을 것이다. DSM-IV의 진단적 관점인 남용abuse과 의존dependence도 강조하지 않을 것이다. 또한 기분에 영향을 주는 약물들과 행동들을 정신의학적 관점인 정신 및 정서장애의 일부로 범주화하지도 않을 것이다. 이 책에서는 또한 중독을 신경학적, 유전적, 행동주의적, 문화적, 가족적 또는 사회적 관점에서 탐색하지 않을 것이다.

이는 그러한 관점들이 주는 공헌, 이론, 사고 또는 정보들의 중요성이나 타당성을 과소평가하거나 폄하하려는 것이 결코 아니다. 그러한 관점들을 이해하려고 많은 노력을 하는 것은 가치 있는 일이다. 그러나 이 책의 의도는 중독에 관한 이미 알려진 관점들을 포괄적으로 설명하는 것에 있지 않다. 왜냐하면 이미 많은 책들이 그러한 설명을 담고 있기 때문이다. 나는 이 책에서 중독이라는 주제에 대한 신기원新紀元을 열고 싶은 것이다.

중독과 관련된 요소에는 유전학적, 생리학적, 영양학적, 생화학적, 사회학적, 환경적 그리고 문화적 요소들이 있다. 이들 모두는 중독의 이해에 필수적이며, 더욱 깊이 탐색하고, 연구하고, 이해할 필요가 있다. 그러나 이 책의 초점은 중독의 심리학적 측면, 특히 정신역동적 측면에 맞추어질 것이다. 중독의 정신역동적 측면이란 주로 융학파의 관점에서 중독의 기원과 발달에 관여하는 특수한 정신적 구성요소와 심리학적 과정을 설명하는 것을 의미한다. 나는 융학파의 심리학적 관점만이 중독의 발병과 치유 과정의 복잡성과 독특성을 정신역동적으로 적절하게 설명할 수 있다고 생각한다.

A.A.는 직관적으로, 본능적으로, 실용적으로 그리고 실존적으로 이러한 역동들을 인식하였다. 그들은 이렇게 발견한 것들을 12단계라는 매우 실용적이고 실제로 사용이 가능한 방식으로 구체화하였다. 그러나 A.A.는 그러한 경험을 정신건강 전문가들이 사용하는 정신역동적 언어로 적절하게 옮길 수 없었다. 나는 A.A.를 비판하고 있는 것이 아니다. A.A.의 임무는 사람들을 건강하게 하는 것이다. 그들에게 정신분석가나 정신건강 전문가들이 "이해하고 못하고"는 중요하지 않았다. 그들은 무엇이 효과를 보이는가에 관심이 있었다. 그렇지만 우리가 바르게 "이해하는 것"도 중요하다. "무엇이what 효과를 보이는가"와 "왜why 그것이 효과적인가" 사이의 간격은 미래에 메워질 것이다. 이렇게 가교架橋를 놓는 것은 진행 중인 중독자들active addictions에게 도움이 될 것이다. 또한 중독에서 회복 중인 사람들과 정신건강 전문가들 모두에게 득이 될 것이다. 많은 사람들의 생명이 그것에 달려있다.

A.A.는 12단계 프로그램이 알코올 중독자의 회복 및 회복 유지에 가장 효과적이고 성공적인 치료적 접근임을 분명하게 보여주었다. 익명의 중독자들 모임은 또한 12단계 프로그램이 "어떻게how" 효과를 보이는지도 잘 보여주었다. 그들이 충분히 설명하지 못하는 것은 그것이

"왜" 효과를 보이는가이다. 그 "왜"가 내가 이 책에서 설명하고 싶은 것이다. 이 책은 특히 회의론자, 불가지론자, 그리고 믿음이 결여된 사람들을 위한 것이다. 중독을 치료하려는 모든 노력들이 실패했음에도, 왜 익명의 중독자 모임이 중독자들에게 효과를 보이는지를 설명할 수 있다고 믿는다. 익명의 중독자들 모임을 다르게 하는 것은 무엇인가? 다른 접근법들은 실패하는데 왜 익명의 중독자들 모임은 효과를 보이는가? 만약에 AIDS 또는 심장마비를 치료하는 약물이나 치료법을 갑자기 발견한다면 우리는 같은 질문을 하게 될 것이다. 그 약물은 어떻게 그리고 왜 효과를 보이는가?

중독의 정의

용어 정의부터 시작하자. 첫 번째 중요한 질문은 다음과 같다: 심리적 중독psychological addition이란 무엇인가? 심리학적으로 중독은 그저 알코올, 약물, 성 또는 도박을 탐닉하는 것이 아니다. 중독은 게으름, 나쁜 습관 또는 본래의 인간이 되는 것이 아니다. 그것은 그저 의지력, 동기, 자제력, 결단력, 교육 또는 정보의 부족이 아니다. 중독은 물질이나 행동의 남용abuse[1]이 그저 의존dependency[2]까지 연장되는 것이 아니다. 중독은 단순히 도덕적 또는 영적 취약함이 아니다. 그것은 유혹에 저항하는 능력의 부족을 의미하지 않는다. 중독은 그저 엄청난 욕구나 갈망craving도 아니다. 그것은 과도함 이상의 어떤 것이다. 그것은 스트레스, 슬픔 또는 상황적인 반응성 우울증에 일시적으로 반응하여,

---

1) 지속적인 사용으로 심리적, 신체적, 법적, 사회적 문제 등이 초래되는 경우. (역주)
2) 대상을 끊지 못하고 내성, 금단증상, 자제력 손상이 나타나는 경우. (역주)

알코올, 약물, 성, 음식 또는 도박을 사용하는 것이 아니다. 그것은 소시오패스적인 초자아 결손superego lacunae이 아니다. 이러한 많은 요인들과 역동들이 중독에 관여하고 있을 것이다. 그러나 그런 것들로 중독을 정의하거나 적절하게 설명하기에는 충분하지 않다.

이 책의 집필 목적을 위해 나의 심리적 중독에 대한 정의는 두 개의 주요한 요소들로 구성된다. 첫째, 중독적 물질 또는 행동은 개인을 심리적으로 완전히 그리고 절대적으로 사로잡아야 한다. 즉, 그것은 사고, 정서, 지각, 동기, 판단, 의사결정, 행위 그리고 행동과 같은 정상적인 자아 기능을 사로잡는다. 둘째, 이 두 번째 정의가 결정적으로 중요하다. 중독이 자아를 사로잡는 방식은 본질적으로 파괴적이고 궁극적으로 생명파괴적이다. 중독은 보호관찰이나, 형기 단축이 가능한 종신형이 아니다. 중독은 사망 선고이다. 그렇지 않다면 그것은 중독이라고 할 수 없다. 중독은 마음, 정서, 신체 그리고 영혼의 사망 선고를 의미한다. 중독은 직업, 이웃, 결혼생활, 가정 그리고 친구 관계의 사망을 의미한다. 죽음에 이르는 잠재력, 즉 개인을 파멸시키는 힘을 갖고 있지 않다면 그것은 중독이라고 할 수 없다. 가장 강력하고, 통제력이 있고, 사로잡으며, 지시적이고, 결정적인 힘이 아니라면 그것은 중독이라고 할 수 없다. 중독은 모든 것에 우선한다.

오블라띠 선교 수도회의 프란시스 네멕Francis Nemerck, 그리고 은수자隱修者[3] 마리 테레사 쿰스Marie Theresa Coombs는 중독에 관한 자신들의 저술에서 십자가의 성 요한St. John of the Cross(위대한 예수회 철학자, 신학자이자 과학자. 그는 우주의 생물학적 그리고 영적 진화에 대한 그리스도 의식Christ−consciousness의 발달과 영향이라는 문제를 탐색하였다)의 관점에서 중독을 나와 매우 유사한 방식으로 정의하고 있다.

---

3) 숨어서 도를 닦는 사람. 표준국어대사전, 국립국어원, 2021.

중독은… 병리적 관계이다. 결코 충족될 수 없는 목적을 실현하려고 사람, 대상 그리고 사건들을 이용한다. 중독은 모든 것을 빨아들이는 진원, 궁극적인 의미 그리고 중독이 되는 유일한 이유가 된다. 중독자의 모든 것은 점점 빠르게 욕망의 대상의 주위를 회전한다. 그런 식으로, 중독은 신이 되어 중독자를 완전히 지배하게 된다.[3]

심리적 중독은 가장 심각하고 나쁜 의미에서의 "사로잡힘being possessed"이다. 그것은 어떤 사람을 정말 사로잡는다. 나는 이 용어를 그저 비유적으로 또는 은유적인 의미로 사용하는 것이 아니다.

중독의 의학적 정의는 (대사, 갈망, 세로토닌 흡수, 독소의 구성, 기관 손상 등) 구조적이고 생화학적인 신체 변화를 다룬다. 오랫동안 중독에 대한 의학적, 생물학적 정의는 알코올이나 약물과 같은 물질만을 다루었다. 이러한 접근은 도박 중독, 성 중독, 역기능적인 관계, 일 중독 등과 같은 행위 중독을 설명하지 못하였다. 최근의 신경학적·생화학적 연구에 의하면 모든 유형의 중독에서 뇌, 중추신경계, 생리학적으로 매우 동일한 반응이 관찰되었다. 이는 중독의 대상이 물질이건, 행동이건 또는 관계이건 상관이 없었다.

모든 신체적 중독은 심리행동적 구성요소를 갖는다. 그러나 모든 신체적 중독이 또한 심리적 중독인 것은 아니다. 본질적으로 심리적 중독이 없는 신체적 의존 또는 중독이 존재할 수 있다. 고통스러운 수술 등 의학적 목적으로 진통제가 과잉 처방된 사례들이 존재한다. 그들은 대개 신체적으로 진통제에 중독되거나 의존하게 되었지만, 심리적 중독은 보이지 않았다. 신체적 해독치료 그리고 진통제 금단이 완전히 해소되면, 그들은 중독되었던 물질을 계속 사용하려는 지속적인 심리적 갈망을 보이지 않는다. 이들은 신체적으로는 중독되었지만 심리적으로는 결코 중독되지 않았던 것이다. 물론 전체론적 음yin·양yang의 방식으로, 신체와 정신 사이에는 항상 상호작용적 관계 및 연결이 존재한다. 이러한 이론적, 의학적 그리고 신체적 차이, 구별, 그리고 질문들이 흥미로운 것이기는 하지만, 이 책의 진정한 초점은 아니다.

보다 분명하게 언급할 것이 있다. 바로 어떤 사람들이 "긍정적 중독 positive addiction"이라고 부르는 것에 관해서다. 긍정적 중독이란 건강하고, 유익하고, 생기 있고, 영적으로 풍부한 것으로 간주되는 습관, 행위, 행동, 강박 그리고 물질들을 의미한다. 그러나 이 책에서 나는 "중독"이라는 용어를 병리적인 개념으로 사용하였다. 즉 나는 부정적이고, 파괴적 의존이라는 오늘날의 임상적 의미에서 '중독'이라는 용어를 사용하였다. 나는 중독을 고대 라틴어 "addictus"가 의미하는 하느님을 섬기거나 사랑하는 것에의 중독, 즉 어떤 사람이나 사물에 대한 몰입이 보이는 긍정적인 측면으로 사용하지 않았다. 이 책의 주요한 목적은 중독에 대한 정확하고 포괄적인 정신역동적 설명을 하려는 것이다. 이러한 원칙에 따른다면, "긍정적 중독"이라는 용어는 이 책의 목적에 도움이 되지 않는다. 왜냐하면 좋은 습관을 중독이라고 정의하게 되면, 진단과 통찰적 인식을 모호하게 하고 혼란만을 야기하기 때문이다. 달리기, 사랑에 빠지기, 정원 가꾸기, 스포츠 관람하기, 낚시하기 또는 기도하기는 중독이 아니다. 또한 이것은 매우 정돈되고(항문기4)), 열광적인, 또는 매우 고집이 센 것과도 다르다. 이들의 어느 것도 누군가를 죽음에 이르게 하는 사형선고와는 거리가 멀다. 이들의 어느 것도 심리적 중독의 본질적인 기준인 '근본적으로 파괴적이고 생명을 위협하는'에 부합하지 않는다. 만약 모든 것이 중독이라면, 그렇다면 어느 것도 중독이 아니다. 모든 것을 중독이라고 명명하는 것은 지나친 남용이고 일반화이며, 마치 본질에 물을 타서 희석하는 것과 같다. 그러한

---

4) 프로이트의 심리성적 발달단계에서 항문이 쾌락을 추구하는 신체부위가 되는 출생 후 1년 반에서 3년까지의 시기를 말한다. (역주)

경우 그 용어는 무의미하게 되며, 임상적으로 현상을 설명하고 이해하는 데에 도움이 되지 않는다.

다음 예는 이와 같은 개념 – 혼란이 야기할 수 있는 문제를 보여준다. Gerald May는 저서 "중독과 은총: 중독 치유에서의 사랑과 영성 Addiction and Grace: Love and Spirituality in the Healing of Addiction"에서 치유와 중독에 관한 이런 문제들 몇 개를 다루고 있다. May는 모든 중독이 유해하다는 것에 동의하였다. 그는 중독을 정의하기 위해 필요한 것은 그저 "은총grace"이라고 부르는 초월적 영적 힘transcendent spiritual force이라고 하였다.

> 이해한다고 중독에서 벗어날 수 있는 것은 아니다. 그러나 나는 이해가 우리가 은총을 인식할 수 있도록 도울 것으로 기대한다. 은총은 우주에서 가장 강력한 힘이다. 은총은 우리의 자유로운 심성을 억압하려 하는 억압, 중독 그리고 모든 다른 내적 또는 외적 힘을 초월할 수 있다. 은총에 희망이 있는 것이다.[4]

May에게 '은총'은 익명의 중독자들 모임의 '위대한 힘'과 같은 것이었다. 그런데 익명의 중독자들 모임의 '위대한 힘'은 융심리학의 '자기 Self'[5]와 같은 개념이다. 나는 May의 생각이 올바른 것이라고 믿는다. 다만 May가 중독을 "인간의 욕망의 자유를 제한하는 어떤 강박적이고, 습관적인 행동"[5]으로 정의한 것은 문제가 있다. 그는 한낱 나쁜 습관과 우리를 죽일 잠재력이 있는 행동을 구별하지 않고 있다. 그는 모든 사람이 중독으로 고통받으며, 그것이 인간 조건의 요소라고 생각하였다. 그의 관점은 민주적이며, 모든 인간성을 포괄하는 것일 수는 있다. 그

---

5) 인간의 마음의 중심으로서, '정신의 분열을 지양하고 통일케 하는 요소'. 이부영, 분석심리학, 일조각, 2011, p. 75.

러나 임상적, 병적 중독 현상과 그 정신역동적 과정의 이해에는 도움
이 되지 않는다.

　현상들을 잘 이해하려면 그것들을 대조하고 비교하는 것이 필요하다.
만약 어떤 현상이 너무나 일반적이고 보편적이어서 전 세계의 모든 사
람에게서 언제나 발견된다고 가정하자. 그렇다면 그것은 보편적인 인간
본성이라고 정의할 수 있다. May는 중독을 분류하면서, 매혹적인 중독
attraction addiction[6]에 팝콘과 초콜릿을 포함시키고, 혐오적인 중독
aversion addiction[7]에 쥐를 포함시키고 있다. 그의 중독에 대한 관점은,
잠재적으로 모든 정신질환, 쾌락, 관계 그리고 행동을 포함할 수 있다.
만약 중독이 모든 것, 모든 곳에 항상 있는 것이라면, 그렇다면 그것은
어떤 범－신성pan-divinity적인 것을 의미한다. 그렇지 않다면 그것은 그저
아무것도 아니고, 어디에도 없는 것일 수 있다. 왜냐하면, 만약 그것이 모
든 것이라면, 우리는 다른 것들로부터 그것을 결코 구별할 수 없을 것이
기 때문이다.

　이렇게 되면 중독의 진정한 본성을 제대로 평가할 수 없다. 또한 진
정한 중독을 하나의 실제 현상으로 보지 못하거나 묵살하기 쉽다. 무
엇보다 중요한 것은, May가 중독의 역동에서 원형적 그림자Archetypal
Shadow[8]/원형적 악Archetypal Evil[9]의 측면을 자아초월적transpersonal
요소로 통찰하지 못했다는 것이다. 그러나 May는 중독과 회복의 심리

6) 강박적으로 어떤 것에 끌리는 것. (역주)
7) 강박적으로 어떤 것을 피하는 것. (역주)
8) 그림자란 '나ego'의 어두운 면, 즉 무의식적인 측면에 있는 나의 분신이며
　보통 개인적 무의식의 특징을 나타낸다. 그러나 때로는 집단적 무의식의 내
　용인 원형의 상(원형적 그림자)을 띤다. 원형으로서의 그림자가 투사될 때,
　그 사람은 그 투사 대상에서 형언할 수 없는 두렵고 무서운 감정에 따라 파
　괴적인 행동을 하기까지 한다. 앞의 책, p. 92.
9) 원형적 그림자와 같은 의미이다. (역주)

학적 본성을 깊이 탐색하고 이해하는 데 기여하였다. 나는 그것에 정말 감사한다. May는 중독, 특히 회복에서 자아초월적 요소가 중요하다는 것을 알고 있었다. 그것은 중독 현상, 특히 중독의 원형적 함축이 존재한다는 사실에 대한 가치 있고 훌륭한 혜안이었다.

이 파괴적이고 삶을 위협하는 원형적 그림자가 왜 중독을 정의하고 이해하는 데에 중요할까? 나는 3장에서 이것을 자세하게 설명할 것이다. 중독을 정의함에 있어 나는 독단적이거나 전제적이고 싶지 않다. 나는 논쟁을 목적으로 의미론적 지적 유희를 하려는 것이 아니다. 나는 중독이란 단어와 그 의미를 마음대로 정의하려는 것이 아니다. 나는 중독이라는 용어를 가장 자주 사용하는 근본적으로 중요한 현상에 관해 설명하고자 하는 것이다. 중요한 것은 분류하고 명칭을 붙이는 것이 아니라, 그 현상의 특성을 본질적으로 이해하는 것이다. 덜 혼란스럽고, 보다 쉬운 적절한 단어가 있다면 나는 그것을 사용할 것이다. 한편 중독이라는 단어가 내가 이해하려고 애써온 것과는 다르게 사용될 때 나는 그것을 언급할 것이다.

이 책의 구성은 다음과 같다. 1장에서는 Bill W.와 Carl Jung이 주고받은 편지를 살펴볼 것이다. 그들의 편지는 이 책이 강조하는 초점, 집필 목적, 그리고 결론까지 인도해주는 깊은 의미를 함축하고 있다. 2장에서는 내가 중독-그림자-콤플렉스Addiction-Shadow-Complex[10]라고 부르는 과정의 다양한 측면을 설명할 것이다. 이를 위해 융학파의 마음에 대한 관점에 기초하여, 전형적인 중독의 정신역동적 발달을 살펴볼 것이다. 또한 익명의 알코올 중독자들 모임의 중독 치유, 12단계

---

10) 중독 행동에 개인적 그림자와 원형적 그림자가 결합됨으로써 강력한 콤플렉스 배열이 구성되는 것을 의미한다. 이러한 역동으로 중독은 영원히 굳어지게 된다. (역주)

경험을 계속해서 참조할 것이다. 3장에서는 중독의 중요한 구성요소인 원형적 그림자/원형적 악Archetypal Shadow/Archetypal Evil의 본질이 무엇인지, 어떻게 작용하는지를 설명할 것이다. 이를 위해 원형적 그림자/원형적 악이 다른 임상적 이론들과 진술들에 나타나는 모습뿐만 아니라, 민담, 신화 그리고 종교에서는 어떻게 나타나는지를 검토할 것이다. 이 책에서 원형적 그림자/원형적 악은 결합되어 언급되는데, 이 둘은 같은 의미의 동의어로서 이해될 수 있다. 내가 이렇게 결합된 용어를 사용하는 것은 어떤 사람들은 그중 하나의 용법에 보다 익숙하기 때문이다. 두 용어를 결합하여 사용할 때 내가 설명하려는 현상의 미묘한 차이를 더 잘 반영할 수 있을 것이다.

4장에서는 익명의 알코올 중독자들 모임의 12단계에 약술되어 있는 치유의 과정을 통해 회복에 이르는 길을 탐색할 것이다. 또한 12단계가 융학파의 정신역동적 회복 단계들에 어떻게 대응하는지를 탐색할 것이다. 5장에서는 중독자들의 여러 회복 단계들에서 "꿈의 해석"이 갖는 중요성을 검토할 것이다. 또한 "꿈의 해석"이 중독자의 진단, 예후 그리고 치료에 어떻게 도움이 되는지를 살펴볼 것이다.

마지막 장에서는 결론과 나의 최종적인 생각을 설명할 것이다.

제1장

기초를 닦다

The Bill W. - Carl Jung Letters

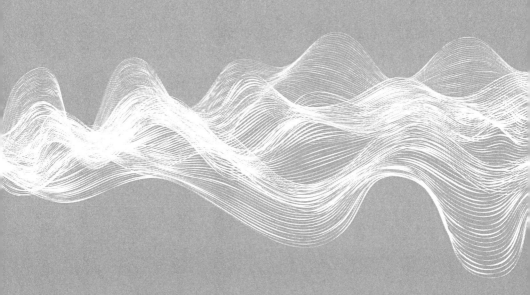

기초를 닦다
: The Bill W. - Carl Jung Letters

Bill W.의 편지
1961년 1월 23일
칼 융 박사님께
Küsnacht- Zurich
Seestrasse 228
스위스

친애하는 융 박사님께:

이 깊은 감사의 편지를 쓰는 것이 너무 오래 걸렸습니다. 저는 익명의 알코올 중독자들 모임Alcoholics Anonymous(A.A.)의 공동 설립자인 Bill W.[1]입니다. A.A.에 관해서 분명히 들어보셨을 것입니다. 그러나 박사님이 1930년대 초 Roland H.라는 환자와 나누었던 대화가 A.A.의 설립에 중요한 역할을 했다는 것은 모르고 계실 것입니다.

Roland H.는 오래전 사망했습니다. 그러나 그가 기억하는 당신에게 치료를 받는 동안의 놀라운 경험들은 분명히 A.A. 역사의 한 부분이

---

1) William Griffith Wilson(1895~1971). Bill W.로 알려졌으며 알코올 중독으로 여러 차례 입원했으나 A.A.를 창시하고 1934년에 금주를 시작하여 죽을 때까지 유지하였다. (역주)

되었습니다. Roland H.는 당신에게 받은 치료 경험을 이야기해 주었는데, 우리는 다음과 같이 기억하고 있습니다.

　Roland는 알코올 중독에서 회복하려고 많은 방법을 시도하다 지쳤습니다. 그러다 그는 1931년에 박사님을 찾아가 치료를 받았습니다. 아마도 그는 약 1년 동안 당신에게 치료를 받은 것으로 알고 있습니다. Roland가 박사님을 존경하는 마음은 이루 헤아릴 수 없으며, 그는 당신을 깊이 신뢰하며 치료를 종결했습니다.

　정말 당황스럽게도 그는 곧 알코올 중독이 재발했습니다. 그럼에도 Roland에게 당신은 "최고 법원法院"이었음이 분명합니다. 그는 다시 박사님을 찾아갔습니다. 그때 Roland와 당신이 나누었던 대화가 A.A.의 설립으로 이끄는 일련의 사건들의 첫 번째 고리가 되었습니다.

　저의 기억에 의하면, 그는 당신과의 대화에 관해 이렇게 이야기 했습니다. 무엇보다 당신은 솔직하게, 의학적 또는 정신의학적 치료가 그에게 희망적이지 않다고 이야기 했습니다. 박사님의 이러한 솔직하고 겸손한 이야기는, 의심할 것 없이 A.A. 모임의 건립에 첫 번째 주춧돌이 되었습니다.

　자신이 무척 신뢰하고 존경하던 당신에게 그런 이야기를 듣고, Roland가 받은 충격은 엄청났습니다.

　박사님의 이야기를 듣고 그는 다시 어떤 다른 희망은 없는지 물었습니다. 당신은 영적이거나 종교적인 경험, 즉 진정한 회심conversion[2]을 한다면 희망이 있다고 이야기 했습니다. 당신은, 지금까지 어떤 방법도 도움이 되지 않았지만, 만약 진정한 회심을 한다면, 그러한 경험이 어떻게 회복에의 동기를 불러일으킬 수 있는지를 설명하였습니다. 그러

---

　2) 평범한 생활 또는 방탕한 생활을 하던 사람이, 어떤 계기에 마음을 돌려 그리스도의 가르침에 전폭적으로 따르게 되는 것. 두산백과사전, ㈜두산, 2020.

나 당신은 경고했습니다. 그러한 경험이 알코올 중독자들을 회복으로
이끌 수 있지만, 그런 경우는 상당히 드물 것이라고 말입니다. 박사님
은 그에게 종교에 몰입하고 희망을 잃지 말라고 권했습니다.

곧 Roland는 당시 유럽에서 성공의 정점에 있던 복음주의 운동에
참여하였습니다. 박사님도 잘 알고 있는 옥스퍼드 그룹 운동Oxford
Group(O.G.)[3]입니다. 아시다시피 그들이 주로 강조하는 것은 반성, 참
회, 회복, 다른 사람에 대한 헌신적인 봉사입니다. 그들은 묵상과 기도
를 매우 강조했습니다. 이러한 경험들을 통해, Roland는 회심回心하게
되었고 잠시 술에 대한 강박에서 벗어날 수 있었습니다.

뉴욕으로 돌아와서 그는 매우 적극적으로 O.G.에 참여하였으며, 성공
회 목사인 Samuel Shoemaker 박사의 인도를 받았습니다. Shoemaker
박사는 O.G.의 창설자 중의 한 명이었으며, 감동을 주는 성격의 소유
자로 매우 성실하고 확신이 있었습니다.

이때(1932-34), O.G.는 이미 일부 알코올 중독자들을 절주시키는
데 성공하였습니다. 이들 알코올 중독자들과 자신을 동일시한 Roland
는 그들을 돕기 시작하였습니다. 이들 중의 한 명이 나의 오랜 동창인
Edwin T.로 흔히 "Ebby"라고 불립니다. Ebby는 거의 병원에 입원할
뻔했습니다. 그러나 Roland와 O.G.의 회원인 다른 알코올 중독 회복
자가 가퇴원을 도왔습니다. 그들은 또한 Ebby가 알코올 중독에서 벗
어날 수 있도록 도왔습니다.

한편 나도 알코올 중독이 진행되고 있었으며, 역시 병원에 입원해야
할 상황이었습니다. 나는 의사인 William D. Silkworth에게 치료를 받

3) 1921년부터 영국의 옥스퍼드를 중심으로 전 세계에 전파된 종교 각성 운동.
   절대 정직·무사(無私)·순결·사랑을 목표로 하여 종교적 각성을 촉구하였
   으며, 1938년 이후 MRA 운동으로 발전하였다. 표준국어대사전, 국립국어
   원, 2020.

았는데, 그는 알코올 중독자를 매우 잘 이해하고 있었습니다. 그러나 당신이 Roland를 포기했던 것처럼 그도 나를 포기하였습니다. 그에 의하면 알코올 중독에는 두 개의 구성요소가 있습니다. 하나는 강박증 obsession으로 중독자는 자신의 의지와 이익에 반하여 술을 마시게 된다는 것입니다. 다른 하나는 그가 알레르기allergy라고 부르는 어떤 종류의 대사 장애입니다. 알코올 중독자의 강박행동은 그의 음주가 계속될 것임을 보증합니다. 또한 알코올 중독자는 알레르기로 결국 황폐해지고 미치거나 또는 사망한다는 것입니다. 나는 그가 도울 수 있다고 생각했던 소수 중의 하나였습니다. 그러나 그는 어쩔 수 없이 나에게 희망이 없다고 말하였습니다. 나도 병원에 입원하였습니다. 그것은 나에게 엄청난 충격이었습니다. 당신 때문에 Roland에게는 회심回心할 기회가 주어졌으며, 나도 경이로운 친구인 Silkworth에 의해 기회가 주어졌습니다.

내가 곤경에 처한 것을 알고, 친구인 Edwin T.가 내가 술을 마시고 있던 집으로 찾아왔습니다. 그때가 1934년 11월이었습니다. 나는 나의 친구 Edwin이 희망이 없다고 생각하고 있었습니다. 그런데 나를 찾아온 Edwin은 매우 분명하게 중독에서 "치유"된 상태에 있었습니다. 그것은 그가 매우 짧은 시간 옥스퍼드 그룹 운동에 참여했던 것만으로는 절대 설명할 수가 없는 것이었습니다. Edwin의 명백한 회복의 상태는 매우 설득력이 있었으며, 그것은 통상적인 우울증과는 달랐습니다. 그는 나의 친척이었기 때문에, 허심탄회하게 속 깊은 이야기를 나눌 수 있었습니다. 나는 그때 깨달았습니다. 나도 그가 한 경험을 하여야 하며, 그렇지 않으면 죽게 된다는 것을 말입니다.

나는 Silkworth에게 돌아가 다시 치료를 받았고, 자제력sobriety4)을

---

4) sober는 '술이나 약물에 취하지 않은 상태'를 의미하나, 행동 중독을 포함하

회복할 수 있게 되었습니다. 그때 비로서 Edwin의 "치유" 경험과 Roland가 그를 어떻게 인도했는지를 분명히 이해할 수 있었습니다.

나는 알코올에 대한 자제력을 회복하였지만 심한 우울증에 빠져들었습니다. 이렇게 심한 우울증에 빠지게 된 것은, 나에게 최소한의 신앙심도 없었기 때문으로 생각합니다. Edwin T.가 다시 나를 찾아왔습니다. 그와 나는 옥스퍼드 그룹 운동의 간단한 신앙고백을 암송하였습니다. 그런데 그가 돌아가자마자 나는 더 심한 우울증에 빠져들었습니다. 나는 완전히 절망하여 "신이 존재한다면, 나와 보라"고 외쳤습니다. 그때 나는 어떤 계시를 보았고, 엄청난 충격을 받았습니다. 그 후 나는 *익명의 알코올 중독자들Alcoholics Anonymous*과 *A.A. 성년이 되다 Alcoholics Anonymous Comes of Age*라는 기본서에 나의 경험을 묘사하려고 노력했습니다. 이 두 권의 책을 당신에게 보냅니다.

계시의 충격으로 나는 알코올 강박에서 치유되었습니다. 나는 내가 자유로워졌음을 알았습니다. 계시를 경험하고 얼마 되지 않았을 때입니다. Edwin이 병원으로 찾아와 윌리엄 제임스William James[5]의 *종교적 경험의 다양성Varieties of Religious Experience*이라는 책을 주었습니다. 이 책을 읽고 나는 깨달았습니다. 대부분의 회심의 경험들은 그 양상이 매우 다양합니다. 그러나 그러한 경험들에는 공통분모가 있었습니다. 그들은 극심한 자아 붕괴를 경험하였습니다. 그들은 엄청난 난관에 직면하였는데, 나의 경우에는 강박적인 음주가 그 난관이었습니다. 그리고 나의 알코올 중독자 친구에게서, 당신이 Roland H.에게 희망이 없다는 평결을 내렸다는 이야기를 전해 듣고 나의 절망감이 더 깊어졌

는 포괄적 의미를 담기 위하여 '자제력'으로 번역함. (역주)
5) (1842~1910). 미국의 심리학자, 철학자. 미국에서 실험심리학 연구실을 최초로 창설. 객관적 진리를 강조하는 '진리 대응론'과는 달리 '어떤 명제가 실용적이라면 진리'라는 실용주의를 주창하였다. (역주)

던 것입니다.

영적인 경험을 통해 나는 알코올 중독자 공동체의 미래에 대한 통찰을 갖게 되었습니다. 공동체와 동일시하는 알코올 중독자는 자신의 경험을 다른 중독자에게 전합니다. 연쇄적입니다. 과학적 접근으로는 알코올 중독의 치료 가능성이 없음을 신입 멤버에게 전한다면, 그것은 신입 멤버에게 영적인 변환을 경험할 큰 기회를 주는 것입니다. 이러한 관점은 이후 익명의 알코올 중독자들 모임이 성취해 온 성공들의 토대인 것이 입증이 되었습니다. 이렇게 함으로써 중독자들은 회심을 경험하게 되었는데, 이는 윌리엄 제임스가 이야기한 거의 대부분의 다양한 양상으로 나타났습니다. 지난 25년간 우리 알코올 중독자들은 지속적으로 회복되어 왔으며, 그 수는 약 30만 명에 이릅니다. 오늘날 미국과 전 세계에 8,000개의 A.A.가 있습니다.

지금 A.A.가 경험하고 있는 이 엄청난 은혜는 칼 융 박사님, O.G.의 Shoemaker 신부님, 윌리엄 제임스, 그리고 나의 주치의였던 Silkworth의 덕분입니다. 이 경탄할 만한 연쇄적 사건들은 오래전 당신의 진료실에서 시작되었으며, 그것은 당신의 겸손과 심오한 통찰력에 바탕하고 있습니다.

많은 사려 깊은 A.A. 멤버들이 당신의 저술에 관심을 갖고 있습니다. 인간은 지성, 감정, 그리고 2,000원어치 화학물질 이상의 존재라는 당신의 신념 때문에, 우리들은 특히 당신을 높이 평가하고 있습니다.

우리 A.A.가 단합이라는 전통을 어떻게 키우고 가꿔왔는지, 보내 드린 교재와 팜플렛에 담겨 있습니다. "영적 경험"에 더하여 A.A.의 많은 멤버들이 매우 다양한 초자연적 현상psychic phenomena을 보고하고 있는데, 이것이 당신에게 매우 흥미로울 것으로 생각합니다. A.A.의 멤버들은 회복된 후, 융학파 치료자들의 상담을 통해 많은 도움을 받아 왔습니다. 일부 멤버들은 역경易經·I Ching에 관심을 갖게 되었으며, 당신의 훌륭한 서문6)에서 많은 도움을 받았습니다. 우리 단체의 역사와 호의에서 당신은 최우선의 위치에 있습니다.

감사드리며,

William G. W−[1]

1961년 1월 23일에 쓰인 이 편지는, A.A. 창설자 중의 한명인 Bill W.가 칼 융에게 깊은 감사를 담아 쓴 것이다. 이 주목할 만한 편지는, A.A. 설립까지의 연쇄적인 사건들에 융이 기여한 것에 감사하고 있다. 융은 Bill의 편지를 받고 일주일 후인 1961년 1월 30일에 답장을 보냈다. 두 사람의 편지에는 A.A., A.A.의 역사, 알코올 중독의 역동에 관한 풍부한 정보가 담겨 있다. 또한 알코올 중독과 중독 일반7)의 역동에 관한, 이전에는 알려져 있지 않았던 융의 관점과 통찰이 담겨 있다. 이 책의 모든 내용은 두 사람의 편지에서 발아하고 윤곽이 그려졌다. 다시 말해서 이 책은 칼 융과 A.A.의 알코올 중독, 그 역동 그리고 효과적 치료에 대한 기본적 관점을 확장하고 부연한 것이다. 두 사람의 편지는 이 책의 기본적인 형판이 되어 주었다. 이 편지가 없었다면 우리는 알코올 중독과 중독 일반에 관한 융의 핵심적인 관점을 알 수 없었을 것이다. 두 사람의 편지는 1961년 1월에 작성되었다. 융이 1961년 6월 6일에 사망하였으므로, 편지는 그가 사망하기 5개월 전에 쓰인

---

6) 리하르트 빌헬름이 번역한 독일어판 주역에 칼 융이 쓴 서문을 말한다. (역주)

7) 알코올, 약물, 도박, 쇼핑, 인터넷 중독 등 다양한 양태의 중독을 포괄하는 개념으로 역자가 사용하였다. 역자의 상담 경험에 의하면 다양한 양태의 중독은 증상, 핵심 특징, 정신역동 등이 기본적으로 동일하였다. DSM−5에서 도박장애를 물질관련장애에 포함시킨 것도 동일한 이유이다. (역주)

것이다. 이것은 역사적으로 큰 의미를 갖는다. 왜냐하면 중독에 대한 융의 관점에는, 말년에 통합되어 완성된 그의 사상이 반영되어 있기 때문이다. 융의 편지에는 그의 믿기 어려운 삶의 경험과 사상이 최종적으로 통합·요약되어 있다. 또한 그 편지에는 알코올 중독과 중독 일반의 본질에 관한 융의 솔직하고 진솔한 생각이 담겨 있다. 이것은 융이 죽기 전의 마지막 대화들 중의 하나이다. 어떤 의미로는 이것은 중독에 대한 융의 유언이라고 할 수 있다.

융 전집에는 알코올 중독이 28번 언급되고 있다. 대부분은 언급은 융의 초창기 저술에 제시되고 있는데, 1904년에서 1909년 사이의 단어연상검사word association experiment[8]에 참여한 피험자들에 대한 기술에서 언급되고 있다. 정서적으로 강조된 자율적 현상인 심리학적 콤플렉스psychological complex[9]의 존재는 그때까지 오직 지그문트 프로이트Sigmund Freud만 주장하고 있었다. 융이 도입한 단어연상검사는 이 콤플렉스를 과학적, 경험적으로 규명한 혁신적인 연구였다. 융은 "예수에 의해 치유된cured by Jesus" 한 남자[2]를 언급하고 있다. 그는 집단적 종교적 경험을 통해 회심하여 자제력을 회복했지만 오래가지 못한 경우이다. 알코올 중독에 대한 융의 대부분의 논평은 그것은 가장 나쁘고, 심신을 피폐하게 하며, 퇴행적인 정신질환이라는 것이다. 1900년대 초의 의학계, 과학계, 정신건강 전문가들 사이에는 알코올 중독에 대한 절망감이 있었다. 즉, 알코올 중독은 불치의 치료불가능한 질환이라는 것이다. 정신분석을 포함한 모든 치료적 접근법들이 효과가 없었다. 그

---

8) 자극어를 읽어주고 '무엇이 떠오르는지' 묻는 검사. 연상에 실패하는 것은 "자극어가 마음속의 '간정적으로 강조된 콤플렉스'를 자극하여 연상을 방해하기 때문"이다. 예) 돈 콤플렉스가 있으면, 자극어 '강남' '부촌' 등에 당황하거나 반응이 늦다. 이부영, 분석심리학, 일조각, 2011, p. 58.
9) 앞의 각주 5)를 참고하라.

결과 "알코올 중독의 저주"에 걸린 불행한 사람들을 돕는 것을 포기하고 체념하는 태도가 나타났다. 그것은 정말 사형선고였다. 즉 알코올 중독에 걸리면 조만간 죽는 것으로, 그저 시간문제였다. 알코올 중독자들의 단주와 재활을 도우려고 애쓰던 사람들처럼 융도 좌절하고 실패했음이 틀림없다.

1931년 이러한 사회적─의학적 상황 속에서, "젊고 재능 있고 부유한 금융전문가인 Roland H.는 음주 자제에 실패하여 절망하고 있었다. 그는 가능한 모든 치료를 시도했지만 실패하였다. 그 후 그는 당시 가장 위대한 정신의학 치료자인 칼 융 박사를 스위스 취리히까지 찾아가 분석을 받았다."[3] Roland는 칼 융에게 대략 1년 정도 분석을 받았고 처음에는 금주를 할 수 있었다. 그는 융 박사와의 분석을 종료하면서 자신만만했다. 그는 중독에서 벗어났다는 큰 기대를 갖고 미국으로 돌아왔다. 그러나 곧, 다른 많은 알코올 중독자들처럼, 그는 다시 걷잡을 수 없는 음주가 재발하였다. 아마도 당시 세계 최고의 정신분석가에게 받은 치료도 충분하지 않았던 것으로 보인다. 융의 분석 치료는 자아─통찰, 발달력의 자각, 콤플렉스와 그림자 문제를 탐색하고 작업하는 것이다. 그러나 그것으로도 금주를 유지하기에는 충분하지 않았다. 무의식을 의식화하는 것만으로는 그를 치료하기에 충분하지 않았다. 정신분석은 과거에도 알코올 중독을 치료할 수 없었고, 지금도 아니다 (Psychoanalysis was not and is not a cure for alcoholism). 치료에서 도움을 받지 못한 수많은 Roland들의 경험담이 있다. 우리는 알코올 중독자들의 자제력 회복을 도우려던 의학, 정신의학, 정신분석, 심리학적 노력들의 실패를 반복해서 들어왔다.

심리치료 전문가들은 치료에 실패하여 당황하게 되는 것을 좋아하지 않는다. 그래서 환자들이 좋아지지 않을 때, 그들을 "비협조적인", "치료에 저항적인", "치료 동기가 없는" 또는 "본래 치료가 불가능한" 등으로 낙인찍어 비난한다. 알코올 중독으로 죽어가는 고통 받는 개인들은 치료가 어렵다고 낙인찍히고, 비난받고, 불치 선고를 받는다. 그래서 중독자들은 의사나 심리학자와 같은 전문가들이 자신들을 진정으로 이해하지 못하며, 어떻게 도울 수 있는지를 모른다는 불편하고 불신하는 마음을 오랫동안 가지고 있다. 전문가들은 중독자들에게 치료비를 받지만 도움이 되지 않으며, 때로는 아주 무지하고 오만하다.

Roland H.는 융 박사가 무언가 도움을 줄 것으로 생각하고 다시 그를 찾아갔다. 그는 융을 믿었고, 그의 능력, 판단력, 권고를 크게 신뢰하고 있었다. Bill W.가 보낸 편지를 요약하면, 칼 융은 Roland에게 "더 이상의 의학적, 정신의학적 치료와 관련하여 고려할 때" 그가 처한 상황은 본질적으로 절망적이라고 말했다는 것이다. 이것은 위대한 융 박사도 알코올 중독자를 돕기에는 무력하고, Roland를 도울 수 있는 어떤 자아 중심의 통찰적 치료가 존재하지 않는다는 이야기였다. 이것은 Roland에게 상당히 충격적이었음이 틀림없다. Bill W.는 융의 "솔직하고 겸손한 이야기"가 "A.A.의 설립에 첫 번째 주춧돌"이었다고 공을 돌렸다. Bill W.는 분명히 A.A.의 그 유명한 1단계를 언급하고 있는 것이다. "우리는 알코올에 무력했으며, 우리의 삶을 수습할 수 없게 되었음을 시인했다." 융은 Roland와 자신이 알코올에 무력함을 인정했다. 이것은 자신도 모르게 A.A.의 1단계를 받아들인 것이다. Roland는 자신에게 아무런 희망이 없느냐고 물었다. 융은 "당신이 영적 또는 종교적 경험을 할 수 있다면, 요컨대 진정한 회심을 한다면 가능할 수 있다"고 대답하였다. 융은 Roland에게 영적 원리spiritual principle에 자신을 맡기도록 격려한 것이다. 영적 원리란 의식의 중심인 자아를 대체하여 초월적 중심transcendent center을 지향하는 것이다. 이때 초월적 중심이란, 많은 사람들이 신God이라고 부르는 것, 어떤 사람들은 우주Universe라고 부르며, 융학파는 자기Self라고 부르고, 익명의 중독자들 모임에서는 위대한 힘the Higher Power이라고 부르는 것이다. 융은 사실상 직관적으로 익명의 중독자들 모임의 2단계를 권유한 것이다. "우리보다 위대하신 힘이 우리를 본정신으로 돌아오게 해주실 수 있다는 것을 믿는다." 유일한 희망은 Roland가 어떻게든 스스로 치유할 수 있다는 희망을 포기하는 것이다.

융은 확신을 하지 못하였으므로 Roland에게 다음과 같이 주의를 주었다. "영적인 경험이 때로 알코올 중독자들을 회복시킬 수 있다. 그러나 그러한 경우는 비교적 적을 것이다." 아마도 융은 이 책의 앞부분에 언급되었던 "예수에 의해 치유된" 남자를 생각했을 것이다. 그 남자도 치유가 오래 지속되지 않았다. 어떤 경우이든, 융은 자아가 심리학적으로 자기(또는 위대한 힘)에게 자리를 내어 줄 때 드러나는 기적들을 충분히 관찰했을 것이다. 융은 그것이 Roland가 중독에 의해 파괴되는 것을 피하는 마지막 최선의 기회라고 믿었다. 그때 융은 이러한 자아의 포기가 알코올 중독자들에게도 효과가 있을지에 대한 증거를 가지고 있지 않았다. 그러나 그는 직관적으로 진실을 간파했으며, 대담하게 Roland로 하여금 영적 변환spiritual transformation의 여행을 떠나도록 격려한 것이다.

Roland는 옥스퍼드 그룹 운동(O.G.)을 발견하고 참여하였다. 당시의 O.G.는 종교 각성 운동으로서 "반성, 참회, 회복, 다른 사람에게 헌신적으로 봉사하기 등의 원칙 및 묵상과 기도를 매우 강조하였다". 이 원칙들의 핵심은 익명의 알코올 중독자들 모임(A.A.)에서 채택되어, 4단계에서 12단계까지의 여러 측면으로 반영되고 있다. 철저하고 두려움 없는 도덕적 검토; 나의 잘못에 대한 정확한 본질을 신에게, 자신에게, 그리고 다른 사람에게 고백하기; 내가 피해를 준 사람들에게 보상하기; 계속 기도하고 묵상하기; 다른 알코올 중독자들의 회복을 돕기. O.G.의 이 핵심 원칙들은 훗날 A.A.의 12단계에 통합이 되었다. 이 원칙들에 의하여 Roland는 정말 "회심"을 경험했고, 술에 대한 강박적 욕구에서 잠시 벗어날 수 있었다. 상당히 많은 알코올 중독자들이 당시 O.G.의 원칙들을 따르며 성공적으로 맑은 정신을 가질 수 있었다. 다만 문제는 O.G.는 알코올 중독이 재발했을 때 어떻게 대처해야 하는지를 몰랐다는 것이다. 그래서 O.G.는 자제력을 유지하지 못하거나 자신들의 기준에 미치지 못하는 알코올 중독자들을 배척하였다. A.A.는 옥스퍼드 그룹 운동에서, 완벽주의의 위험성, 관용의 중요성 그리고 집단 용서 프로그램 및 자기 용서 프로그램 등 많은 것을 배웠다. 익명의 알코올 중독자들의 모임은, 무슨 일이 있어도, 절대로 아무도 포기하지 않는다. 중독자들은 자신을 포기할 수 있고, 실제로 어떤 사람들은 그렇게 하지만, A.A.는 그들에 대한 희망을 결코 포기하지 않는다.

나는 술을 끊고 맑은 정신을 유지하려고, 20년 동안 106개의 희망의 칩Desire Chip[10]을 모은 알코올 중독자를 알고 있다. A.A.에 참석하려는 사람은 금주하고 싶다는 희망이 있어야 한다. 희망의 칩은, 금주에의 소망이 있지만 술을 끊지 못하고 A.A.에 올 때 주어진다. 그는 20년간 단주에 실패했으므로 절망적이었을 것이다. 또한 가족들에게도 분명히 좌절을 주고 실망스러웠을 것으로 보인다. 그러나 실상은 이렇다. 그렇게 오랫동안 그렇게 자주 실패하였지만, 결국 그는 단주할 수 있었다. 그는 사망할 때까지 21년 동안 그 상태를 유지할 수 있었다. 어떤 사람들은 모든 회복 중인 알코올 중독자들을 믿기 힘든 기적 같은 이야기라고 생각한다.

Roland는 새롭게 기적 같은 맑은 정신에 이르렀다. 그는 자신이 알게 된 것을 다른 사람들과 공유하고 싶어 하는 자신의 욕구를 본능적으로 알아차렸다. ―이것이 훗날 A.A.의 12단계로 알려지게 되었다.

---

10) 회복 중인 A.A. 회원에게 주어지는 코인을 말한다. 얼마나 오랫동안 단주하고 있는지를 보여주는데, 노란색은 한달, 파란색은 6개월, 동색은 1년 이상 금주자에게 주어진다. (역주)

이러한 희망의 메시지를 다른 알코올 중독자들에게 전한다ー 그리고 그는 Edwin T.("Ebby")가 술을 끊고 맑은 정신을 갖도록 도왔다. Ebby는 Bill W.의 친구였다. 그는 12단계를 통해 Bill W.가 맑은 정신을 갖도록 큰 도움을 주었다.

융 박사에게 보낸 편지에서 Bill W.는 자신의 깊은 회심의 경험을 설명하였다. 그는 이 회심을 통해 음주 강박에서 즉각 해방될 수 있었다. 그는 "즉각 나는 자유로워졌다는 것을 알았다."고 하였다. Bill W.는 윌리엄 제임스의 *종교적 경험의 다양성*이라는 책을 읽고, "대부분의 회심의 경험들은 그 양상이 매우 다양하다. 그러나 공통분모가 있다. 그들은 극심한 자아 붕괴를 경험하였다"고 하였다. 융학파의 용어로는 회심이란 자아ego를 상대화하여 자기Self에 맡기는 것이라고 할 수 있다. 즉, 지금까지 지배적이었던 자아의 태도와 원칙이 죽고, 자기로부터의 보다 광범위하고, 깊고, 포괄적인 행동 원칙이 우리를 지배하는 것으로 경험된다.

이것은 익명의 중독자들 모임에서 자아를 위대한 힘에 맡기는 것으로 표현된다. 구체적으로는 "놓아버리고 신께 의탁하라", "신께 자신을 넘기라"로 표현된다. 이것은 종교적 용어로는 다음과 같이 표현된다. '신의 의지 또는 성령의 명령에 복종하기', '내 안의 부처와 하나 되기', '그리스도 의식에 연결하기', '운명이나 우주에 개방하기' 등이다. 중요한 것은 라벨을 붙이는 것이 아니라, 경험되는 현상의 실재이다.

알코올 중독을 전문적으로 치료하였던 William Silkworth도 Bill W.가 술을 끊고 맑은 정신에 이르는 데 도움이 되었다. 그는 A.A.의 빅북 Big Book[11])에 "의사의 견해"라는 첫 장을 썼다. 그의 글도 같은 생각과

---

11) 1939년 Bill W.와 100명의 회원이 A.A.의 핵심 원리인 12단계를 담아 출간한 기본 교재. (역주)

개념을 담고 있다. 다만 심리학적, 영적 언어가 아니라 의학적 언어로 기술되었을 뿐이다. 그는 "알코올 중독자가 전반적인 심리적 변화를 경험하지 못하면, 그는 회복할 가능성이 매우 적다.", "본질적인 심리적 변화를 일으키려면, 인간의 힘 이상의 어떤 것이 필요하다."라고 하였다.[4] Silkworth는 심리적 변화에 본질적인 것은, 인간의 힘을 넘어선 어떤 힘이라고 분명히 말하고 있다. 다만 그것에 이름을 붙여 명명하지는 않았다.

편지에서 Bill W.는 A.A.의 현상적인 성공에 관해 설명하고 있다. 1961년에 절망에 빠져 있던, 치료가 되지 않던 30만 명 이상의 알코올 중독자들이 단주하고 회복 중이라는 것이다(지금은 수백만 명에 이른다). 그는 익명의 알코올 중독자들 모임의 발달, 설립에 기여한 주요한 사람들에 감사를 표하고 있다. 바로 Samuel Shoemaker(옥스퍼드 그룹 운동 창설자들 중의 한 명), 윌리엄 제임스, Silkworth 그리고 융 박사이다. 그는 칼 융이 "영적 경험spiritual experience"의 실재를 개념화한 것에 깊은 감사를 표하며 편지를 맺고 있다. Bill W.는 그것을 알코올 중독자의 회복에 필수불가결한 것으로 보았다. 그는 A.A.의 많은 회원들이 "초자연적 현상"을 경험한다고 하였다. 이것은 융이 동시성synchronicity[12]이라고 한 것으로, 비인과론적 관련 원리an acausal connecting principle를 따른다. 즉 특정한 시간에 일어난 외견상 우연적인 사건이, 한 개인에게 매우 의미 있는 주관적 사건인 경우를 말한다. 그는 또한, A.A.에서 회복을 경험한 일부 알코올 중독자들이, 자신을 찾아가는 여행에서 융 학파 분석의 도움을 받았다고 하였다. Bill W.는 "우리 단체의 역사에서 그리고 감사하는 마음에 있어서 당신은 최우선의 위치에 있습니다."

---

12) 자연과학은 세상이 인과법칙을 따른다고 본다. 그러나 "내적인 심리적 사건과 외부의 물리적 사건 사이에 의미상의 일치가 있고 인과 관련성이 없는 경우가 있는데 동시성이라 한다". 앞의 책, p. 330.

라고 함으로써, 칼 융에게 진심으로 감사하며 편지를 맺고 있다. 칼 융은 죽기 얼마 전에 Bill W.의 편지를 받았다. 이 편지를 통해 칼 융은 자신도 모르고 했던 선행으로, 많은 사람들의 회복과 치유에 자신이 큰 도움이 되었음을 알게 되었다. 이는 진실을 구도하는 사람인 노년의 칼 융에게 격려가 되었을 것이다. Bill W.의 편지는 죽기 얼마 전의 칼 융에게 매우 반가웠을 것임에 틀림없다. 불행한 것은 Bill W.와 칼 융이 만나 서로를 알 기회가 없었다는 것이다. 두 사람은 관대하고, 진실을 구도하고, 사람들의 영혼을 치유하고자 했다. 이 위대한 두 사람이 만났다면 서로를 매우 좋아하고 빠르게 친구가 되었을 것이다. 그랬다면 그들이 이야기를 할 때 몰래 날아가 들으며 지켜볼 수 있었으면 무척 기뻤을 것 같다.

　분명한 것은 A.A.의 12단계 중 첫 3단계가 융과 Roland의 실패한 분석에서 비롯되었다는 것이다. 솔직하게 말하자면, A.A.의 12단계 모두는 융이 자신의 한계를 고백하고 Roland를, 거의 승산이 없던, 영적 탐구를 위한 여행으로 떠나보낸 사건에서 기원하였다. Roland는 말하자면, A.A.에서 이야기하는 "프로그램에 참여했던 것"이다. 다만 그는 슬프게도 끝까지 유지하지 못했던 것이다. 그럼에도 융이 없었다면, Roland가 융의 생각을 전하지 않았다면, A.A.는 결코 설립되지 못하였을 것이다. Bill W.가 융이 사망하기 전에 편지를 보내지 않았다면, 알코올 중독에 대한 창의적이고, 논쟁의 여지가 있는 융의 생각을 알 수 없었을 것이다. 그렇다면 중독의 결정적인 정신역동적 측면에 관한 융의 생각을 알 수 없었을 것이고, 이 책도 결코 쓰지 못하였을 것이다. 가장 신비로운 방식으로 우리 모두를 지탱하고 연결하는 인연을 결코 과소평가하지 말아야 한다.

칼 융의 편지
Küsnacht- Zurich
Seestrasse 228
1961년 1월 30일

William G. W____
익명의 알코올 중독자들의 모임
Box 459 Grand Central Station
New York 17, New York

친애하는 W.씨에게:

당신의 편지를 받고 정말 기뻤습니다.

나는 Roland H.의 소식을 더 이상 들을 수 없었고, 종종 그의 운명이 어떻게 되었는지 궁금했습니다. 내가 Roland와 나눈 대화를 그는 적절하게 당신에게 전달하였습니다. 그러나 그와의 대화에는 Roland가 알지 못했던 어떤 측면이 있습니다. 나는 그에게 모든 것을 이야기하지 못하였습니다. 왜냐하면 그 당시 나는 말하는 것에 매우 조심을 해야만 했습니다. 나는 여러모로 오해받고 있다는 것을 알았습니다. 그래서 나는 Roland와 이야기를 할 때 매우 조심했습니다. 그러나 내가 정말 생각했던 것은, Roland와 같은 사람들과의 많은 경험에서 나온 결과였습니다.

그의 알코올에 대한 갈망은, 우리의 전체가 되고자 하는 영적 갈망과 동등한 것입니다. 다만 그것이 저급한 수준에서 일어나고 있을 뿐입니다. 이것은 중세 시대에 '신과의 합일the union with God.*로 표현되었던 것입니다.

오늘날 오해받고 있는 그러한 통찰을 어떻게 언어로 전달할 수 있을까요?

그러한 경험에 대한 유일한 적절하고 합리적인 설명은 다음과 같습니다. 그것이 실제로 당신에게 일어날 수 있으며, 그것이 일어나는 유일한 경우는, 당신이 중요한 통찰로 이끄는 길을 가고 있을 때라는 것입니다. 우리는 은총에 의해 그러한 경험을 할 수도 있습니다. 우리는 친구들과의 사적이고 정직한 만남을 통해서 할 수도 있습니다. 또는 단순한 합리주의의 틀을 넘어서는 높은 수준의 심리 교육을 통해서도 그러한 경험에 이를 수 있습니다. 당신의 편지에 의하면, Roland H는 두 번째 방식을 선택한 것으로 보입니다. 그가 처한 상황을 고려할 때, 그것은 확실히 최선의 선택이었다고 생각합니다.

나는 분명히 확신하고 있습니다. 이 세상에 만연한 악의 원리는 진정한 종교적 통찰이나 인간 공동체의 방호벽에 의해 중화되지 않는다면, 자각되지 않은 영적 욕구를 영원한 지옥으로 인도할 것입니다. 이러한 행위에 의해 보호되지 못하고 사회에서 고립된 보통 사람은, 악마라고 부르는 것이 가장 적절한 악의 힘에 저항할 수 없을 것입니다. 그러나 그러한 용어를 사용하는 것은 많은 오해를 불러 일으켜, 사람들은 가능한 그것에서 거리를 유지할 수밖에 없는 것입니다.

그러한 이유들 때문에 나는 Roland H.에게 완전하고 충분한 설명을 할 수 없었습니다. 그러나 나는 당신에게는 그러한 설명을 시도하고자 합니다. 왜냐하면 당신의 매우 겸손하고 정직한 편지로 판단하건데, 당신이 알코올 중독에 관해 흔히 듣게 되는 잘못되고 진부한 이야기들 이상의 이해를 갖고 있다고 생각되기 때문입니다.

"alcohol"은 라틴어로 *spiritus*입니다. 우리는 이 단어를 타락시키는 술을 지칭할 때뿐만 아니라 최고의 종교적 경험에도 사용합니다. 그러므로 유용한 정의는 다음과 같습니다. 술은 *성령으로 다스려라spiritus contra spiritum.*

다시 한번 당신의 친절한 편지에 감사드립니다.

C.G.Jung 올림[5]
"하나님이여 사슴이 시냇물을 찾기에 갈급함 같이 내 영혼이 주를 찾기에 갈급하나이다"(시편 42장 1절)

Bill W.의 편지는 융에게 큰 의미가 있었음에 틀림없다. 왜냐하면 Bill의 편지를 받고 융은 거의 즉각 답장을 보냈기 때문이다. 융의 편지는 1961년 1월 30일자로, Bill의 1961년 1월 23일자 편지보다 정확히 7일 후의 것이다. 뉴욕에서 스위스까지 편지가 가는데 소요되는 시간을 고려할 때, 융은 Bill의 편지를 받자마자 답장을 쓴 것으로 보인다. 그는 크리스마스에서 설날로 이어지는 휴가 시즌에 답장을 보냈다. 융은 편지를 받고 지체하지 않고 답장을 보냈다. 이것은 죽기 전, 이 편지에 매우 중요한 어떤 것을 이야기하고 싶다는 융의 절박함이 반영된 것으로 추측된다.

융의 편지는 Bill의 편지보다 짧지만 매우 중요하다. 그의 편지에는 알코올 중독과 중독 일반에 관한 그의 근본적인 관점을 보여주는 혁신적이고 중요한 정보가 가득하기 때문이다. 융은 Bill의 편지를 "매우 환영한다"면서 답장을 시작했다. 그는 Roland H.의 소식을 더 이상 들을 수 없었고, 그가 어떻게 되었는지 궁금했다고 하였다. 그는 자신과 Roland가 나눈 대화가 적절하게 전달되었음을 확인하였다. 당시 융의 생각과 이론들은 오해를 받고 있었다. 그래서 융은 Roland와의 상담에서 "극도로 조심해야" 했음을 밝히고 있다. 융은 당시 Roland와의 상담 시간에, 알코올 중독에 관해 자신이 생각하던 것, 느끼던 것, 그에게 말하고 싶었던 것 전부를 이야기할 수는 없었다고 하였다. 융은 알코올 중독자들과의 풍부한 경험에 기초하여 그가 발견하였고, 죽음을 앞두고 기꺼이 밝히고 싶었던 것을 계속 이야기하였다. 즉, Roland의 알코올 갈망은 전체가 되고자 하는 영적 갈망과 동등한 것이다. 다만 영적 갈망이 저급한 수준에서 일어나고 있는 것이 문제로, 가짜 우상을 제단에 모시고 잘못된 숭배를 하고 있는 것이다. 그럼에도 그것은 그저 마약에 대한 갈망은 아니다. 그것은 진정한 "신과의 합일union with God"을 향한 욕구, 갈망 그리고 열망이다.

융은 이러한 이야기를 주저했음을 밝히고 있다. 왜냐하면 자신의 생각이 오해를 받거나 왜곡될까봐 두려웠기 때문이었다. 융을 오해할 가능성이 있는 사람들은 의학 및 정신의학계 동료들만이 아니었다. 그가 말한 것을 알코올 중독과 중독 일반에 대한 일종의 도덕적 비난으로 구체화하거나 과잉 단순화하는 사람들도 있었다. 그의 동료들은 융이 합리적이고 과학적인 심리학적 원칙들을 버리고, 근거가 없는 "종교적" 주장을 하고 있다고 비난했다. 당시의 심리학은 아직 요람기에 있었다. 융의 관점은 현상을 전통, 절대적 권위, 신념, 의심, 그리고 종교적 전통으로 설명하는 음산하고 주술적인 암흑시대로 어린 심리학을 되돌리고 있다는 비난이었다. 이것은 자신을 과학과 동일시하고, 심리학을 사이비 유사 종교, 그리고 종교 그 자체로부터 분리함으로써 정당성을 부여하려고 애쓰는 사람들에게 위협이 될 수 있었다. 그리고 융이 가장 우려했던 방식으로 그의 이야기를 받아들인 사람들이 있었다. 그들은 융의 생각을 왜곡하고, 자신의 목적과 계획을 위해 이용하였다.

융은 동료 전문가들이 자신의 이야기를 편견 없이 들어주기를 간절히 희망했다. 왜냐하면 융의 이론과 생각들이 그들의 이해력을 넘어 문제를 제기하고 있었기 때문이다. 신과 악마에 관해 명시적인 심리학적 진술을 하는 것은 융에게 매우 부담이 되는 일이었다. A.A. 공동체는 융의 입장을 잘 이해할 수 있었다. 왜냐하면 충분한 이해가 없는 외부인들은 A.A.를 신흥 종교, 사이비 종교집단, 세뇌 조직, 중독의 대치물로 오해하고 있었기 때문이다. 그들은 익명의 중독자들 모임이 알코올 중독자를 포함한 중독자들을 위한 가장 성공적인 치료적 방법이 아니라고 했다.

A.A.를 사이비 종교집단이나 세뇌 조직으로 곡해하는 투사와 왜곡과는 달리, A.A.와 융심리학이 소중하게 생각하는 중요한 요소들 중의 하나는 개인의 자유를 존중하는 것이었다. A.A.와 융심리학은 강제로, 처벌에 의해, 또는 강압적이 아닌 자발적인 선택에 의한 참석과 참여를 강조한다. A.A.나 융심리학에 머물고 떠나는 것은 언제나 개인의 권리였다. A.A.에 참석하더라도 원하지 않는다면 침묵할 권리가 있다. 참석한 사람은 언제든 어떤 이유로든 자유롭게 모임을 떠날 수 있다. 융심리학에서는 언제나 모든 사람이 융심리학을 해야 하는 것은 아니라는 입장이다. 익명의 중독자들 모임은 멤버(협심자 또는 회원)가 되고 모임에 참석하는 것이, 모집이나 권유, 영업 또는 강압에 의한 것이 아니라 자발적인 것임을 강조한다. 우리가 알고 있는 것이 A.A.의 회복 중인 멤버들, 융심리학을 따라 개성화 중인 사람들에 의해 구현되고, 실천되고 있는가? 그것이 구현되고 있다면, 우리는 그들이 무엇을 하고 있는지, 그것이 왜, 어떻게 작동하는가에 관해 더 많이 알고 싶을 것이다. 우리는 항상 의구심을 가질 권리가 있다. 그들은 융심리학과 A.A.에 열정적이고 열광하는데, 사람들은 이것을 때로 세뇌, 사이비 종교집단, 종교 또는 중독의 대치물이라고 오해한다. 그러나 그들의 열광은 자신을 실제로 구원한 것에 압도적인 고마움을 표현한 것일 뿐이다.

익명의 중독자들 모임과 융심리학은 교조적 신조나 무조건적 권위의 사이비 종교와는 다르다. 그들은 자신의 경험으로부터 포착한 위대한 힘과 자기의 인도를 따른다. 익명의 중독자들 모임은 항상 "당신에게 효과기 있는 것을 하십시오"라고 권고한다. 12단계 원리와 융심리학의 정신역동뿐만 아니라, 불교 같은 종교들과 원리들[6]도 위대한 힘과 자기의 인도를 알아차리는 데 도움이 될 수 있다. 익명의 중독자들 모임과 융심리학은 개인의 자유 의지에 이의를 제기하지 않는다. A.A.는 누군가 술을 먹고 싶어할 때, "한 잔도 마실 수 없다"고 이야기하지 않는다. 그저 자신들의 경험에 의해 그렇게 술을 마셨을 때의 가능한 결과를 알려주고, "그것은 당신이 선택할 일"이라고 말해준다. 익명의 중독자들 모임과 융심리학은 어떤 식으로든 자동생산으로 복제품을 만드는 것처럼 광신도를 만들어내는 것에는 관심이 없다.

융이 경험한 불안과 갈등은, 지금까지 익명의 중독자들 모임도 경험하고 있는 것이다. 그 불안은 역사적으로 종교적 가르침 속에 영적, 종교적 용어로만 기술되어 왔던 중독 현상 그리고 중독의 회복에 이르는 성공적인 방법을, 사회적인 논란 없이, 심리학적으로 어떻게 정확하고 분명하게 설명할 수 있는가와 관련된 것이다. 융과 익명의 중독자들 모임은 보다 중립적이고 포괄적인 언어를 사용하여 그 현상을 설명하려고 노력하였다. 그럼으로써 심리학적 편향, 종파적 충성, 또는 일종의 교회의 복음전도라고 비난받지 않으려고 한 것이다. A.A.는 이러한 실재를 설명하려고 위대한 힘the Higher Power이라는 개념을 사용하였다. 이러한 보편적이고 영적이고 심리학적인 원칙을 표상하기 위하여 융은 마음의 중요한 측면인 자기와 원형13)을 개념화하였다.

추측하건대, 융은 Bill W.의 편지를 받고 매우 기뻤을 것이다. 왜냐하면 Bill의 편지는 융이 공개적으로 언급하지 않고 있던, 중독과 중독의 회복에 관한 그의 관점을 지지하고 입증하는 것이었기 때문이다. 성공적인 A.A.와 수많은 회복된 알코올 중독자들은 융의 관점을 지지하는 것이었다. 이는 살아있는 증거, 즉 과학적인 사실로써 반박할 수

---

13) 원형은 누구의 정신에나 존재하는 보편적이며 근원적인 핵이며, 태어날 때 이미 부여되어 있는 선험적 조건이다. 집단적 무의식을 구성하고 있으며 엄청난 에너지를 방출할 수 있다. 앞의 책, p. 115.

없었으며, 더 이상 증명이 불가능하거나, 숨어야 하는 것이 아니었다. 이전에는 치료 불가능하고 불행한 것으로 간주되었던, A.A.의 수많은 회복된 중독자들은 융에게, 세상에, 그의 동료들에게 융의 중독에 대한 관점이 옳았음을 보여주는 살아있는 증거였다. 그것을 어떻게 설명하든, 중독과 중독의 회복을 적절하게 설명하려면 영적, 초월적 요소를 통합하여야 한다. 융과 A.A.는 이러한 사실을 알고 있었고 또한 이해하고 있었다.

융심리학과 익명의 중독자들 모임은 모두 자제력의 유지, 회복 그리고 개성화에 영적 측면이 중요함을 강조하고 있다. 이들은 모두 어떤 종교적 또는 영적인 측면에 대한 특수한 종파적 표현을 지지하지 않으려고 매우 조심했다. 이들은 모두 어떤 특수한 교회나 종교에 동조하려 하지 않았다. 또한 전 세계의 특수한 종교들과 교회적 전통들에서 파생된 원리들을 소중하게 생각하고 존중하였다.

융심리학이 그런 것처럼, 익명의 중독자들 모임도 결코 새로운 종교를 의미하지 않는다. 그러나 익명의 중독자들 모임과 융심리학을 일종의 종교로 만들려는 사람들이 있다. 익명의 중독자들 모임이 효과가 있는 것은 그것이 종교이어서가 아니라, 회복 중인 중독자들의 치료적 공동체이기 때문이다. 융심리학이 효과가 있는 것도 그것이 종교라서가 아니라, 영성을 향한 우리의 갈망을 이해하고, 그 인식을 돕는 심리학이기 때문이다. 사실 그것은 오늘날과 같은 매체, 첨단 기술, 물질만능주의적 세상에서 종교가 제공해야 하는 것이다. 물론 종교적인 신앙을 갖고 있는 사람들이 영성을 찾는 과정에서 익명의 중독자들 모임과 융심리학의 개념에서 도움을 받을 수 있다. 진리는 성스러운 곳이든 속세이든 어느 곳이나 존재한다. 2장에서는 중독의 역동과 중독에서의 회복 과정을 이해함에 있어서, 왜 중독의 영직 측면이 진실로 필수적인 것인지를 보다 깊이 탐색할 것이다.

Bill에게 보내는 편지에서 융은 중독의 속박에서 벗어나도록 돕는 "신과의 합일"이라는 개인적인 경험을 할 수 있는 방법을 설명하고 있다. 이러한 "신과의 합일"은 "더 높은 수준의 이해"를 가지고 올 수 있다. 융은 이것이 3가지 방식으로 일어날 수 있다고 하였다. 그것은 "은총에 의해, 동료들과의 사적이고 솔직한 만남을 통해, 그리고 단순한 합리주의의 한계를 넘어서는 고도의 심리훈련을 통해서" 등이다. 다시 말해서, 합리적이고, 증명 가능하고, 논리적이고, 자아 중심적인 방식으로 사물을 인식하고 이해하는 의식의 한계를 넘어서는 것을 의미한다. 융의 진술에서 주목할 만한 것은 그가 다시 한번 익명의 A.A. 프로그램의 본질적인 구성요소들을 요약했다는 것이다. 익명의 중독자들 모임에서는, 자제력을 유지하려면 극적이든, 미묘하든 "은총act of grace"을 경험해야만 한다고 이야기한다. 이것을 Harry M. Tiebout 박사는 "심리학적 회심 체험psychological conversion experience"[7]이라고 하였다. 그는 1940년대에 이것에 관해 매우 광범위하게 기술하였다. 익명의 중독자들 모임에서는 이것을 "바닥을 치는 경험hitting bottom"이라 부른다. 이런 경험을 한 중독자는 자아 의식에 근본적인 변화가 생기며, 돌연 개방적으로 변해 자신과 중독에 대한 전혀 새로운 관점을 갖게 되는데, 이것이 종종 예기치 않게 일어난다. 이러한 "은총"은 종종 중독자들에게 익명의 중독자들 모임의 1단계를 받아들이는 계기가 된다. 즉 나는 중독에 무기력했으며, 삶을 통제할 수 없게 되었음을 인정한다는 것이다. 융심리학에서는 이 경험을 '자기와의 관계에서 자아를 상대화하는 것'으로 정의한다.

융은 또한 "동료들과의 사적이고 솔직한 만남personal and honest contact"을 언급하고 있다. 즉, 중독을 치유하는 하나의 방안으로 익명의 중독자들 모임의 동료 관계의 측면을 이야기하고 있다. 익명의 중독자들 모임의 가장 인상적인 점은, 참석자의 경험과 생각이 매우 다정하고 비판단적인 방식으로, 그리고 직접적이고, 솔직하고, 사적으로 공유된다는 것이다. 대부분의 중독자들은 외롭고, 소외감을 느끼고, 자신을 혐오한다. 그런데 익명의 중독자들 모임에서 받아들여지고, 배려받고, 동료애를 경험하는데, 전에는 결코 경험해보지 못한 것들이다.

융은 "단순한 합리주의의 한계를 넘어서는 고도의 심리훈련the higher education of the mind을 통해서" 중독으로부터의 회복이 가능하다고 이야기하였다. 이것은 익명의 중독자들 모임에서 12단계 실천하기, 후원자를 갖기, 책을 읽기, 특히 빅북 읽기와 같은 프로그램으로 구현되고 있다. 이것도 또한 "신과의 합일"을 이룸으로써 중독에서 벗어나는 방법이 될 수 있다고 융은 생각했다.

융은 이렇게 3개의 구성요소들, 즉 "은총", "사적이고 솔직한 만남", 그리고 "고도의 심리훈련"을 언급하고 있다. 그러나 이들 구성요소들을 조합하여 익명의 중독자들 모임의 처방 프로그램으로 제시한 것은 아니었다. 융은 자신의 경험과 이해에 기초하여, 중독에서 회복하기 위해 필요한 "신과의 합일"을 이루는 3개의 주요한 방법을 설명하고 있는 것이다. 그는 독자적으로 A.A.와 같은 결론에 이른 것이다. 회복을 원하는 중독자는 위대한 힘(은총)에 자신을 맡겨야 한다. 익명의 중독자들 모임에 적극적으로 참여하여야 한다(사적이고 솔직한 만남). 12단계를 따라야 한다(고도의 심리훈련). 융의 처방전은 A.A.에서 "술을 마시지 마라, 모임에 참석하라, 그리고 빅북을 읽으라"는 가장 단순한 문구로 표현되고 있다.

융은 Bill에게 보내는 편지에서 겉보기에는 충격적인 관점, 즉 중독의 원형적 요소를 함축하는 암시를 하고 있다. 융은 "이 세상을 압도하고 있는 악의 원리가 진정한 종교적 통찰이나 인간 공동체의 방호벽에 의해 좌절되지 않는다면, 의식되지 않은 영적 욕구가 우리를 파멸로 이끌 것임을 확고하게 확신합니다. 천상의 은총에 의해 보호받지 못하고, 사회에서도 격리되어 있는 보통 사람은, 흔히 악마the Devil라고 불리는 악의 힘the power of evil에 저항할 수 없을 것입니다."[8]라고 하였다.

융은 우리 영혼에서 벌어지는 선한 힘과 악한 힘들 간의 궁극적인 원형적 갈등을 이야기하고 있다. 내 생각에는 인생의 말년에 융은 강력하고 원형적인 자아초월적 영역을 가정하고 있다. 그것은 밝고, 선하고, 치유적인 영적인 힘과 그것에 대항하는 영적 어두움, 악과 파괴와의 갈등이다. 융에 의하면, 순진하고 회의하지 않는 "보통 사람"이 "무의식의 영적 욕구"에 사로잡히면 혼란에 빠지고 길을 잃게 된다. 그러면 이를 찾아 배회하는 사악한 흡혈귀 같은 악령에 이끌려 "파멸"하고, 결국 절망과 중독이라는 악마의 쉬운 희생물이 될 수 있음을 경고하고 있는 것이다.

융은 우리의 주관적인 어두움, 개인적 그림자personal shadow, 그리고 불완전한 인간성과 친숙해지고, 받아들이고 통합하라고 의례적인 권고를 하는 것이 아니다. 융은 어둡고, 깊고, 험악한 나락의 밑바닥, 즉 우리를 삼켜 파멸에 이르게 할 수 있는 블랙홀을 이야기하고 있다. 이것은 우리의 진지한 자기 성찰과 무관하게 일어날 수 있다. 나는 융이 Roland H.를 분석할 때, 개인적 그림자를 이해하고 통합하는 작업을 했을 것임을 확신한다. 그러나 융의 Roland 분석에서는 그보다 큰 작업, 즉 개인적인 무의식과 그림자를 넘어서는 중독에 대한 분석이 진행되었을 것이다. 융은 직관적으로 중독의 자아초월적 특성을 간파하였다. 그리고 중독을 치료하려면 궁극적으로는 자아초월적인 위대한 힘/자기에 의지하는 것이 필요함을 알고 있었다. 그는 Roland에게 "영적 또는 종교적 경험, 즉 진정으로 회심하라"고 조언하였다. 나는 다시 강조한다. 융은 사람들에게 보다 의식화하라고 격려하지 않았다. 목에 마늘을 두르고, 나무 뱀과 십자가를 지니고, 성체 성사에서 축성된 빵으로 자신을 감싸도록 경고한 것은 융이었다. 물론 이것은 글자 그대로의 의미가 아니라, 은유적이고 심리학적 의미이다. 사실 융은 "진정한 종교적 통찰" 또는 "인간 공동체의 방호벽에 의한" 중화작용이 없다면 우리는 길을 잃을 것이라고 보았다. 어떤 사람들은 "진정한 종교적 통찰"을 성령의 내주內住로, 또는 예수, 알라, 하느님이나 부처의 뜻을 따르는 것으로, 또는 위대한 영이나 여신의 사랑과 진리 속에서 살아가는 것으로 이해할 것이다. 중요한 점은 우리가 어떤 종교적 형식을 선택하느냐가 아니라, 우리가 선택한다는 것이다. 우리 안에 이 "진정한 종교적 통찰"이 생생하게 작용하여, 전력으로 우주의 자아초월적인 사악한 에너지를 물리치는 것이 중요하다. 그렇지 않으면 그것이 우리를 파괴할 것이다.

융은 중독을 치료하는 다른 방안을 이야기하고 있다. 바로 "인간 공동체의 방호벽"이다. 우리가 다른 사람들과 진정으로 다정한 관계일 때, 우리 공동체가 연민과 자비로 행동할 때, 우리가 서로를 돌보고, 보호하고, 기도할 때, 자아초월적 악이 우리를 사로잡기는 매우 어렵다. 반대로 우리가 공동체에서 고립되고 격리될 때, 우리가 화가 나고, 불행하고, 상처받기 쉬울 때, 자아초월적 악의 에너지는 집단 속에서 우리를 골라내어 쉽게 해치울 것이다.

융은 더 나아가, 우리가 "천상의 은총의 보호를 받지 못하고", "사회에서도 격리되어 있다면", "악의 힘에 저항할 수 없다"고 하였다. 그는 "문제다", "위험하다", "조심하라" 또는 "우리는 괜찮지 않을 것이다"라고 말하지 않았다. 그는 은총과 공동체가 없다면 우리는 길을 잃는다고 하였다. 그것은 절망적이다. 게임이 끝났다. 악의 힘이 우리를 정복하고, 사로잡고, 결국은 파괴할 것이라고 말한다. 이는 중독의 역동을 설명하는 심리학자라기보다는 구약의 분노한 선지자 또는 근본주의 설교자의 말처럼 들린다. 나는 융이 무심코, 부주의하게 또는 막연하게 이렇게 말했을 것으로 믿지 않는다. 융이 강조하려고 사례를 과장했을

것으로도 생각하지 않는다. 융은 이전에 말했던 것처럼 말을 했다고
나는 믿는다. 왜냐하면 그것은 정확하게 그가 말하고자 했던 것이기
때문이다. 회복 중인 알코올 중독자에게 융의 이야기는 극단적이거나
이상하거나 과장된 것으로 들리지 않는다. 융의 이야기는 중독자들이
알고 있던, 살아왔던, 그리고 경험했던 진실을 말하는 것이다. 신이나
위대한 힘, 그리고 익명의 알코올 중독자들 모임의 도움이 없었다면,
그들 대부분은 전혀 희망이 없었다고 이야기할 것이다. 그렇지 않았다
면 그들은 사악한 중독에 사로잡혔거나, 아니면 살아남지 못했을 것이
다. 자아초월적 악transpersonal evil이라는 관념은, 중독에 사로잡혔던 사
람에게는 그렇게 낯설거나 이상하지 않은 것이다. 그것은 아무도 배려
하지 않으며, 세상의 모든 것과 모든 사람을 먹어치운다. 그것은 사망
과 파괴의 재단에서 모든 것이 희생될 때까지 탐욕을 멈추지 않는다.

　이어서 융은 아주 중요한 이야기를 하였다. 이 "악의 힘"은 매우 적
절하게 "악마"라고 불린다는 것이다. 그는 자아초월적 악을, 잘 알려진
암흑의 군주, 즉 신화 속 악령 군단의 통치자, 저주받은 영혼들의 왕국
의 화신과 연결하고 있다. 융은 자신의 이야기가 얼마나 놀랍고, 충격적
이고, 도전적인 것인지를 알고 있었다. 그는 자신이 말한 것을 사람들이
매우 쉽게 오해하고, 잘못 이해하고, 자신이 의도하지 않은 방식으로 사
용하는 것을 알고 있었다. 융은 사람들이 자신에게 투사하고, 왜곡하고,
묵살하는 것을 알고 있었다. 그럼에도 그는 공개적으로 의견을 표명하
였다. 그는 인간에게 정말 중요하고 결정적인 것을 설명하려고 노력하
였다. 그렇게 함으로써 자신의 명성이 폄하될 수 있고, 필연적으로 혼란
이 생기고, 비웃음과 오해를 받을 수 있음에도 이를 감수하였다.

　평범한, 비중독자들에게 융의 이야기는 매우 도전적이고 아마도 이
해하기 어려울 것이다. 만약 악마와 자아초월적 악의 존재라는 관념이
실재하지 않는 것 또는 고태적 신학 정도로 합리화되어 버린다면; 만

약 이 모든 것이, 우리가 넘어선 것으로 생각했던 철학적 이원론으로의 회귀와 매우 비슷하게 들린다면; 만약 우리의 심리학적, 종교적 신념이, 모든 것이 궁극적으로 통합 가능하다고 또는 반대로 불교에서와 같이, 진정으로 존재하는 것은 없다고 주장한다면, 융의 생각은 여러 모로 걸림돌일 뿐이다.

나는 모든 사람이 만족하도록 이 모든 질문들과 우려들을 중재할 능력이 없다. 많은 불교 스님들은 이러한 이야기에 상당한 어려움을 경험하였다. 그 이유는 내가 매우 존경하고 무한히 존중하는 스님들이 사용하는 세계관 때문이다. 유대교, 이슬람교 또는 기독교 전통 속에서 성장한 대부분의 사람들은, 이들 전통이 갖고 있는 신과 악마 간의 선악 투쟁에 내재된 선험적 이원론 때문에 융의 생각에 큰 어려움을 경험하지 않는다. 융은 다른 모든 것들에 우선하여 어떤 신학적 또는 종교적 신념을 주장하려 하지 않았다. 내가 생각하기에, 그는 현상을 그가 아는 최선의 방식으로 설명하고자 하였다. 그는 원형적 이원론을 사용하였다. 왜냐하면 그것이 중독과 중독의 회복의 중요한 측면을 정확히 포착하고 반영하고 있기 때문이다.

나는 불교와 다른 전통들에도 이 현상을 설명할 수 있는 사유 체계가 있을 것으로 추측한다. 그러나 나는 그것이 무엇인지를 모른다. 아마도 어떤 현상은 이원론에 의해 가장 최선으로 설명이 될 수 있다. 그런가하면 어떤 현상은 불교의 통합된 통일성으로, 어떤 것들은 유일신교 또는 다신교, 또는 이 둘의 조합으로 최선의 설명이 가능할 것이다. 아마도 우리 인간의 수준과 자아초월적 원형적 수준 사이에는 근본적인 대립이 항상 존재한다. 그러나 다른 영역에서는, 이러한 대립을 조화시킴으로써 통합하는 어떤 수준이 존재할 것이다. 나는 이러한 질문에 대한 답을 모른다.

그러나 현재로서는 비록 어렵고 혼란스럽지만, 중독의 본성을 이해하기 위하여, 원형적 그림자/원형적 악의 존재를 포함하는 융의 통찰을 마음에 품고 신중하게 고찰해야 한다. 왜냐하면 현재로서는 그것이 중독의 역동을 최선으로 설명하는 방안이기 때문이다.

만약 아인슈타인이 물리학에서 어떤 새로운 이론을 제시하였다고 가정해보자. 그렇다면 그것이 처음에는 이해하고 받아들이기 매우 어렵더라도, 우리는 그것을 즉시 거절하지 않을 것이다. 우리는 그의 새로운 생각을 매우 신중하게 숙고할 것이다. 융이 심리학에서 어떤 새로운 것을 가설로 제시하였다고 가정하자. 그렇다면 이 분야에서 그의 위상과 기여를 고려할 때, 그의 제안이 이해하거나 받아들이기 어렵다고 하더라도, 역시 조심스럽게 숙고하는 것이 필요하다. 여기서 중요한 것은 우리가 아인슈타인이나 융을 무조건 믿느냐의 문제가 아니다. 그들의 설명이 어떤 현상을 정확하게 반영하는가의 문제라고 할 것이다. 두 사람의 업적은 각자의 학문 분야에서 탁월하다. 그렇다고 그들이 항상 절대적으로 옳은 것이 아니라, 그들의 설명이 보다 정확할 때가 그렇지 않을 때보다 많다는 것이다. 더 좋은 설명이 나타난다면 나는 기꺼이 그것을 선택할 것이다. 그러나 그때까지는 중독에 대한 융의 설명이 내가 아는 한 최선의 것이다.

융은 Bill W.가 "예의바르고 정직하다"는 것을 알았다. 또한 그가 알코올 중독자였고 A.A.에 참여했으므로 자신의 이야기를 이해할 것이라고 믿고 그에게 비밀을 누설하였다. 융은 Bill W.가 알코올 중독, 그 본성과 역동 그리고 치료에 관해 자신이 알고 있는 것을 이야기하기에 알맞은 사람이라고 믿었다.

융은 매우 유명하고 자주 인용되는 다음 진술로 편지를 끝맺는다. "알코올은 라틴어로 *spiritus*입니다. 우리는 이 단어를 타락시키는 술을 지칭할 때 씁니다. 뿐만 아니라 최고의 종교적 경험에도 이 단어를 사용합니다. 그러므로 유용한 정의는 다음과 같습니다. 술은 *성령*으로

다스려라spiritus contra spiritum." 편지의 마지막에서 융은 자아초월적 악 transpersonal evil[14]을 알코올 중독 및 중독 일반과 직접 연결하여 설명 하고 있다. 선함과 빛의 자아초월적 힘인 "최고의 종교적 경험"과, 악 함과 어둠의 자아초월적 힘인 "가장 타락시키는 독" 사이의 차이는 시 사된 것 이상이다. 중독의 자아초월적 악의 측면을 효과적으로 치료하 는 것은 자아초월적 선함transpersonal goodness인데, 그것은 치유와 은 총의 영적 영역에서 파생된다. 즉, 중독의 자아초월적 악령을 중화하고 억제하는 것은 "최고의 종교적 경험"으로부터의 영혼이다. 융은 인간 의 영과 혼, 그리고 생명을 차지하려고 싸우는 중독에서의 신들의 전 쟁을 설명하고 있다.

나는 이러한 자아초월적 악의 측면을 원형적 그림자/원형적 악이라 고 부른다. 나는 이러한 자아초월적 악의 측면을 2장의 중독의 정신역 동적 발달에서 설명할 것이다. 또한 3장에서는 전설, 민담, 종교 그리 고 임상 문헌에 나타난 원형적 그림자/원형적 악의 통합불가능한 측면 을 깊이 탐색할 것이다. 4장에서 나는 "술은 *성령으로 다스려라spiritus contra spiritum*"가 익명의 중독자들 모임의 12단계 회복 과정에서 어떻 게 구현되고 있는지를 설명할 것이다.

Bill W.와 칼 융의 편지에는 A.A. 프로그램을 구체화하고 형성한 중 요한 개념들이 담겨 있다. 또한 편지에는 또한 융의 새로운 통찰과 원 형적 그림자/원형적 악의 현상을 통합함으로써 중독의 심리학적 이해 를 돕고, 중독의 진정한 본성을 표상하도록 돕는 근원적 관점들이 서 술되어 있다. 이를 통해 우리는 왜 A.A.와 12단계가 알코올 중독과 중 독 일반을 다루고 성공적으로 치료하는 데 가장 효과적인 방법인지를

---

14) 원형적 그림자, 원형적 악과 같은 의미이다. 각주 8) 원형적 그림자를 참조 하라. (역주)

알 수 있다. 나는 Bill W.와 칼 융의 편지가 지금까지 인식되거나 탐색되지 않았던, 중독 현상의 이해를 위한 광범위한 함축으로 가득한 금광이라고 생각한다.

중독의 정신역동
: 전형적인 중독의 발달

The Psychodynamics of Addiction:
Development of a Typical Addiction Process

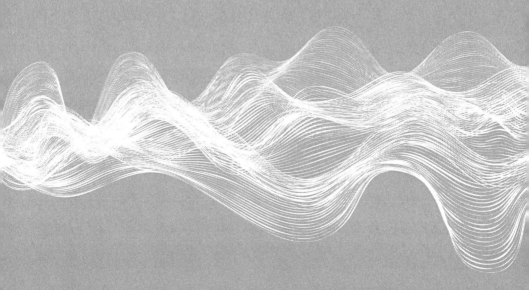

중독의 정신역동
: 전형적인 중독의 발달

The Psychodynamics of Addiction
: Development of a Typical Addiction

전형적인 심리적 중독의 발달에는 다음과 같은 본질적으로 주요한 5개의 단계들이 존재한다.

1단계 – 자아의 페르조나 동일시로 "거짓 자기"가 형성되다
2단계 – 개인적 그림자의 발달
3단계 – 잠재적인 중독 행동을 경험하다
4단계 – 중독–그림자–콤플렉스가 형성되다
5단계 – 중독–그림자–콤플렉스가 중독자를 사로잡다

(57쪽의 도식 "중독의 발달"을 참조하라)

1단계 – 자아의 페르조나 동일시로 "거짓 자기"가 형성되다
The Ego/Persona Identification Alignment with the False Self

이 정신역동 모델은 융심리학의 전통적인 개념들을 크게 필요로 한다. 내가 융학파의 분석가라서 그렇게 말하는 것이 아니다. 나는 중독의 발달에서 실제로 일어나는 것을 가장 적절하게 묘사하고 가장 정확하게 반영할 수 있는 이론적 개념들이 융심리학이라고 믿는다. 융심리

학은 복잡하고 독특한 중독을 도식화하고 묘사하기 위한 심리학적 틀로서의 능력을 갖고 있다.

내가 서술하고자 하는 것은 중독의 전형적인 발달이다. 이것은 모든 사람들의 경험을 정확하게 모사하는 것은 아니다. 회복 중인 중독자들에게서 받은 피드백에 의하면, 이것은 대부분의 사례의 보편적인 과정을 보여준다. 사람들의 경험이 융심리학의 이론적 모델과 다를 수 있다. 그렇다면 그것은 완전히 다른 과정이기보다는 한 주제에 대한 변이라고 할 수 있다. 이것은 어쨌든 이 주제에 대한 최종적인 조언을 의도하는 것은 아니다.

심리학적으로, 자아the ego는 우리 의식의 중심이다. 자아는 우리가 보는 것, 생각하는 것, 느끼는 것, 감각하는 것, 직관하는 것, 그리고 경험하는 것들의 교통 관제사이다. 자아는 자신, 세상, 그리고 타인과의 관계를 지각하고, 선택하고, 주의하고, 집중하고, 강조하고, 조직화하고, 처리한다. 자아는 선택하고, 믿고, 결정하고, 판단하고 가치를 부여함으로써 행동할지, 행동하지 않을지의 신호를 제공한다. 자아의 힘, 통제력, 생존을 위협하는 것에 대항하여, 자아는 스스로를 지키고 통일성을 유지한다. 우리는 우리 자신을 자아에 동일시한다. "나"라는 느낌은 우리의 자아 콤플렉스ego-complex[1)]에서 나온다.

약한 자아weak ego는 병약하게 적응한 심리적 기관이다. 약한 자아를 갖고 있는 사람은 내적 심리적 실재와 외부 현실 세계와의 접촉이 어렵다. 약한 자아는 어떻게 만들어지는가? 그것은 열악한, 방치된, 학대하는 발달적 환경에 의한 것일 수 있다. 그것은 외상에 의한 것이거

---

1) 우리의 사고의 흐름을 방해하고, 당황하게 하거나 화를 내게 하는 마음속의 어떤 것을 콤플렉스라고 한다. 의식은 우리의 정신의 극히 일부이다. 자아는 그 자그마한 일부의 중심이다. 그래서 그것은 많은 콤플렉스의 하나로 보고 이를 자아 콤플렉스라고 부른다. 앞의 책, p. 76.

나, 또는 생물학적이거나 유전적 문제에 의한 것일 수 있다. 또는 그것은 적응적인 자아 기제의 작동에 필요한 복잡한 회로를 종합하고 통합할 수 없기 때문일 수 있다. 또한 약한 자아는 심리 장애 또는 신체 질병의 결과일 수도 있다.

강하고, 건강한 자아는 우리가 잘 기능하고, 환경의 요구에 반응하여 성장하고 발달하고 적응하고 변화하도록 돕는다. 의식의 중심에 건강하고, 강한 자아 콤플렉스가 없다면, 우리는 무의식의 내용을 적절하게 탐색하고 관계할 수가 없다.

우리 대부분은 처음에는 자아를 페르조나persona와 동일시한다. 페르조나는 세상과 사람들과의 관계에서 쓰는 가면을 말한다. 그것은 사회화, 사회의 기대, 세상과의 경험, 그리고 개인의 타고난 특성과 기질의 상호작용을 통해 만들어진다. 페르조나는 내가 스스로 어떤 사람이기를 원하는지, 세상이 나를 어떻게 보기를 원하는지, 세상이 나를 어떻게 보는지 그리고 세상이 나에게 어떻게 되기를 원하는지 등의 요소들이 결합된 것이다. 페르조나는 우리의 사회적 정체성을 규정한다. 그것은 우리가 어떻게 보기를 원하는지 그리고 어떻게 보여지기를 원하는지, 우리의 삶과 세상에서의 역할과 관계하여 구성된다. 그것은 사람들에게 그럴듯하게 보이기 위하여, 그리고 사회가 받아들일 수 있도록 쓰는 가면이다. 그것은 반드시 실제의 나 자신일 필요가 없으며, 그보다는 사람들에게, 그리고 많은 경우 자기 자신에게 보이고 싶어 가장하는 모습이다. 자아가 페르조나에 과도하게 동일시할 때의 문제점은 무엇인가? 그것은 모든 나쁜 특성을 포함한 실제의 자신을 부정하고, 스스로 정교하게 구축하고, 과도하게 이상화한 가면을 자신이라고 믿기 시작한다는 것이다.

페르조나는 생득적으로 본래 악한 것은 아니다. 페르조나는 우리가 세상에서 기능하고, 생활하고, 역할을 하고, 사람들과의 상호작용에 필요한 매우 중요한 것이다. 적절한 페르조나를 갖고 있지 못하면, 현실 세계에 적응하는 능력이 떨어진다. 이들은 다양한 사회적 상황에서 어떻게 행동하는 것이 적절하고, 어떤 행동이 적절하지 않은지를 배우고 발달시키지 못한 것이다. 그래서 이들은 사회적 상황에서 어떻게 말해야 하고 어떻게 행동해야 하는지를 전혀 모르는 것처럼 보이며, 항상 다른 사람들을 곤란하게 만들고 당황하게 만든다. 종종 그들은 눈치 없고, 무례하고, 성가시고, 공격적이고, 사람들 속에서 어떻게 행동해야 하는지 "전혀 모르는" 것처럼 보인다.

중독자가 되는 사람들의 페르조나는 어떠한가? 이들은 대개 페르조나가 없거나 거의 발달하지 않은 사람들이 아니다. 이들은 오히려 지나친 페르조나의 문제가 있다. 즉 이들은 너무 강하고, 엄한 페르조나를 갖고 있다. 자아가 진정한 자기true Self가 아니라 페르조나와 동일시할 때, 융학파에서는 이것을 거짓 자기로 정렬된 동일시alignment identification with a false self라고 부른다. 이것은 자신이 만든 꼭두각시와 사랑에 빠지고는, 그것을 사랑하고 관계 맺는 능력이 있는 진정한 사람이라고 믿는 사람과 같다. 그러나 진실을 알게 되면, 부끄럽고, 고통스러운 자각이 시작된다. 그것은 사실은 진정한 자신이 아닌 것을 자신이라고 믿는 일종의 자기 기만이다. 이렇게 비유할 수 있다. 그것은 살아 있는 신인 야훼를 믿는 유대교—기독교 신자와, 자신이 만든 무생물체(예컨대, 구약의 금송아지)를 신이라고 숭배하는 사람과의 차이 같은 것이라고 할 수 있다. 야훼처럼 진정한 자기는 "나는 마음의 주인이다, 나 외의 다른 거짓된 자기를 섬기지 말라"고 말한다.

이 자아/페르조나 동일시는 거짓 자기를 형성하며, 이로 인하여 개인적 그림자와 중독 발달의 2단계로 직결된다.

2단계 – 개인적 그림자의 발달
The development of the Personal Shadow

융심리학에서 개인적 그림자는 개인적 무의식personal unconscious으로 정의되는 정신 영역에 존재한다. 개인적 무의식은 비개인적이고, 객관적이고, 보편적인 내용의 원형들이 자리한 집단적 무의식the collective unconscious과 대조된다. 개인적 그림자란 "자아가 억압했거나 결코 인식한 적이 없는 선하기도 하고 악하기도 한, 감춰진 무의식적 측면"[1]이다. 그것은 보다 원시적이고 미분화된 충동과 본능에 더하여, 자아가 억제하고 억압하여 개인적 무의식이 된, 모든 받아들이기 어려운 사고, 감정, 욕구, 환상과 행동들이다. 프로이트의 마음에 대한 관점에서 본다면, 그것은 프로이트가 이야기하는 "무의식unconscious" 전체라고 할 수 있다. 그것은 우리 마음의 개인적인 심리적 쓰레기라고 부를 수 있는 것이다.

융은 "그림자는 전체 자아 인격에 도전하는 도덕적 문제이다. 왜냐하면 상당한 도덕적 노력 없이는 그림자를 의식화할 수 없기 때문이다. 그림자를 의식하는 것은 인격의 악한 측면이 현실이고 실제라는 것을 받아들이는 것을 의미한다."[2]라고 하였다.

우리 모두는 개인적인 심리적 쓰레기, 즉 개인적 그림자를 갖고 있다. 개인적 그림자의 내용물은 페르조나와 직접적인 관계를 갖는다. 모든 받아들이기 어려운, 자아가 거부하는 측면들이 개인적 그림자에 억압된다. 자아는 그러한 측면들을 억누르고, 억제하고, 마음의 어두운 방, 다락, 지하실에 개인적 그림자에 가두어 안전하게 숨기려 한다. 그렇게 숨겨진 것은 나와 무관하다며 절연하고, 그 열등한 골칫거리를 누구도 발견하지 않기를 원하는 것이다.

물론, 우리가 페르조나와 동일시하면 할수록, 그만큼 더 많은 것들이 개인적 그림자에 억압된다. 때로는 억압된 것들이 개인적 그림자를 가득 채워 당혹스럽고, 부끄럽게도 악취가 나고, 넘치고, 새어 나와 사람들이 눈치를 챈다. 그러면 우리는 뚜껑을 조이고, 새는 곳을 막고, 문에 빗장을 보강한다(즉 억제하고, 억압하고, 부정하고, 합리화한다). 아니면 소독제를 사용한다(즉 로터리 클럽이나 사회봉사단체에 가입하거나, 교회의 집사가 되어 사회적으로 존경받을만하다는 망토를 입는다). 아니면 마음속 더 깊은 곳으로 쓰레기를 밀어 넣어 묻어버린다(즉 더 억압하고, 망각하고, 회피하거나, 또는 사람들이 눈치채지 못하도록 개인적 그림자를 감추려고 보다 정교하게 조심하고 경계한다). 이러한 노력들 어느 것도 궁극적으로는 효과적이지 않다. 그림자는 어떻게 해서든 넘치고 새어 나온다.

이러한 노력과 전략들은 개인적 그림자가 의식으로 새어 나오지 않도록 하려는 것이다. 이를 위해서 자아의 방어는 더욱 강화되고 더 많은 심리적 에너지를 필요로 한다. 그러면 개인적 그림자는 자아 콤플렉스로부터 기본적으로 필요한 에너지를 빼내어 간다. 시간이 갈수록 이 괴물은 더욱 커지고 의식으로 올라오려 한다. 괴물의 억제에 요구되는 방어는 계속 커지고, 자아가 일상생활의 세계에 적응하고 기능하는 데 필요한 중요한 에너지를 소모하게 된다. 더구나 페르조나를 유지하기 위해서도 정신 에너지가 요구된다. 페르조나와 실제 자신 사이의 불일치가 크면 클수록, 체계를 방어하고 유지하기 위해 더 많은 에너지가 필요하다. 이제 여러분은 어느 정도 이해가 되었을 것이다. 심리적으로 더 많이 긴장하고 스트레스를 받을수록, 더 많은 경계와 방어가 요구된다. 그러면 저항하고 견디는 것이 어려워지고, 상태를 유지하는 것은 그만큼 더 불가능하게 된다.

개인적 그림자는 의식으로 올라와 해결되기를 요구한다. 마음속의 작은방, 다락, 지하실로부터의 비명, 신음, 덜거덕 소리는 점점 커지고, 이를 무시하고, 회피하고, 망각하기가 어려워진다.

중독의 발달

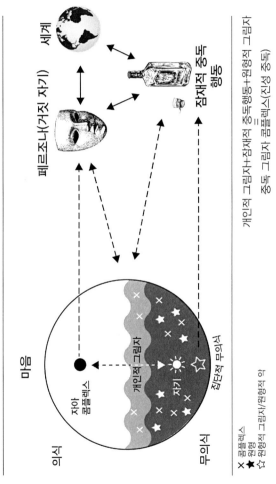

마음

의식

무의식

세계

페르조나(거짓 자기)

잠재적 중독 행동

자아 콤플렉스

개인적 그림자

자기

집단적 무의식

× 콤플렉스
★ 원형적 그림자/원형적 악
☆ 원형적 그림자/원형적 악

개인적 그림자+잠재적 중독행동+원형적 그림자
중독 그림자 콤플렉스(진성 중독)

그렇다. 밝은 세상으로 풀어달라거나 자유를 요구하는 개인적 그림자의 요구는 페르조나의 요구와 완전히 상충된다. 의식적인 자아는 이제 진퇴양난에 빠진다. 자아는 페르조나와 과도하게 동일시를 하고 있다. 그래서 이 조악하고 과격한 개인적 그림자의 요구들을 어떻게 처리해야 할지 알기 어렵고, 페르조나와 완벽하게 대극이어서 외견상 적절한 대안을 찾기도 어려운 것이다. 이러한 상황에서 개인적 그림자와 페르조나는 양립하기 어려워 절망적이고 해결책을 찾기도 어려워 보인다.

이렇게 되면 결국 3단계의 중독의 발달로 이어진다. 이 상태에서 잠재적 중독 행동을 경험할 수 있다. 얼핏 보면 이러한 경험은 궁지를 벗어나게 하고, 자아의 긴장과 스트레스를 완화시키고, 문제를 해결하거나, 또는 중독이 그것을 약속하는 것처럼 보인다.

3단계 - 잠재적인 중독 행동을 경험하다
The introduction of the potentially addictive behavior

페르조나와 개인적 그림자의 상충이 심화되면 해결하기 어려운 긴장이 점점 증가하고, 결국 신체적 또는 심리적 질병을 초래한다. 신체적으로는 흔히 고혈압, 궤양, 소화기 또는 심장의 문제 등의 증상을 경험한다. 심리적으로는 흔히 불안, 우울, 외상 후 스트레스 증후군, 그리고 강박장애 등의 증상이 나타난다. 신경증이나 심지어 정신증도 드물지 않게 나타난다. 어떤 사람들은 심한 피로, 소진, 신경쇠약이 나타나 더 이상 견디기 어려워진다.

인생이 흔히 그렇듯 필요는 발명의 어머니이다. 파멸이 임박하면, 자아는 그것을 피하고자 두 가지 선택을 할 수 있다. 첫째, 의학, 심리학 또는 영적 도움을 받을 수 있다. 즉, 페르조나와 개인적 그림자 문제를 효과적으로 다룰 수 있는 심리상담이나 분석을 통해 새로운 은총, 통찰 또는 변화 동기의 도움을 받을 수 있다. 둘째, 알코올, 약물, 도박, 성, 음식, 일, 관계, 기타 등등의 다양한 잠재적으로 중독성 있는 행동을, 반복적으로 긴장을 해소하는 적응 기제로 사용하여, 도피하거나 회피함으로써 고통을 경감할 수 있다.

사람들이 중독에 빠지는 것은 사람마다 특수한 개인적 상황과 이유들이 존재하지만, 최종 결과는 동일하다. 모든 사람이 자신만의 고유한 역사를 지니고 있다. 그럼에도 중독의 기본적인 패턴은 동일하다. 즉, 중독의 역동은 매우 전형적이며 예측 가능하고 공통적인 경과를 밟는다. 흥미로운 것은 내가 아는 거의 모든 중독자들이 "나는 그 규칙에서 예외"라고 믿는다는 것이다. 그들은 그 규칙이 모든 사람에게 진실일 것임을 인정하는데, 그렇지만 자신만은 예외라는 것이다. 이것은 모든 심리적 중독의 기저에 있는 전형적인 부정denial을 의미한다. 중요한 것은, 이것이 중독자들이 동료 중독자들과 자신을 자기애적으로 구별하려는 특성을 보여준다는 것이다. 사실 동료 중독자들은 중독자들이 경험하고 있는 것을 진정으로 이해하고, 평가하고 도울 수 있는 장본인들이다. 융이 Bill W.에게 보낸 편지에서, 은총을 받지 못하고 사회에서 고립된 사람들이 어떻게 "악의 힘에 저항할 수 없는지"를 적었던 것을 기억하라. 중독자들의 바로 이러한 심리학적 특성 때문에 그들은 중독에 사로잡히게 된다. 개인의 행동에 비인간적인 역동적 영향을 주고, 지시하고, 통제한다는 점에서, 그것은 틀림없이 원형적 의미에서의 악마를 떠올리게 한다. 개인을 구원하는 데 도움이 될 수 있는 최선이 거부되면, 우리는 운명적으로 무의식적인 사망과 파괴의 길을 선택하게 된다. 분명한 것은, 자신보다 큰 힘이 구원을 위해 필요하다는 것이다.

잠재적 중독 행동을 경험하면 상황은 더욱 악화된다. 그 경험은 완전히 통제불가능한 중독으로 발전할 위험성을 갖는다. 그러나 아직 그들에게는 의지로, 자제력으로, 통찰로, 치료로, 자아 통제로 중독의 함정에 빠질 위험을 피할 기회가 있다. 이 단계의 많은 사람들이, 자신의 잠재적 중독 행동을 오락성, 사회성, 실험적 또는 정상적이라고 축소한다. 사실 이 단계는 중독이라고 할 수는 없다. 그러나 분명히 약물이나 알코올 남용이거나, 또는 무엇이든 위험해지는 수준이라고 볼 수 있다. 이 단계는 파괴적이고 유해하다. 그러나 아직 조절하거나 변화할 수 있는 의식적인 자아의 통제력이 유지되고 있다. 이 단계에서는 약물치료, 행동치료, 자아 통찰적 치료가 도움이 될 수 있다. 왜냐하면 아직은 완전히 진행된 중독으로 발달하지 않았기 때문이다. 이것은 정말 사실이다. 왜냐하면 중독 과정의 역동에서 이 단계는 원형적 그림자/원형적 악이 작동하기 전이기 때문이다. 페르조나, 개인적 그림자, 반복적인 나쁜 습관의 문제 등은, 일반적으로 정신분석을 포함하는 전통적인 심리치료에 의해 효과적으로 치료될 수 있다.

어떤 사람들은 심리적 중독을 피할 좋은 기회조차 갖지 못한다. 그들은 잠재적 중독 행동을 처음 경험했음에도 그것에 사로잡힌다. 그들은 처음 경험한 그 순간 바로 중독이 된다. 술을 마실 수 없는 환경에서 성장하여 인생 후반기까지 술을 마셔본 적이 없던 사람들이 있다. 그들은 술을 처음 마셨는데, 마치 수십 년 술을 남용했던 사람처럼 절망적으로 술에 사로잡혔다. 어떤 사람들은 생물학적으로 또는 유전적으로 중독의 소인을 갖고 태어나는 것이다. 반면 중독까지 보다 오랜 시간이 걸리는 사람들의 심리학적 중독의 역동은 그들을 사로잡고, 죽이고, 파괴한다. 그러나, 생리학적으로 중독의 시한폭탄이 탑재된 사람들도, 같은 심리학적 중독의 역동에 사로잡힌다. 흔히 아메리카 인디언의 알코올 중독이 그러한 것처럼 보인다.

잠재적 중독 행동의 활성화는 4단계 중독의 발달로 이끈다. 이는 내가 "중독-그림자-콤플렉스Addiction-Shadow-Complex"의 생성이라고 부르는 것으로, 원형적 그림자/원형적 악을 포함한 모든 필요한 요소들과 함께 연합하여 어리석고, 자기 파괴적이며, 살의가 있는 현상, 즉 진정한 중독으로 발전하게 된다.

4단계 - 중독-그림자-콤플렉스가 형성되다
The creation of the Addiction-Shadow-Complex

융학파의 관점에서 본다면, 잠재적 중독 행동은 개인적 그림자가 발산되어 표현될 수 있도록 하는데, 이는 페르조나와 과도한 동일시를 하고 있는 의식적인 자아가 허락하지 않는 방식이다. 융학파 분석가인 Linda Leonard는 자신의 저서 *Witness to the Fire: Creativity and the Veil of Addiction*[3]에서 다음과 같이 이야기한다. 개인적 그림자는 표현되려고 하는데, 흔히 중독 행동은 그림자가 오랜 시간 갇혀 있던 작은 방, 다락, 지하실에서 탈출할 첫 번째 기회를 제공한다. 이때 탈출한 개인적 그림자는 모든 것을 가질 수 있는 기회를 때로 맹렬하고, 철저하게 이용한다고 주장하였다. 이때 중독자는 정상적으로 행동할 때와는 너무도 다르게 거칠고, 위험하고, 위험을 감수하는 당혹스러운, 통제되지 않은 행동을 흔히 보인다.

Leonard는 중독을 창의성을 쉽게 얻으려는 시도, 즉 예술가들의 낙원에 무임승차하려는 것이라고 보았다. 그러나 물론 그렇게 되지는 않는다. 그것은 그저 황홀한 환상일 뿐이다. 아마도 이것은 왜 그렇게 많은 예술가들이 사탄과 그의 거짓 약속, 즉 중독의 유혹을 이기지 못하는지를 설명해줄 것이다. Leonard는 궁극적으로는 중독은 창의성을 집어삼키고 파괴한다고 하였다. 그녀는 모든 중독은 파괴자이며, 결국 자신의 제단 위에서 모든 것이 불태워지고 희생되기를 원한다고 하였다. 이것은 이미 내가 앞에서 언급한 것이다.

중독 과정 및 경과에서 이 지점에 이르면, 사람들은 흔히 지킬 박사와 하이드Dr. Jekyll/Mr. Hyde로 알려진 현상을 보인다. 즉, 중독 행동에 참여하기 전과 비교하여, 개인의 근본적인 성격 변화가 종종 관찰된다. 중독 행동을 보이지 않을 때, 그들은 가장 멋지고, 친절하고, 사랑스럽고, 온화하다. 이것은 지킬 박사의 모습이다. 중독 행동을 보일 때, 그들은 가장 천박하고, 거칠고, 사나운 괴물이 된다. 즉, 하이드가 된다. 자아가 긍정적이고 이상적인 페르조나와 과도한 동일시를 할 때는, 지킬 박사와 같은 행동(멋지고, 친절하고, 사랑스럽고, 온화한)을 보인다. 자아가 가장 원시적이고, 통합되지 않은, 억압된 개인적 그림자에 사로잡히면 하이드의 행동(천박하고, 거칠고, 사나운)을 보인다. 지킬과 하이드를 비교해 보라. 19세기 말에 지킬 박사와 하이드를 쓴 Robert Louis Stevenson은 어느 날 꿈을 꾸고 이 소설의 아이디어를 얻었다고 하였다. 물론 그의 꿈은 자신의 개인적 그림자가 밤에 보내온 풍부한 의견이라고 할 수 있다.

지킬 박사와 하이드는 페르조나와 개인적 그림자가 통합되지 않고 분리되었을 때의 잠재적 결과를 보여주는 완벽한 문학적 사례이다. 심지어 이 이야기의 줄거리에는 약물의 사용이 포함되어 있다. "이 이야기는 약을 먹으면, 신체적으로는 추하고, 정신적으로는 사악한 새로운 사람으로 변하는 의사에 관한 이야기이다. 모든 사람에게 존재하는 악의 본성(개인적 그림자)을 심리학적으로 탐구함으로써, 이 소설은 많은 현대의 심리학적 소설을 멋지게 예견하였다(그리고 많은 심리학적 논픽션들도)."4

중독 행동의 영향을 받으면 종종 그림자가 튀쳐나온다. 이것은 전형적인 정상적 태도, 행동, 성격과는 완전히 대극인 인격의 측면이다. 예컨대 수줍은 내향형이 술을 먹으면 테이블 위에 올라가 춤을 춘다. 겁이 많은 신사가 오토바이 폭주족에게 싸움을 건다. 도덕적으로 올바른 목사가 매춘부와 사귄다. 보수적이고 조심성이 많은 사람이 큰돈을 베팅하는 고위험 도박자가 된다. 이런 식으로, 개인적 그림자는 중독 행동을 강화하고, 고무한다. 또한 오랫동안 갇혀 있던 작은 방, 다락, 지하실을 나와 밝은 곳에서 어떻게든 존재를 드러내려고 중독 행동에 의존하게 된다. 종종 중독 행동은 개인적 그림자가 자신을 표현하고 드러낼 수 있는 유일한 기회를 제공한다. 우리가 자신의 개인적 그림자들을 억압하여 무의식화하면 할수록, 그림자들이 중독 행동에 의해 잠시 멋대로 탈출하여 자신을 드러낼 위험이 높아진다.

중독 행동과 개인적 그림자의 이러한 결합은 매우 강력한 콤플렉스 배열을 초래한다. 이것은 인격의 다른 대부분의 구조물이나 콤플렉스들에 비해 훨씬 강력하다. 중독 행동과 개인적 그림자 사이의 이러한 결합은 중독－그림자－콤플렉스의 생성에 필요한 구성요소의 적어도 절반을 제공한다. 이것은 수영을 못하는 어떤 사람이 목까지 물이 차는 깊은 물속에 있는데, 육지는 매우 먼 곳에 있는 상황과 매우 흡사하다. 그는 아직 물에 빠지거나 익사한 것은 아니다. 그러나 무언가 극적이고 예상하지 않았던 일이 일어나 시나리오를 변경하지 않는다면, 그렇게 될 가능성이 매우 높다.

이렇게 되면 중독－그림자－콤플렉스 생성의 마지막 단계에 이르게 된다. 이 단계에서 결정적인 마지막 구성요소인 원형적 그림자/원형적 악이 더해지고, 이로 인해 역동이 시작되며 중독은 영원히 굳어지게 된다.

5단계 – 중독-그림자-콤플렉스가 중독자를 사로잡다
The Addiction-Shadow-Complex takes over the Psyche

이 단계에서 중독 행동, 개인적 그림자, 그리고 원형적 그림자/원형적 악이 결합한다. 이 결합은 이제 마음에서 가장 압도적이고 무서운 힘이 된다. 이것은 정상적인 자아 콤플렉스를 사실상 인수하여 대치하고, 그것을 대신한다. 중독-그림자-콤플렉스는 곧 지배적 자아의 통제력을 완전히 박탈하고, 지배자에서 물러나게 하고, 이를 대치하고, 축출하여 무력하게 만든다. 중독-그림자-콤플렉스는 지배적 자아를 자신의 통치자로 대치한다. 그것은 허수아비 사이비 왕으로서, 그 사람, 정신, 진정한 자기, 또는 어떤 다른 누군가의 가치나 욕구에는 전혀 관심이 없다. 그것은 궁극적으로는 오직 중독의 욕망, 관심사, 의도에만 봉사한다. 이것이 온통 모든 것을 빼앗는 중독의 본성이다.

이러한 역동적인 과정은, 자아가 정서적으로 부하된 콤플렉스 또는 거짓 자기에 과도하게 동일시하여 일시적으로 사로잡힌 것과는 질적으로, 양적으로 다른 것이다. 이것은 대부분의 다른 정신과적 장애와도 다르다. 신경증에서의 자아는 비효율적이기는 하지만 계속 기능한다. 정신증에서의 자아는 거의 또는 전혀 기능하지 못한다. 왜냐하면 정신증에서 자아는 무의식의 홍수와 같은 내용물에 압도되어 유실되어 버리기 때문이다. 성격장애에서의 자아는 계속 기능하면서 초기 아동기에 형성된 일생에 걸친 건강하지 않은 패턴 및 콤플렉스들과 은밀히 결탁한다. 이제 나는 중독과 관련하여 새롭고 상이한 범주의 자아 기능을 제안하고 있다.

그에 더하여 전체 정신 체계에 대한 영구적인 강탈이 존재한다. 왕국과 그 안의 모든 것들의 기능을 정지시키고 마비시키는 강력하고 사악한 주문呪文이, 정상적인 자아 콤플렉스와 그것이 가지고 있는 모든 기능들을 사로잡는다. 그리고 중독은 본래의 자아를 완전히 지배적인 자아로 대치한다. 이 새로운 자아는 마치 본래의 정상적인 자아 콤플렉스처럼 숙련되고, 적응적이고, 이기적으로 지각하고, 판단하고, 행동한다. 물론 이 새로운 자아는 사기꾼, 거짓말쟁이, 협잡꾼이다. 중독자의 진정한 자기와 건강한 자아는 이제 너무도 무기력하고 무능하다. 그래서 중독−그림자−콤플렉스에 의해 구축된 새로운 독재자와 싸우거나 대립하지 못한다. 그것은 마치 우리가 가장 깊고, 어둡고, 가장 파괴적이고 쇠약하게 하는 콤플렉스에 빠진 것과 같다. 정상적이라면 결국은 거기서 빠져나올 수 있다. 그러나 이 경우에 우리는 타격을 받고 거기에 영원히 갇히게 되는 것이다. 이것은 정말 악몽이다.

　중독−그림자−콤플렉스가 자아를 사로잡을 때 일어나는 현상을 이렇게 설명하는 것이, 본질적으로 매우 은유적이고, 신화적이고, 서술적인 것이 사실이다. 이러한 설명은 일반적으로 사람들이 기대하는 임상적이고, 인과론적 방식이 아니다. 나는 적절한 설명을 하려는 것이 아니라, 우리의 이해력의 경계에서 하나의 현상을 설명하려고 애쓰고 있는 것이다. 이 과정에는 신비하고, 강력하고, 원형적인 미지의 요소들이 존재한다. 그래서 나는 어렴풋이만 알 수 있다. 그러므로 나는 현재로는 내가 할 수 있는 최선의 설명을 하고 있는 것이다.

　중독의 발달 과정에서 이해해야 하는 가장 중요한 것을 5번째 단계에서 설명하고 있다. 그것은 전체 정신, 자아, 그리고 개인의 잠재력이 중독−그림자−콤플렉스에 사로잡혀 지배당한다는 것이다. 그렇게 되면 중독은 개인을 완전히 사로잡는다. 개인은 정상적인 자아, 의지력, 자제력, 분별력, 통찰력, 선한 의도를 상실하며, 이로 인한 효과가 나타난다. 이제 중독의 의지에 따라 주요한 결정이 이루어진다. 모든 일이 중독을 중심으로 일어나며, 그것에 부차적인 것이 된다. 이것이 A.A.에서는 1단계의 '알코올 중독으로, 우리의 삶이 무력하고 다루기 힘들다'로 묘사된다.

여기서 나의 생각을 명료화하고자 한다. 중독−그림자−콤플렉스는 개인이 대부분의 영역에서 정상적으로 기능하도록 허용함으로써, 그가 중독 행동에 계속 참여할 수 있도록 한다. 단, 개인의 결정과 행동이 중독의 주요한 관심사에 도전하거나, 위협하거나 방해하지 않는다는 조건하에서 허용한다. 점령된 국가에서 그러하듯, 통치 세력에 도전하거나 대항하지만 않는다면, 그는 일상생활에서 상대적으로 정상적으로 살아갈 수 있다. 만약 통치 세력에 도전하거나 대항한다면, 큰 대가를 치르고 심한 처벌을 받을 것이다. 저항은 매우 위험한 행동이다. 중독−그림자−콤플렉스는 어떻게 온갖 고통, 부끄러움 그리고 강박을 누를 수 있는지를 알고 있다.

알코올 중독자의 배우자와 친구들은 이것을 다른 측면에서 느끼고 있다. 알코올 중독자의 음주를 간섭하는 것만 제외한다면 그들은 무엇이든 할 수 있다. 중독자의 음주를 간섭했다가는 후회를 하게 되며, 그의 반발로 심각한 마음의 상처를 받을 수 있다. 이것은 가족과 친구들에게는 상당한 위협이 된다. 그래서 그들은 중독의 실체를 다루기를 꺼리며, 오히려 중독자와 결탁하여 합리화하고, 정당화하고, 부정하며, 그의 조력자가 되어 그를 망치게 된다. 여러모로 그들은 중독−그림자−콤플렉스, 즉 티라노사우루스를 자극하지 않는 것이 안전하다고 느낀다.

나는 소위 "잘 기능하는 알코올 중독자functional alcoholics"와 "폭음자binge drinkers"를 중독−그림자−콤플렉스의 개념으로 어떻게 설명할 수 있는지에 대해 질문받고는 했다. "잘 기능하는 알코올 중독자"란 술을 자주 많이 마시고, 때로 몸을 가누지 못할 정도로 마시지만, 부모, 배우자, 직장인으로서의 자신의 역할은 항상 잘 수행하는 사람을 말한다. 그들은 술 때문에 직장에 결근하지 않으며, 자녀를 학원에서 데리고 오는 것을 잊어버리지 않으며, 배우자의 생일을 잊지 않는다. 심신을 쇠약하게 하는 이 장애의 여러 단계들에서 알코올 중독자들은 다양한 양태를 보인다. "잘 기능하는 알코올 중독자"는 중독자일 수도, 아닐 수도 있다. 이들 중의 어떤 사람들은 자주 파티를 하거나, 자주 술을 마시거나 술에 취할 수 있지만, 그들은 원한다면 속도를 늦추거나 멈추는 것이 가능하다. 나의 정의에 따른다면 그들은 중독이 아니다. 그러나 음주 패턴은 그들과 매우 유사하지만, 사실은 매우 다른 사람들이 있다. 이들은 원하는 경우에도, 음주를 멈추거나 자제할 수 있는 의지력이나 자아의 힘을 갖고 있지 못하다. 그들은 정말로 중독이다. 소위 "잘 기능하는 알코올 중독자들" 중 어떤 사람은 중독자고, 어떤 사람은 아니다. 즉, 음주 패턴만으로 이들을 구별할 수는 없다는 것이다. 이것은 표지만 보고 책을 평가할 수 없는 것과 같다. 책에 담겨진 내용과 이야기를 읽어봐야 평가가 가능하다. 중독의 진단도 이와 유사하다. 진단하려면 그의 심리 내적으로 어떤 일이 벌어지고 있는지를 알아야 한다.

아직 중독이 아닌 "잘 기능하는 알코올 중독자"는 아마도 중독이 되어 "기능하지 못하는 알코올 중독자"가 될 가능성이 높다. 항상 불 주변에서 장난치며 논다면, 화상을 입고 검은 구렁텅이로 빠질 위험이 높은 것과 같다. "잘 기능하는 알코올 중독자"라는 용어는 중독의 핵심에서 벗어나는 경향이 있으며, 중독의 본질을 최소화하고, 부정하고, 합리화하는 경향이 있다. 이 용어는 오해하기 쉽고, 명료하지 않고, 크게 도움이 되지 않는 것이다.

"폭음자들binge drinkers"도 어떤 사람은 중독자이고, 어떤 사람은 아니다. 만약 그가 중독자라면, 음주를 시작하면 멈추지 못할 것이다. 어떤 사람은 그저 자주 술에 취하는 것을 즐기고, 원한다면 자신의 음주를 조절할 수 있지만, 그렇게 하지 않는다. 물론 진짜 알코올 중독자들은 항상 자신이 음주를 조절할 수 있다고 주장한다.

"잘 기능하는 알코올 중독자"와 "폭음자"의 문제는 중독의 이해에 심리적 요소가 얼마나 중요한 역할을 하는지를 보여준다. 우리는 흔히 행동 또는 생물학적 측면에만 관심을 갖고, 마음은 동등한 정도로 고려하지 않는다. 나는 알코올 중독에서 회복 중인 신부님과 신자들을 알고 있다. 그들 중에는 중독-그림자-콤플렉스를 자극하지 않고 성체 성사communion의 포도주를 마시는 사람들이 있다. 그러나 이런 분들이 있으니 위험을 무릅쓰고 술을 마셔보라고 권하지는 않는다. 이러한 사례들은 현상학적으로 일어나는 것에 관한 의문을 제기한다. 대부분의 음주는 중독-그림자-콤플렉스를 자극하는데, 왜 성체 성사의 포도주는 그렇지 않은가? 내 생각에 그 답은 심리학적/영적 영역에서 얻을 수 있다. 아마도 성체 성사의 포도주는 심리학적으로 완전히 비중독적인 방식으로 소비된다고 할 수 있다. 그것은 생각보다 이상하지 않을 수도 있다. 음식 중독이 있는 사람들은 통상적인, 건강하고 영양학적 이유로 음식을 섭취하는 경우와 중독-그림자-콤플렉스가 주도하여 음식을 섭취하는 경우, 둘 사이에 확실히 차이가 있다고 말한다. 그들이 통상적인 사유로 음식을 섭취하는 경우에는, 압도적이고 강박적인 식탐을 자극하지 않으며 중독의 활성화로 나아가지 않는다. 음식 탐닉은 일반적으로 음식이 있어서가 아니라, 정서에 의해 촉발된다. 이것은 분명히 식탐을 자극하는 음식에의 생물학적 노출이 아니라, 심리학적 요소에 의한 것이다.

나는 만성 통증으로 정기적으로 진통제를 복용해야 하는 알코올 중독자 및 약물 중독자를 치료하여 왔다. 물론 이것은 알코올 중독자와 약물 중독자에게는 위험한 영역이다. 왜냐하면 진통제는 중독-그림자-콤플렉스를 쉽게 자극할 수 있고, 이로 인해 통제 불능이 될 수 있기 때문이다. 내가 보고 들어온 많은 경우를 보면, 의사가 의학적 사유로 처방한 빈도와 양을 정확하게 지키는 경우에는 문제가 일어나지 않았다. 반면 진통제를 임의로 복용하거나, 처방된 용량 이상으로 복용하거나, 처방된 횟수보다 자주 복용하는 경우, 진통제는 중독-그림자-콤플렉스를 자극하여 통제 불능이 될 수 있다. 나는 중독자들이 진통제를 사용하여 위험에 빠지도록 격려하려는 것이 아니다. 진통제를 복용하면 반드시 재발하는 많은 중독자들이 분명히 존재한다. 그러나 위에 언급한 사례들에 의하면, 적어도 심리학적 요소는 생물학적 그리고 행동주의적 노출만큼이나 중요하다는 것이 명확하다. 정신은 대부분의 사람들이 믿거나 이해하는 것보다 중독에서 훨씬 중요한 역할을 한다.

잠재적 중독 행동은 자아, 자아의 생각, 판단, 지각, 감정, 결정, 그리고 행위에 영향을 주고, 유혹할 수 있다. 이것은 DSM-IV 진단 기준의 알코올 남용 또는 약물 남용에 해당된다. 더 나아가, 잠재적 중독 행동은 한 인간을 신체적, 정신적, 정서적, 그리고 영적으로 지배할 수 있는데, 이것이 나의 기준에 의하면 진정한 심리적 중독이다. 이것은 DSM-IV 진단 기준의 알코올 의존 또는 약물 의존에 해당된다. 이것은 원래의 자아-페르조나 동일시로 인한 정렬보다 강력하며, 결국 그것을 대체하게 된다. 이렇게 되면 중독-그림자-콤플렉스의 영향을 받으며 중독 행동을 계속하는 것이 최우선의 선택이 되며, 그것은 친구, 가족, 배우자, 직업, 건강 그리고 심지어는 삶 그 자체보다 중요해진다.

Marion Woodman은 중독, 특히 여성의 섭식 장애와 관련된 많은 책을 저술한 융학파 분석가이다. 그녀는 "모든 중독의 핵심은 궁극적으로 중독자의 목숨을 빼앗으려는 에너지이다."[5]라고 했다. 중독자들을 치료한 경험을 통해 그녀는 다음과 같은 결론을 내리고 있다. 중독은 모든 것을 원하며, 만약 그것 때문에 중독자가 파괴되어야 한다면, 그럴 수밖에 없다. 그녀는 중독은 실제로 사악한 영을 갖고 있으며, 달리 말하면, 모든 중독에는 악령an evil spirit이 존재한다고 믿었다.

중독의 핵심은 살인이라는 주장이 독자의 주의를 끌기 위한 극적인 또는 불필요한 과장이 아니라고 강하게 주장할 수는 없다. 그러나 그것이 중독의 차가운 진실이며 실체이다. 융은 Bill W.에게 보낸 편지에서 이러한 관점을 확실하게 지지하였다. 또한 그것이 많은 중독자들, 그들의 가족 및 친구들, 그리고 이 두려운 심리적, 영적 괴물과 직접 도덕적 전투를 치르고 있는 모든 심리학자들과 치료자들에게도 해당되는 이야기이다.

중독−그림자−콤플렉스의 생성에 필수적인 마지막 중요한 요소인 원형적 그림자/원형적 악은 더 많은 설명과 명료화가 필요하다. 다음 3장은 중독의 정신역동에서 본질적 요소인 이 신비하고, 이해하기 어렵고, 경계선적 개념인 원형적 그림자/원형적 악의 개념을 설명하는 것에 완전히 할애하였다.

제3장

중독의 본질적 구성요소인
원형의 그림자 / 원형적 악의 탐색

An Exploration of Archetypal Shadow/
Archetypal Evil as an Essential Ingredient in Addiction

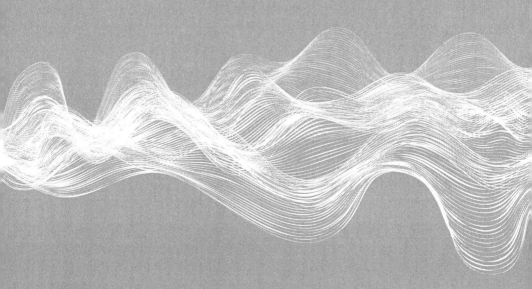

중독의 본질적 구성요소인
원형적 그림자/원형적 악의 탐색
An Exploration of Archetypal Shadow/Archetypal Evil
as an Essential Ingredient in Addiction

원형적 그림자/원형적 악의 개념은 매우 신비한 개념이다. 그래서 손에 쥔 고운 모래가 손가락 사이로 사라지듯 포착하기 어렵고, 개인적, 사회적, 도덕적, 집단적, 그리고 종교적 악의 개념들과 크게 혼동되어, 우리의 목적에 도움이 되지 않는다. 그로 인해 편견, 투사, 오해, 그리고 광적인 열광이 일어나기 쉽다. 또한 이로 인해 독선적인 종교적 광신자들, 잘못 이해한 근본주의자들에게 의도하지 않은 무기가 되었고, 파괴적인 종파적 이념에 에너지를 제공하는 꼴이 되었다. 이로 인해 융심리학은 근거 없고, 비과학적인 종교적 진술이며, 그로 인해 의학, 심리학, 사회학에서의 눈부신 발전이 훼손될 것이며, 신념, 신화, 민간 신앙, 그리고 교회의 교리에 근거하여 현상을 설명하는 어두운 주술－종교적 암흑 시대로 시간을 돌리는 것이라고 비난받고 격하되었다. 익숙한 이야기 아닌가?

뉴욕 타임즈(2005년 2월 8일자)의 과학 섹션에 게재된 "우리는 최악의 인간을 '악마'라고 진단할 수 있다For the Worst of Us, the Diagnosis may be Evil."라는 기사는 바로 이 문제를 환기시켰다. 이 기사는 현재의 정신장애 진단범주가 연쇄 살인마, 고문 기술자, 또는 극도로 잔인하고 야만적인 행동을 반복적으로 저지르는 사람들의 실체를 적절하게 반영하고 있는가에 의문을 제기하였다. 그 기사는 '악evil'이라는 새로운 진단범주를 도입할 필요성을 제기한다. Michael H. Stone 박사는 악의 위계를 주장한다. 즉 악한 행동은 가장 나쁜 행동부터, 가장 적게 나쁜 행동의 범위에 위치한다는 것이다. 이는 아마도 가톨릭 교회의 대죄mortal sin/소죄venial sin1) 범주를, 그 사이에 단계를 세분화하여 다시 소생시킨 것과 유사하다. 범죄 심리학자이자 British Columbia 대학교의 교수인 Robert Hare는 정신병질척도라는 검사 도구를 개발하였다. 이 척도는 악의 정도를 측정하기 위하여 채점 체계를 사용한다(나에게는 원죄original sin처럼 들린다). 이 척도의 최고 점수인 30점에서 40점은 포식성 살인자에 해당한다. 물론 대부분의 우리는 5점 이하를 받는다. 이 검사는 합리적인 과학적 근거에 의해 만들어졌다.

융은 죽을 때까지, 원형적 악으로 제기된 문제들을 해결하려고 오랫동안 노력했다. 어떤 사람들은 융의 원형적 그림자/원형적 악의 개념은 개인이 심리적 책임을 회피하도록 할 것이라고 우려하였다. 다시 말해서 사람들이 "악마가 나를 그렇게 행동하도록 만들었다"고 책임을 회피하는 구실로 사용할 것이라는 주장이다. 또한 융의 가설은 마음 안에 과도하게 강한 원형적 악을 가지고 있다고 진단된 사람들에 대한 현대판 마녀 사냥을 유발할 것이라는 주장도 있다.

---

1) 가톨릭 윤리신학 용어. 대죄는 인간을 영적으로 죽음에 이르게 하는 죄를 말하며, 소죄는 죄의 소재가 가볍고 범죄 동기가 인간의 약성(弱性) 때문에 지은 죄로서, 그 성정은 아직도 하느님을 떠나지 않은 상태를 말한다. 가톨릭에 관한 모든 것, 백민관, 가톨릭대학교 출판부.

원형적 그림자/원형적 악을 기술하고 정의하려는 것은 신을 정의하려는 것과 같다는 느낌을 강하게 갖게 된다. 모든 사람이 여러 이유에서 반대할 것이다. 이 모든 것에도 불구하고, 나는 원형적 그림자/원형적 악의 존재를 합리적으로 입증해야 한다. 왜냐하면 그것이 중독 현상과 중독의 독특한 본성을 이해하는 열쇠이기 때문이다. 또한 익명의 중독자 모임과 12단계가 왜 중독을 치료하는 올바른 해독제이고, 왜 익명의 중독자 모임과 12단계가 다른 치료법들과는 달리 중독의 치료에 성공적인지를 그것이 설명해 주기 때문이다.

악의 개념의 개관
An Overview of Concepts of Evil

악을 주제로 쓰인 정말 많은 책들이 있다. 그러나 내가 정확히 이해하고 정의하려는 악은 보편적, 원형적, 통합불가능한 악이다. 즉 정상적인 방식으로는 변환되지 않고, 소화되지 않고, 합성되지 않는 악을 말한다.

융학파 분석가인 John Sanford는 *Evil: The Shadow Side of Reality*라는 책을 썼는데, 그 책에서 그는 악에 대한 많은 주요한 관점들을 개관하였다. 그는 인간의 주관성을 넘어서 존재하는 악에 관해 질문함으로써 책을 시작한다. 그는 "관찰자의 관점에 따라 선과 악의 기준이 달라진다. 그래서 선과 악에 대한 절대적 정의가 가능한가라는 의문이 제기된다."[1]라고 하였다.

Sanford는 계속해서 "자연적 악natural evil", 즉 비인격적인 자연에 의한 질병, 홍수, 허리케인, 지진 등을 설명하고, 이 "자연적 악"과 "도덕적 악moral evil"을 대비한다. 도덕적 악이란 공격성, 힘, 파괴, 탐욕, 야망, 전쟁 등 인간의 동기에서 기원한 것들을 말한다. 이러한 악들은 그저 인간의 관점, 즉 상대적으로 자아중심적 관점이다. 이것은 원형적 관점이나 자기Self의 관점, 즉 자아초월적인 신의 관점에서의 악을 고려하지 않은 것이다. 그는 "영혼이 치유된다는 것은, 근본적으로는 선과 악을 재평가하는 것, 즉 자아에서 자기로의 이동을 의미한다."[2]고 하였다. 이것은 자아와 인간의 관점 그리고 자아초월적 관점도 포함하는, 악에 대한 더 깊고, 넓고, 포괄적인 관점이다. 융심리학에서 마음에 대한 이러한 포괄적인 관점이란 원형적 영역과 관련된다. 이것은 자기 원형the archetype of the Self을 중심으로 조직화되고, 지휘되는 것이다.

자기 원형은 이전의 자아-페르조나 동일시에 의해 정렬된 거짓 자기the false self와 대조되는 진정한 자기를 지칭한다. 융심리학의 진정한 자기는 사람들의 마음속에 있는 신의 상 또는 신과 유사한 개념을 의미한다. 즉 예수 또는 우리 안의 왕국, 성령의 내주, 부처와 하나 되기, 알라, 야훼, 성령, 우주 그리고 아마도 가장 중요하게는 이 책의 저술 목적인, 익명의 중독자들 모임의 위대한 힘 그리고 12단계를 따르는 것과 많은 점에서 비슷하며, 심지어 여러 면에서 동일하다.

자기 원형의 보다 전형적인 정의는 그것이 전체성의 원형the archetype of wholeness이라는 것이다. 그것은 정신의 중심이다. 그것은 또한 정신 전체, 즉 의식과 무의식을 모두 포함한다. "그것은 마치 자아가 의식의 중심인 것처럼, 전체 정신의 중심이다."[3] 그것은 정신에 에너지를 공급하고, 운영하고, 조직화하고, 궁극적으로는 방향을 지시한다. 그것은 개인력[2)]과 관계없이, 한 개인이 성장하고, 발달하고, 변환하여 독특한 개인이 되는 데 필요한 모든 지식, 지혜, 치유, 에너지, 창의성을 갖고 있다. 궁극적으로, 만약 우리가 삶의 여정에서 그것을 식별할 수 있다

---

2) 출생 후부터의 사회문화적, 경제적 환경 등과 개인의 심리, 사회, 생리학적 성장과 발달을 포함한다. 즉, 개인이 경험해온 것을 지칭한다. (역주)

면, 그것은 이 세상에서의 우리의 의미와 운명을 위한 열쇠가 될 수 있다. 융심리학에서는 이것을 개성화라고 한다. 개성화를 위해서는 자아가 자기에 맞추어 정렬하는 것이 필요하다. 즉 자아가 자기와 관련하여 겸손하고, 상대적이 되어야 함을 의미한다. 익명의 중독자 모임에서는 신 또는 위대한 힘에 우리의 의지와 생명을 맡기는데, 이것은 개성화와 정확히 같은 개념이다.

Sanford는 다양한 신화와 종교적 전통에 나타난 악의 개념들을 멋지게 요약하였다. 이집트 신화에서, 오시리스Osiris의 동생인 세트Set는 "사악한 사막이 인격화된 것으로써 암흑과 가뭄을 일으킨다. 그는 우리의 삶에 유해하고 파괴적인 모든 것을 가지고 온다."[4]고 하였다.

북유럽 신화의 신인 로키Loki는 악이 인격화한 것으로, 사랑을 받는 신인 Baldur와 대조된다. "로키는 우주의 원리로서의 '악'의 원리를 구체화한 것이다. 케레니Kerenyi는 로키가 '유약함으로부터의 강함과 겁으로부터의 대담함을 통해 세상의 운명을 결정짓는 어둠의 힘이며, 그의 발명하는 재간과 빠른 기지 그리고 냉소적인 조롱은 세상을 죽음의 심연으로 끌어내리는 올가미가 되었다. 점차 그는 농담과 사기라는 이중적 언행을 통해, 생명의 적들이 속박에서 풀려나, 자신이 그들의 우두머리가 되어 전쟁을 시작할 그날을 준비했다.'고 하였다. 케레니는 북유럽 신화의 뛰어난 권위자인 덴마크인 Gronbeck을 언급한다. Gronbeck은 '로키는 기독교 사탄의 짝이 되었다. 그러나 로키는 그의 기원 때문에 악의 아버지the Father of Evil보다 훨씬 상위에 위치한다.' 왜냐하면 그는 인간이면서 그렇게 비범한 악마이기 때문이다."[5]라고 하였다. 로키에게 악은 목적 달성을 위한 수단이 아니다. 악은 그 자체로 목적이다.

이란 페르시아 신화에서, 아리먼Ahriman[3]은 "죽음, 암흑, 거짓말과 인류의 질병"[6]을 의미한다. 유대－기독교의 악마처럼, 아리먼은 "악마들의 황태자이며, 사기와 거짓말에 전력을 다하는 악령들의 주인이다. 악령들은 주인인 아리먼과 함께 선한 신 아후라 마즈다Ahura Mazda[4]를 파괴하고 인간을 악에 빠져들게 하려고 노력한다."[7] 이 전 우주적 전쟁에서, 선한 신 아후라 마즈다가 결국 승리한다. 아후라 마즈다는 최고 신이며 성령과 악령을 창조한 아버지로 간주된다. 이것은 어떤 점에서 천사였던 악마를 포함한 모든 것을 야훼가 창조했다는 유대－기독교 신화와 매우 비슷하다. 이란 페르시아 신화는 유대－기독교 신화에 여러 면에서 영향을 미쳤다. 신약에서 사탄을 지칭하는 "베엘제붑 Beelzebub"은 '파리의 왕'을 뜻하는데, 인간 세상에 파리의 모습으로 나타난다는 악마 아리먼의 민간 전승에서 기원한 것이다.[8]

유대－기독교 전통을 포함한 모든 신화들에는 초월적 전쟁이 전개된다. 즉 신성한 영적 전쟁인 신들의 전쟁은, 인간이 통제하거나 영향을 미칠 수 없는 완벽한 외부 영역에서만 진행되지만, 우리에게 항상, 깊은 영향을 미친다.

4세기의 성 아우구스티누스St. Augustine는, 전지적이고 선하고 전능한 신이 있음에도 세상에 악이 존재한다는 모순을 설명하려고 훌륭한 신학적 시도를 하였다. 그는 악은 "선의 결여privatio boni"라는 대단히 난해한 관점을 제시하였다. 즉, 악은 선의 박탈이거나 또는 선의 부재라는 것이다. 그는 실질적으로 존재하는 악은, 선이 해당 공간의 그 시간과 그 환경을 점유하지 않고 있기 때문에 존재한다고 함으로써 논쟁을 끝내려고 하였다. 이러한 논리는 Sanford가 도덕적 악moral evil이라고 범주화한 것에 잘 들어맞는다. 그러나 성 아우구스티누스는 악마, 루시퍼, 타락한 천사, 그리고 지옥과 같은 인간적이고 주관적인 결론과

---

3) 고대 조로아스터교(敎)에서 어둠과 거짓의 세계를 지배한다고 말하는 악신. 두산백과, ㈜두산.
4) 조로아스터교의 주신(主神). 두산백과, ㈜두산.

는 다른 성서의 측면들을 무시하고 있다. 성 아우구스티누스는 악을 단순히 주관적인 인간의 영역으로 축소하고 있다. 이로 인해 그 이후 많은 신자들과 비신자들이 사탄과 악마의 존재를 잊거나, 아니면 이러한 신화적 상이 표상하는 현상의 실체를 축소하거나, 부정하는 것에 영향을 주거나 고무하였다.

성 아우구스티누스는 원형적 악을 믿지 않았던 것으로 보인다. 그렇지 않다면 적어도 그는 그것을 어떻게 해야 할지를 알지 못했던 것으로 보인다. 물론 문제는, 그의 악에 대한 서술이 우리가 알고 있는 악의 전체 현상을 충분히 잘 묘사하지 못한다는 것이다. 많은 사람들이 경험한 악은 인간의 주관적인 결함과 약점을 넘어서는 힘과 영향력을 상정한다. 융과 많은 학자들은, 성 아우구스티누스가 악을 근시안적으로 과잉 단순화했다고 생각해서 맹렬하게 반대하였다.

성 아우구스티누스의 이론을 일부 방어한다면, 융이 Bill W.에게 보내는 편지에 서술하였던 것처럼, 우리가 은총과 인간 공동체의 사랑에 의해 보호되지 않는다면(즉, 선이 부재하다면), 우리는 악의 구렁에 빠지기가 매우 쉽다는 것을 언급하여야겠다.

내가 이해하기로는 불교에서는 사랑과 자비를 제외한 모든 것은 궁극적으로 환상이며 실제로는 존재하지 않는다고 본다. 물론 악도 존재하지 않는다. 불교에서 명상을 지속적으로 수행하는 목적은 무엇인가? 모든 사물이 본성적으로 환상임을 우리가 모르고 있는데, 그것을 완전히 자각하게 하려는 것이며, 이러한 수행을 통해 모든 존재의 아픔과 고통을 감소시키려는 것이다. 또한 진실로 실재하는 것, 즉 사랑과 자비의 지속적인 자각과 마음챙김을 증진하도록 하는 것인데, 이것이 부처의 본성이라고 할 수 있다. 성 아우구스티누스의 관점에서 본다면 이것은 '선'이라고 할 수 있다.

불교의 관점은 악의 해독제로서 선의 계발을 강조하는 성 아우구스티누스의 생각과 매우 유사하다. 기독교 관점의 신의 사랑과 선으로 우리를 채운다면 우리에게 악을 위한 공간은 존재하지 않게 되고, 악이 뿌리를 내려 거주할 공간이 부재하게 된다. 어떤 의미에서 이러한 악의 부재는 개인적인, 주관적인, 심리적/영적 실체로서의 부재를 뜻하므로, 이것은 불교에서 말하는 환상인 것이다. 성 아우구스티누스 자신은 몰랐겠지만 그는 어쩌면 14세기의 익명의 불교도였을지도 모른다. 그는 악의 현상의 매우 중요한 측면을 정확하게 설명하고 있다.

그리스 신화에서 절대 악은 존재하지 않는다. 모든 신들은 인간에게 선할 수도 악할 수도 있었다. 이것은 흥미로운 관점이다. 왜냐하면 초월적 존재가 인간에게 도움이 될 수도 있고 파괴가 될 수도 있는 상당히 복합적인 존재이기 때문이다. 그렇다면 논리적으로 인간은 언제든 선과 악을 만날 수 있으므로 경의를 표하며 조심스러운 입장을 취하게 된다. 이것은 융이 말한 선, 악 또는 집단적인 어떤 "주의"와 같은 원형과 과동일시할 위험성과 매우 유사하다. 왜냐하면 그것이 우리를 죽일지, 구속할지, 심리적 자유를 위태롭게 할지, 의식을 한정할지, 또는 개성화에 도움이 될지 우리는 알지 못하기 때문이다. James Hillman의 원형심리학파archetypal school of psychology는 주로 그리스 로마 신화의 신화적 도해를 사용하여 원형에 대한 이러한 관점을 강조하고 정교화하였다. 왜냐하면 그리스 로마 신화에는 비이원론적이고 다신론적 방식으로 이해해야 하는 다양하고 풍부한 심리학적 요소들(선, 악, 그리고 중립)을 표상하는 복잡하고 미묘한 모든 남신과 여신들이 존재하기 때문이다.

앞에 언급한 것처럼, 힌두교와 불교 철학에서는 선과 악은 모두 환상, 즉 실체가 없는 것으로 간주된다. 결국 최종적 체계에서 그것들은 정말 현실적인 실재가 아닌 것이다.

유대-기독교 신화에서 우주의 악은 두 개의 기본적인 기원을 갖는다. 그 하나는 성스러운, 즉 원형적인 것이며, 다른 하나는 인간적인, 즉 도덕적인 것이다. 성스러움 또는 원형적 악은 루시퍼Lucifer와 그의 천사들 무리가, 신의 우주적(원형적) 수준의 의지와 계획을 버리기로 결정하고, 신에 대항하여 저항하고 악의 왕국을 분리하면서 우주에 나타났다. 인간적인, 즉 도덕적 악moral evil은 아담과 이브가, 이 세상에서의 신의 의지와 계획을 따르지 않기로 결정함으로써 세상에 나타났다. 이렇게 두 종류의 악, 즉 인간적인 악과 성스러운 악이 존재한다. 두 종류의 악이 아담, 이브, 천사들이 신과 자신 중 누구를 섬길 것인지 자유롭게 선택하는 자유 의지에 의해 우주에 나타났다는 것이 흥미롭다. 익명의 알코올 중독자들 모임은 종종 알코올 중독을 "자유 의지에 의한 방종free will run riot"(통제 불능)으로 언급한다.

사탄, 루시퍼, 악마는, 만화의 등장인물이나 할로윈에 뿔과 갈퀴로 장식한 옷을 입은 귀여운 어린 아이로부터, 악의 왕국의 궁극적인 중심과 핵심 영역을 지배하는 가장 강력한 악령에 이르는 오래되고, 다양하고, 가지각색의 신화적 역사를 갖고 있다.

심리적 중독을 이해하려는 목적으로, 나는 민담, 신화, 설화 속의 악마를 트릭스터trickster, 또는 의식에 대한 피뢰침, 또는 목신인 판Pan이나 디오니소스의 억압된 그림자, 또는 도덕적인 선과 악을 배울 수 있도록 돕는 밀집 인형, 또는 선을 발견할 수 있도록 성장, 발달 과정을 촉진하는 적, 방해꾼, 또는 비난하는 사람으로 이해하는 것에는 관심이 없다. 이러한 것들은 개성화에서 다뤄져야 하는 중요한 심리학적 현상들을 표상하고 있다. 그러나 그것들은 원형적 그림자/원형적 악을 설명하기 위해 내가 찾고 있는 것들은 아니다. 나는 인간의 영혼을 파괴하고 파멸을 가져오려고 하는 암흑의 황태자, 악의 초자연적 원천의 상들과 표상들을 찾고 있다. 유대-기독교의 성경에서, 이것은 다양한

이름으로 등장한다: 벨리알Belial, 사탄, 베엘제붑, 군대, 악령에 사로잡힘, 적, 그리고 악마the Prince of this World. 나는 내가 원형적 그림자/원형적 악이라고 부르는 이러한 현상들의 초월적 측면을 포함하고, 묘사하고, 반영하는 상들과 표상들을 찾고 있다. 나는 3장의 3절에서 이 심리적 실재의 자아초월적, 통합불가능한 측면을 반영하는 신화들과 설화들을 서술할 것이다. 또한 이와 함께 악마와 절대악의 원형적 표현을 보다 깊이 탐색할 것이다.

융학파 분석가인 Lionel Corbett는 자신의 저서 *Psyche and the Sacred: Spirituality beyond Religion*에서 거의 50쪽 가까이를 악의 심리학적 탐구에 할애하였다. 그는 악을 주로 인간적, 도덕적, 행동적 측면에서 탐색하면서, 자신의 악의 패러다임을 이해시키기 위하여, 극단적인 예로 나치의 유대인 대학살과 히틀러를 설명하고 있다. 그는 인간적 악human evil의 측면을 심리학적, 철학적 그리고 어느 정도 신학적으로 탐색하고 있다. 그에 의하면 히틀러는 어렸을 때 알코올 중독인 아버지에게 매일 구타를 당했다. 그런데 그것이 그가 인류에 고통을 준 그토록 무서운 악을 저지르는 데 크게 기여했다는 것이다. Corbett는 또한 정신분석가인 Ronald Fairbairn이 "상담자는 악령을 쫓는 무당의 후계자이다. 왜냐하면 우리 내부의 악마를 축출하는 것은, 어린 시절의 양육자 학대로 인한 상처를 치료하려고 노력하는 것이기 때문이다."[9]라고 하였음을 언급하였다. 물론 이것은 자아초월적 현상으로서 원형적 그림자/원형적 악의 존재의 개념을 지지하는 것은 아니다. 이것은 모든 악을 인격주의[5]와 관련된 문제로 축소하는 것처럼 보인다.

Corbett는 심리 장애와 사악한 행동 사이의 많은 복잡한 관계들을

---

5) 자율적인 성격을 최고의 가치로 두고, 그것에 입각하여 가치 판단을 하는 윤리학적 개념을 말한다. (역주)

탐색하였다. 그는 선험적인 심리적 기능으로서 인간의 무의식에 보편적으로 존재하는 원형적 도덕성을 가정하였다. 그러나 그것을 분간하고, 무엇이 정당한 양심이고, 무엇이 아닌지를 결정하는 것은 매우 어려운 문제이다. 예컨대, 양심이 없는 것으로 보이는 사이코패스를 어떻게 설명할 것인가? 그들은 "자유 의지를 갖고 있는 것처럼 보인다. 그럼에도 그들은 악을 선택하고 타인을 해치는 것을 즐기는 것으로 보인다. Berel Lang 교수는 자신의 저서 *Act and Idea in the Nazi Genocide*에서, 자신이 하는 짓이 악임을 안다고 그것이 악은 아니라고 했다. 그는 그것이 악임을 알기 때문에 그것을 할 때, 그것이 악을 의미한다고 믿었다."[10] Corbett는 사이코패스는 "완전한 악pure evil"에 이르렀을 때와 유사하다고 하였다. 그는 또한 대개 사이코패스의 부모 중에 한 명은 알코올 중독이라고 주장하였다. 사이코패스의 경우 알코올 중독인 부모의 영향으로, 원형적 그림자/원형적 악이 그를 오염시키거나, 해를 끼치거나, 지배하게 된 것은 아닐까? Corbett가 설명하는 사이코패스의 "악성 자기애malignant narcissism"는 치료를 받지 않은 중독자와 심리학적으로 몇 가지 동일한 특성(거짓말, 사기, 절도 등)을 공유한다. 그는 또한 사이코패스는 정동을 다루는 대뇌 영역에 신경학적 결함이 있음을 보여주는 생물학적 증거가 있다고 지적하고 있다.

Corbett는 중독과 관련된 악에 관해서는 직접적으로 많은 것을 이야기하지 않았다. 그는 만성적인 증오는 "중독이 될 수 있으며", "스스로의 생명력을 갖게 되어" 집단과 많은 사람들에게 큰 영향을 미칠 수 있다고 하였다. 이것은 특히 집단적인 사회적 수준에서 그러한데, 왜냐하면 그것은 사람들이 절망감을 피하도록 부추기고 격려하기 때문이라고 하였다. 이것은 분명히 인종주의, 집단학살, 그리고 성전聖戰에서 일어나고 있는 현상이다.

Corbett는 익명의 중독자들 모임과 같은 자조 집단의 긍정적 효과를 인정하고 있다. 자조 집단은 중독자의 고통을 수용함으로써, 해로운 행동으로 표출될 필요가 없게 된다는 것이다.

자아초월적 원형적 악에 관한 주요한 질문과 관련하여, Corbett는 그 존재를 확신하지 못했던 것으로 보인다. "비록 개인의 외부에 객관적인 또는 형이상학적 악이 존재하는지는 이야기할 수 없다. 그러나 사람들이 악한 짓을 하도록 하는 심리적 과정이 존재하는 것은 분명하다. 그리고 그런 행동은 상담에 의해 변화가 가능하다."[11] 이러한 진술은 악은 인간 행동의 개인적이고 주관적인 수준에서만 식별이 가능하다고 말하는 것처럼 보인다. 그러나 이어서 그는 "사람들이 악한 짓을 하게 하는 외적 심리적 과정"이 가능하다고 가정한다. 그는 이 "심리적 과정"이 무엇인지 명쾌하게 이야기하지는 않았다. 그러나 그의 진술은 인간이 악한 행동을 하도록 통제하는 자아초월적 힘을 암시한다. 그는 어떤 형태의 원형적 그림자/원형적 악을 암시하고 있는 것인가? 그것은 분명하지 않다.

Corbett는 자기Self의 어두운 측면에 관한 절에서 다음과 같이 말하고 있다. "융은 악의 힘은 단순히 인간 이상이라고 믿었다. … 홀로코스트 또는 히로시마 원폭과 같은 사건들은 충격적으로 강력하고 (그것들은) 너무나 끔찍해서 순전히 인간적 원천에서 비롯되었다고 보기 어렵다. 우리는 지나치게 작은 악이라는 개념을 생각할 수 없다."[12] 그는 융과 마찬가지로 주관적인 개인을 넘어서는 악의 원형적 본성을 인정하는 것처럼 보인다. 그는 인간 정신의 외부에 존재하는 신 또는 사탄의 자아초월적, 형이상학적 실재에 관하여 어느 쪽으로도 주장하지 않았다. 그는 형이상학적 주장은 신앙이나 신학에서만 가능하며, 심리학에는 적용할 수 없다는 전통적인 기본적 인식을 따르고 있다. 그러나 마음의 잠재적인 형이상학적 표현인 원형적 싱의 발현은 심리학이 언급하고 이해하려고 노력하는 것이 적절하다는 것이다.

　Corbett의 저서를 읽어보면, 그는 처음에는 원형적 악을 언급하는 것을 다소 주저하고 양가적이었다. 그러나, 점차 원형적 그림자/원형적 악을 실질적으로 존재하는 인간에 영향을 미치는 것으로 보기 시작하였으며, 정신역동적으로 그것을 원형적 그림자의 어두운 측면으로서 자기의 아래에 개념화하였다. Corbett는 그것이 근본악radical evil으로 나타나며, 기독교 신화에서는 적그리스도로 그려진다고 보았다. 이와 같이 강하게 단언하였음에도 그는 이 어두운 측면인 원형적 그림자가, 어쨌든 내가 생각하는 것보다는, 더 통합이 가능하고 변환이 가능하다고 보았다. 나는 우리가 할 수 있는 최선은, 원형적 그림자/원형적 악이 우리를 파괴하지 못하도록 그것을 중화하는 것이라고 믿는다.

　악에 관하여 쓴 절의 마지막 페이지에서 Corbett의 견해는 보다 복잡해졌다. "그러나 때로, 우리는 구원할 수도 없고 억제할 수도 없는 악을 만나게 되는데, 이 폭력적인 존재는 민담과 신화에서 뱀파이어 또는 메두사로 표상된다. 그와 같은 악을 다루는 유일한 방법은 그것을 파괴하는 것이다."[13]

　그는 이렇게 구원이 어려운 원형적 악이 심리학적으로 정확히 무엇인지는 이야기하지 않고 있다. 또한 이전에 구원이 가능하고 통합이 가능하다고 하였던 원형적 악과 그것을 구별하지도 않았다. 나는 인간인 우리가 원형적 그림자/원형적 악을 "파괴"할 수 있다는 것에 동의하지 않는다. 나는 그것을 어떻게 파괴할 수 있는지를 알지 못한다. Corbett도 그것에 관하여 말하지 않았다. 나는 이러한 종류의 악은 "억제"될 수 없다는 그의 생각에도 동의하지 않는다. 원형적 그림자/원형적 악은 익명의 중독자들 모임의 첫 3단계의 위대한 힘에 의해 중화됨으로써 억제된다는 것이 바로 나의 생각이다.

　아마도 Corbett는, 융학파의 언어로 이야기하자면, 궁극적으로 자기의 부정적인 어두운 측면을 파괴하고, 중화하고, 구원할 수 있는 것은 자기 원형의 긍정적인 밝은 측면이라고 주장하는 것 같다. 그의 이러한 생각은 많은 사람들이 이해하기 매우 어려운 것이다. 나는 이러한 생각에 이론적으로 동의하지 않는다. 이러한 진술은 우리가 관찰하고 증명할 수 있는 심리학적 현상으로 조작적으로 정의되었을 때에만 가치가 있다. A.A.의 위대한 힘이 기적적으로 사람들을 금주시키고, 자제시킬 때, 이것은 자기의 긍정적인 밝은 측면이 작용하는 것일 수 있다. 또한 A.A.의 위대한 힘에 의해 중화되고 억제되는 중독−그림자−콤플렉스에서 발견되는 원형적 그림자/원형적 악의 측면이 자기의 부정적인 어두운 측면일 수 있다. 그렇다면 나는 Corbett에 동의한다. 우리가 무슨 일이 벌어지고 있는지를 이해하도록 실제의 조작적으로 정의된 심리적 현상으로 기술될 수 없다면, 그러한 이론적 개념은 거의 가치가 없다.

비록 그것의 본성, 역동, 작용의 어떤 측면에 대한 그의 생각에 동의하기는 어렵지만, Corbett는 원형적 그림자/원형적 악이 존재한다는 생각은 지지하는 것으로 보인다. 나는 모든 형식의 악에 대한 질문에 답을 하려고 애를 쓴 그의 영웅적인 노력에 찬사를 보낸다. 그것은 복잡하고, 어렵고, 아마도 불가능한 과제이다. 그럼에도 우리가 할 수 있는 최선을 다하여 문제를 해결하려고 애를 쓰고, 연구하고, 토론할 필요가 있다. 악의 현상, 특히 원형적 악은 너무나 중요하고 강력하기 때문에 우리는 그것을 탐색하고 이해하려고 노력하지 않을 수 없다. 너무나 많은 것이 우리가 발견하는 것에 달려 있다.

유명한 정신과 의사인 Scott Peck은 *People of the Lie: The Hope for Healing Human Evil*이라는 책을 썼는데, 그 책에서 그는 악의 관념을 탐색하였다.[14] 그는 그 책에서 인간적 악, 나쁜 사람들, 보편적인 도덕적 문제에 초점을 맞추었다. 그는 인간이 어떻게 자유 의지를 사용하여 선택하고, 제휴하고, 몰두하며, 그리고는 결국에는 악이 되는지를 설명하고 있다. Scott Peck은, 잘못 진단된 정신과적 장애를 검토하면서, 그가 사탄에 사로잡힌 것으로 간주한 일종의 자아초월적 악을 인정하였다. Peck은 처음에는 악마 또는 악령의 실재를 믿지 않았다. 그러나 두 번의 영적 사로잡힘을 목격하고 두 번의 구마행위[6]에 참여한 후에, 그것들이 사실이며, 실제적 현상임을 정말로 믿게 되었다.

   그는 다양한 영적 사로잡힘을 가정하였다. 그것은 약한 악령부터 거슬러 올라가 강력한 1인자인 사탄에까지 이른다. Peck은 사로잡힘이란 사람들이 정상적이고, 건강한 성장과 발달을 멈추는 특정 연령과 발단 단계에서의 고착과 관련이 있다고 믿었다. 그는 이러한 영적 사로잡힘을, 초기 아동기 또는 생애 전환기의 다른 단계까지 올라가는 보다 공통적인 심리적, 정서적 장애와 구별하는 멋진 작업을 하지는 않았다. 많은 알코올 및 기타 중독자들은 그들이 중독 행동을 시작하는 나이 및 발달 단계에서 정상적인 성장과 발달이 멈추어 있다. Peck의 생각은 그러한 알코올 및 약물 중독자들의 생각과 경험을 반영하고 있다. Peck은 두 번의 구마행위에 참여하였다. 그때 Peck과 구마행위팀은 "절대적으로 이질적이고 비인간적인 어떤 것이 존재하는 것을 확신했다."[15]고 하였다. 사탄의 사로잡음Satanic possession을 연구한 다른 관련자들도 같은 발견을 하였다. 사탄의 사로잡음에서 관찰되는 악령은, 진성 중독true addcition에서처럼, 궁극적으로는 오직 죽음, 파괴, 자살, 살인 그리고 혼란만을 원한다. 내가 Peck의 생각을 인용하는 것은, 그가 알코올 중독 및 중독 일반의 역동과 유사한 원형적 그림자/원형적 악을 이해하고 있다고 생각하기 때문이다.

   알코올 중독 및 다른 중독자들과의 치료 경험에 의하면, 그들이 상담실에 들어올 때, 나는 그들이 계속 금주 중인지, 술을 먹고 있는지,

---

6) exocism. 사람이나 사물에서 악마나 악의 세력을 쫓아내는 행위. (역주)

막 먹기 시작했는지, 중독 행동이 다시 시작되었는지를 직관적으로 알 수 있었다. 그들이 보여주는 외모는 단주를 하고 있을 때와 너무도 뚜렷하게 달랐다. 심리적으로 그들은 훨씬 자기 몰입적이고, 공격적이고, 독단적이고, 과대적이고, 방어적이었으며, 전반적으로 매우 겸손하지 않고, 폐쇄적이고, 비수용적이었다. 여기서 나는 질문한다. 어떤 사람이 그 심리적 사로잡힘의 힘에 다시 굴복했을 때, 우리는 그의 중독에서 원형적 그림자/원형적 악을 지각할 수 있는가?

Peck은 구마사들이 악령에 사로잡힌 사람을 외로운 고립으로부터 지지적이고, 사랑이 가득한 선한 공동체로 돌려보내려고 노력한다고 믿었다. Peck은 "구마행위팀은 환자들에게 진정한 공동체를 처음으로 경험하게 해주었다."[16]고 하였다. 많은 중독자들이 진정한 공동체를 처음으로 경험하는 것은, 종종 익명의 중독자들 모임에 참석하여 갑자기, 기대하지 않았는데, 있는 그대로의 자신이 진정으로 받아들여지고, 이해받을 때이다.

사탄의 사로잡음에서 관찰되는 "악령"은 중독에서 관찰되는 원형적 그림자/원형적 악과 같은 현상인가? 그들은 같은 현상이 다른 형태로 나타나고 있는 것인가? 확실하게는 모르겠다. 그러나 사탄의 사로잡음에 관한 나의 모든 지식으로 볼 때, 그것은 중독과 마찬가지로 모든 것을 갖고자 하며, 자신만의 제단에 모든 생명이 희생되기를 원한다. 악령은 결과가 죽음이든, 자살이든, 살인이든, 혼란이든 또는 영혼의 상실이든 상관하지 않는다. 그것은 중독에서 발견되는 것과 같은 살인 에너지에 참여하는 것으로 보인다.

융학파 분석가이자, 스승이고, 친구이면서 텍사스주 살라도 인문과 학원의 설립자인 Harry Wilmer는 1987년에 "악을 마주하기" 심포지엄을 개최하였다. 그는 전 세계에서 굉범위한 배경을 가진 깅연자를 초청하여 악을 주제로 강연회를 열었다. 심포지엄의 내용은 *Facing*

*Evil: Confronting the Dreadful Power behind Genocide, Terrorism, and Cruelty*라는 한 권의 책으로 출간되었다. 이 책은 읽을 가치가 충분하다. 이 책의 여러 절에서 자아초월적이고, 통합불가능한 악의 주제를 다루고 있다. Wilmer는 이 책의 서문에서 "개인적인 것도 아니고, 단체적인 것도 아닌 보다 깊은 수준의 악이 존재한다. 그것은 절대악이다. 이것은 원형적 악이라고 개념화할 수 있다. 우리가 개인으로서 절대악의 근절을 위해 할 수 있는 것은 아무것도 없다."[17]라고 하였다. 이것은 참으로 심오하고 지대한 영향을 가져올 주장이다. 그렇게 막강한 힘과 권력을 갖는 악이 존재하며, 인간은 그것을 없앨 수 없다는 주장은 혼란스럽고 엄청나게 기를 죽이는, 또한 거의 이해하기가 어려운 주장이다.

내가 이해하고 설명하려고 애쓰는 것이 바로 중독의 이러한 측면이다. 계관 시인인 Maya Angelou는 원형적 그림자/원형적 악의 문제의 핵심에 이르는 질문을 하였다. 그녀는 "선과 악이 우리가 상상할 수 없는 어떤 차원의 힘으로 존재하는가? 이 두 힘은 별들이 탄생하기 전부터 투쟁하여 왔는가?"[18]라는 질문을 하였다. 그녀는 인간에 의한 것이 아닌, 영원불멸하는, 자아초월적인 선과 악의 갈등, 즉 신들의 전쟁이라는 관점을 암시하고 있다. 이것이 중독에서 진행되는 것의 일부인가? 나는 그렇다고 믿는다.

Scott Peck은 "악은 생명에 반대한다. 그것은 생명력에 반대하는 것이다. 그것은 죽이는 것과 관계있다."[19]라고 말했다. 그는 악을 선의 반대로 보았으며, 선은 생명과 활기를 증진한다고 믿었다. 그는 "악은 자연사와는 전혀 관계가 없다. 그것은 오직 자연사가 아닌 죽음, 신체적 살인 또는 영적 살인과만 관계가 있다."[20]고 했다. Peck은 악의 선험적이고 비자연적이며 살인하는 측면을 강조하고 있다. 그런데 이것은 많은 전문가들이 알코올 중독과 중독 일반의 핵심적 특성들 중의 하나라고 지적한 것으로, 중독자의 생명, 선 그리고 건강을 즐겁게 파괴하고 절멸시킬 수 있다.

이런 견해와 관련하여, 예수는 요한복음 8장 44절에서 사탄은 처음부터 살인자였다고 되풀이하여 이야기하고 있다. 나는 알코올 중독과 여타 중독들의 이러한 특성을 융이 이해하고 있었다고 믿는다. 융은 Bill W.에게 보낸 편지에서 "악의 원리가 이 세상에 만연하고 있다"고 하였다. 악의 원리는 자아초월적이며, 알코올 같은 중독 물질이나 잠재적인 중독 행동으로 야기된 취약성을 통해 침투하여, 악의 힘에 저항할 수 없는 개인을 완벽하게 통제하게 된다. 융은 이것을 분명하고 직접적으로 "악마"라고 하였다. 여기서 융은 함축적으로, 중독을 불가항력적인 자아초월적 악 그리고 악마와 분명하게 관련시키고 있다.

위대한 신화학자인 케레니는 James Hillman의 저서 *Evil*에서 '악의 원형the archetype of evil'에 관하여 언급하고 있다. 그는 악은 언제, 어디서나 작용한다고 믿었다. Peck과 같이, 그는 "악은 신과 인간 사이의 자연적인 관계를 독단적으로 방해하며, 인간을 빠르게 죽음에 이르게 한다."[21]고 하였다. 악에 대한 이러한 정의는 알코올 중독을 포함한 여러 중독자들의 때이른 변사를 명쾌하게 설명하여 준다. 케레니는 계속해서 "악은 죽음을 탄원한다."[22]고 하였다.

악의 개념의 역사에 대한 4권의 연구를 저술한 Jeffrey Burton Russell은 "악은 목적이 없으며, 그것은 무의미한 파괴이다. 악은 파괴하지, 건설하지 않는다. 악은 찢지만, 수선하지 않는다. 악은 잘라내지 묶지 않는다. 악은 항상 어디서나 절멸시켜, 무無로 만든다. 모든 것을 취하여 무로 만드는 것이 악의 본질이다. 즉 Erich Fromm이 말한 것과 같이, 악은 '배반하는 삶'이다."[23]라고 말했다.

예전에 매우 소심하고, 내향적인 젊은 남자 대학생을 상담한 적이 있다. 그는 영적 문제에 지나치게 몰입하고 있었다. 그는 사제가 되는 것을 고려하고 있었다. 그러나 한편 끌리면서 한편 거부하려 애쓰던 세상의 유혹과 성욕 때문에 자신이 부적절하다고 생각하고 있었다. 그는 정말 악마가 심신을 지배한다고 생각하기 시작하였으며, 결국 자신의 머리에서 뿔이 자라기 시작했다고 생각했다. 나는 수개월간 그가 자신의 인간성, 성욕, 불완전성을 수용하는 심리치료를 하였다. 그는 점차 호전되었는데, 그러던 어느 날 악마와 신이 최종적으로 선과 악의 문제를 해결하기 위한 마지막 전투를 하는 꿈을 꾸었다. 황금 돔의 세인트 루이스 대성당에서 전투가 일어나려고 한다. 전쟁이 시작되었을 때, 그 젊은 대학생과 사람들이 대성당 안에 있었다. 그와 몇 사람은 거기 머무르며 그 대전투를 지켜본다면 자신들이 살해될 것임을 곧 깨달았다. 그와 몇 사람은 친절하지만 불완전하고 이혼한 착한 여자의 인도를 받아 성당을 벗어났다. 그녀의 도움을 받아 벗어나면서, 그는 성당을 돌아보았다. 엄청난 빛과 핵폭발 같은 폭파가 터지고, 대성당의 돔 안쪽으로부터 섬광이 솟아오르는 것을 보았다. 그 때 그는 벗어나기를 거부하고 완강하게 성당에 머무른 사람들이 신과 악마 사이의 대전투에서 파괴되었을 것임을 알았다. 성당은 인간이 이러한 전투를 목격할 장소가 아니었다.

　나와 젊은이는 이 꿈에 관하여 이야기하였다. 그것은 그의 인생에서 가장 중요한 꿈, 즉 큰 꿈[7]이었다. 이 꿈에서 그가 깨달은 것은 인간이 개입하거나, 관찰하거나, 통합하거나, 심지어 억제할 수 없는 원형적인 영적 힘이나 에너지가 존재한다는 것이었다. 이러한 힘들은 신들이 결정하도록 그냥 둘 필요가 있으며, 인간이 개입할 영역이 아니다. 만약

---

7) 칼 융은 꿈은 무의식의 자기가 자아 의식과 지속적으로 대화하려는 마음 작업이라고 보았다. 큰 꿈은 자아 의식이 무의식을 보지 않으려고 외면하거나 억압할 때 강력한 힘으로 의식의 문을 두드리는 꿈을 말하며, 곧잘 의식의 전기를 이루게 한다. 이부영, 분석심리학, 일조각, 2011, p. 124.

어떤 사람이 개입하려고 하고, 거기에 머물면서 벗어나지 않는다면, 그는 파멸할 것이다. 그는 선한 사람, 즉 꿈에 등장하는 불완전한 여성을 기꺼이 따르려고 하였는데, 이것은 인간 능력을 넘어선, 영적 전쟁의 원형적 에너지에 의해 파괴되지 않고 살아날 수 있는 정도正道였다. 꿈은 그에게 불완전한 여성적 사랑과 관계의 원리를 따름으로써, 파멸의 길에서 벗어나고, 인간이 아닌 신들이 선과 악이라는 이 궁극적 질문을 결정하도록 그냥 두라고 이야기하고 있다.

이 젊은이는 어떤 종류의 중독자가 아니었다. 그러나 그의 꿈은 인간이 개입하거나, 중재하거나, 통합하거나, 심지어 관찰할 수도 없는, 인간을 넘어서는 훨씬 강력한 자아초월적 에너지가 존재한다는 것을 분명하게 보여주고 있다. 이것이 원형적 그림자/원형적 악과 원형적 선Archetypal Good 사이의 투쟁과 전투를 보여주는데, 나는 이러한 것이 중독의 정신역동에서 발생한다고 믿는다. 융은 Bill W.에게 보내는 편지에서 알코올 중독의 원형적 치유 공식archetypal healing formula을 이야기하고 있다. "*술은 성령으로 다스려라spiritus contra spiritum.*" 이것은 위대한 죽음의 영은 위대한 생명의 영으로 대항하라는 것이며, 이들 중의 어느 것도 자아 의식에 의해서 영향을 받거나 통제될 수 없다는 것이다. 인간은 기본적으로 이들 절대적인 원형적 힘과 권력들 간의 십자포화에 사로잡히게 되어 있다.

많은 시인들이 그러했듯, Maya Angelous는 이러한 개념을 매우 적절하게 다음과 같이 요약하고 있다. "내가 의심했던 것처럼, 만약 악이 인간과는 독립적인 압도적인 힘이라면 그리고 선이 인간과는 독립적인 압도적인 힘이라면, 그렇다면 우리의 존재와 상관없이 저 무서운 혼란은 우주적 수준에서 계속될 것이다."[24]

마음의 통합불가능한 측면에 대한 임상적, 이론적 설명
Clinical and Theoretical Formulations of Unintegratable Aspects of the Psyche

이제 이 원형적 그림자/원형적 악의 현상을, 정신의 보편적이고 통합불가능한 측면을 가정하는 오늘날의 임상적 그리고 이론적 정신역동적 진술의 영역으로 옮겨보자.

지그문트 프로이트의 에로스Eros와 타나토스Thanatos는 가장 무시되어 온 개념이다. 그는 핵심적인 죽음의 본능인 타나토스에 대항하는 핵심적인 삶의 본능으로 에로스를 가정하고 있다. Freud는 타나토스를 죽음의 충동으로 간주하였는데, 이것은 모든 인간에 보편적이고, 비인간적이며, 선험적으로 자기 파괴적인 욕망이라고 하였다. 그것은 우리를 파괴하기를 원하는 우리의 본성의 이질적인 부분이다. 이것은 분명히 알코올 중독이나 도박 중독 등 다양한 중독에서 작용하는 원형적 그림자/원형적 악의 개념에서 발견되는 것과 동일한 많은 속성들을 서술하고 있다.

인간은 삶의 본능과 죽음의 본능 모두를 끊임없이 품는다는, 자아초월적이고 보편적인 프로이트의 이 에로스와 타나토스 개념은 많은 것을 함축하고 있다. 예컨대 최근의 연구에 의하면, 90% 이상의 사람들이 인생의 어느 시점에, 어떤 종류의 자살 사고가 있었다고 보고하였다. 이것은 무엇을 의미하는가? 자살로 삶을 마감하고자 하는 사고나 욕구가 이상하거나 비정상적인 현상이 아니며, 어느 정도는 인간 본성의 정상적인 부분이라는 것이다. 대부분의 사람들은, 삶이 여전히 살만한 가치가 있는 것인지, 아니면 없는 것인지의 질문을 한 번쯤 고심한다. 삶과 죽음, 즉 사느냐 죽느냐의 이 위대한 실존적 질문은 인간 존재의 생래적인 부분인 것 같다. 죽음의 본능이 보편적이라는 이러한 사고는 얼핏

보기에 이상하게 보일 수 있다. 그러나 죽음의 본능은 모든 사물이 본
능적으로 생명, 건강, 행복을 지향한다는 과도하게 이상화되고, 실증주
의적인 태도에 도전하는 하나의 현상임을 알아야 한다. 중독자들은 중
독의 위험성에 대한 많은 정보, 교육, 합리적이고 논리적인 반박과 설득
을 받는다. 그럼에도 불구하고, 그들은 계속해서 자신을 파괴하는 비합
리적이고, 비논리적인 현실을 매일 경험하며 고통을 받고 있다.

낮은 수준의 타나토스에서 중독자는 종종 스스로를 한계짓고 자기
파괴적 행동을 함으로써 무의식적으로 자신의 무덤을 파는 것을 볼 수
있다. "아킬레스 건"은 죽음에 이르게 할 수 있는데, 우리 모두에게 인
간의 취약성을 끊임없이 상기시킨다. 스스로를 파괴하기를 원하는 속
성이 우리 안에 생득적으로 존재한다는 것을 고려하는 것은 흥미로운
일이다. 프로이트는 분명히 매우 어둡고, 위험하고, 무서운 어떤 것이
있음을 감지했으며, 그는 이것을 타나토스라는 개념으로 설명한 것이
다. 당연히 대부분의 사람들은 그것이 프로이트의 잊혀진 파일로 남아
있기를 바랄 것이다.

뉴욕의 융학파 분석가인 Donald Kalsched는 1993년 10월 피츠버
그에서 개최된 지역 간 융학파 분석가 학회에서 "보다 적은 합으로의
중독Addiction to the Lesser Coniunctio."이라는 제목의 논문을 발표하였다.
연금술의 언어로 "Lesser Coniunctio"는 연금술 실험 과정에서 통합불
가능하고, 변환될 수 없고, 변형될 수 없고, 결합되지 않는 요소들, 물
질들, 그리고 약품들을 의미한다. 이러한 요소들은 연금술 실험 과정을
오염시키거나 파괴하지 않도록 주의하고 제거되어야 한다. 그렇지 않
으면 작업의 나머지 과정을 파괴하게 된다. Kalsched가 가정한 것은
우리의 정신 속에 본래가 악인 힘이 존재한다는 것이었다. 이것은 꼭
도덕적인 의미일 필요는 없고, 오히려 심리학적 의미에서이다. 그것들
은 인간과는 심리학적으로 조화를 이루지 못한다. 그것들은 정신의 연

금술 과정에서 통합과 변환이 불가능한 선험적인 악이며 인간에게 유해한 힘이다. 이들 요소들과 힘들은 인간의 정신에서 악마적이다. 우리가 악마 그리고 악과 관련하여 사용하는 *악마적diabolical*이라는 단어의 문자 그대로의 의미는 "찢어 버리다"이다. 이것은 문자 그대로의 의미가 "합하다"인 *상징적symbolic*이라는 단어와 대조된다.

Kalsched는 그가 "보다 적은 합Lesser Coniunictio"이라고 부른 이러한 힘들이 인간을 찢고 파괴할 수 있다고 믿었다. 나도 그렇게 믿었지만, 그도 진성 중독true addiction의 경우 악마적으로 파괴적인 힘의 속성이 존재하며, 그것은 심리학적으로 대사할 수도 없고 통합할 수도 없다고 믿었다.

Kalsched는 그의 저술에서 새로운 방향으로 나아갔다. 그는 그의 신기원적인 저서, *The Inner World of Trauma: Archetypal Defenses of the Personal Spirit*[25]에서 정신적 외상의 피해자들 마음속의 이러한 통합불가능한 측면에 초점을 맞추었다. 그는 정신의 보호자Protector/박해자Persecutor 측면을 이론화하였는데, 이것은 정신의 고태적인 방어 작업의 자화상이다. 그는 이 보호자/박해자가 길들여지지 않는다고 설명하였다. 이것은 다르게 말하면 정신에 의해 수정될 수 없고, 통합될 수 없고, 변환될 수 없음을 의미한다. 그는 보호자/박해자의 역동을 다음과 같이 설명하고 있다. "정신적 외상의 피해자가 변화를 원하는 만큼, 그가 생활이나 관계를 개선하기 위해 노력하는 만큼, 자아보다 강력한 어떤 것이 끊임없이 성장을 훼손하고 희망을 꺾어 버린다. 이것은 마치 박해하는 내적 세계가, 외부 세계에서 자기 파괴적인 행동을 거울처럼 반복해서 재현하는 것과 같다. 이것은 마치 개인이 어떤 악마적인 힘에 사로잡히거나 악성 운명에 쫓기는 것과 유사하다."[26]

Kalsched의 이러한 설명은 대부분의 중독의 경험에서 동등하게 적용이 가능하다. 위 인용문에 언급된 정신적 외상의 피해자를 그저 알코올 중독자 또는 중독자로 대체하여 보라. 위 인용문은 외상과 중독으로 고통받는 영혼들 모두에게 동등하게 적용이 가능하다. 비록 두 집단 모두에서 반복적으로, 자기 파괴적이고, 자멸적인 행동이 재연되고 있지만, 나는 그 역동이 완전히 동일하다고 생각하지는 않는다. 물론, 정신적 외상의 피해자면서 동시에 중독자인 사람들이 많이 존재한다. 많은 심리사회/정서장애에서, 어떤 단일한 진단이 다른 진단을 배제하지 않는다. 이러한 다른 장애나 문제들은 치유 및 회복 과정에서 많은 어려움을 생성하고 복잡하게 하지만, 그렇다고 그것들이 중독의 근본적인 정신역동을 바꾸는 것은 아니다. 예컨대 어떤 익명의 중독자들 모임에 참석해보면, 중독자들은 동시에 우울증, 강박장애, 불안, 외상 후 스트레스 장애, 조현병, 양극성 장애, 주의력 결핍 장애 등의 공존장애를 갖고 있는 것을 보게 된다. 그러나 이들 심리장애들은 중독을 설명하지 못하며, 또한 이들 장애를 치료한다고 해서 중독이 효과적으로 치료되는 것도 아니다.

나의 관찰에 의하면 정신적 외상의 피해자들은, 환경과 자신에 대한 잠재적 위협의 정도에 따라, 보호자/박해자 방어 콤플렉스가 필요에 따라 나타나거나 사라진다. 그러나 진성 중독의 경우, 일단 중독－그림자－콤플렉스가 활성화되면 중독자의 정신을 지배하게 된다. 이렇게 되면 그는 이전의 보다 정상적이고, 기능적인 자아 콤플렉스로 돌아갈 수 없다. 왜냐하면 자아가 중독에 의해 마비되어, 부분적으로가 아니라 완전히 무너졌기 때문이다. 그렇게 되면 중독이 신체적으로, 정서적으로, 심리적으로, 사회적으로, 그리고 영적으로 완전히 지배하게 되는 것이다. 중독은 당분간 유사－자아－정상성을 허락한다. 즉, 마치 자아가 정상적인 것처럼 보이도록 허락하지만, 그러나 이것은 유사－자아가 중독의 의도를 위협하거나 도진하지 않는 경우에 한한다. 이것은 궁극적으로 중독이 지배와 통제력을 유지하려고 어르고 속이는 것에 불과하다. 중독에 문제를 일으키지 않는다면 사소한 행동들은 허락된다. 회복에서 가장 심각한 문제들 중의 하나는 중독자의 통제력의 환상the illusion of control 8)인데, 사실은 중독－그림자－콤플렉스가 계속해서 주도권을 갖고 있다.

정신의 통합불가능한 측면에 대한 다른 조망은 융학파 분석가인 Adolf Guggenbuhl－Craig가 저술한 *The Emptied Soul: On the Nature of the Psychopath*27에서 찾아볼 수 있다. Guggenbuhl－Craig는 우리의 정신에는 구멍 또는 빈틈이 존재한다고 주장하였다. 그는 이 구멍이 어떤 의미에서는 우리를 치유, 성장, 통합, 호전의 가능성 또는 근본적인 능력을 전혀 갖지 못하는 심리적 환자로 만들게 된다고 하였다. 우리의 어떤 정신적인 측면은, 영원히 제한된 능력과 선택권을 갖는 신체적으로 손상되고 불구인 개인과 같다고 할 수 있다. 이것은 정신의 영원한 장애로 간주될 수 있다. 이 경우 우리의 잠재력은 정상이나 건강함으로 간주되는 상태를 결코 성취할 수 없거나, 또는 그 상태로 복귀할 수 없다. 적절한 건강과 기능으로의 치료 또는 성취는 불가능하다. 우리는 나이가 들고, 병이 들면서 신체적, 심리적 한계를 갖고 살아가는 것을 배워야만 한다. 만약 심리적으로 그리고 신체적으로 과장되고, 비현실적이고, 불가능한 기대를 고집한다면, 우리는 끊임없이 좌절하고, 실패하고, 실망하고 결국은 절망하게 될 것이다.

Guggenbuhl－Craig는 계속해서 추론하기를, 사이코패스는 에로스의 영구적 결핍을 보이는 만성적이고 치유 불가능한 결손을 갖는 병자라고 주장하였다. 다시 말해서, 사이코패스는 사람들과 진정으로 관계하는 능력이 선천적으로 결핍되어 있으며, 우리도, 그들도 그것과 관련

---

8) 기술과 전략을 결과 예측의 중요한 요인으로 받아들이며 기술에 대한 확신을 갖고 전략을 정교화하는 데 열중하는 것. 이흥표 등, 노름의 유혹, 학지사, 2012, p. 219.

하여 할 수 있는 것이 아무것도 없다는 것이다. 이것은 엄격하고 절망스러운 주장이다.

Guggenbuhl – Craig는 정신의 통합불가능한 측면의 존재를 지지하는 또 다른 이론적 관점을 설명하고 있다. 그것들은 태어날 때부터 없었거나 누락되었거나, 또는 영구히 잃어버린 측면이다. 그의 관점은 재미있기도 하고 흥미롭기도 하다. 이것은 오늘날의 심리학을 압도하고 있는 자기실현 모델과 관련하여 색다른 조망을 제시하고 있다.

또한 우리를 중독에 취약하게 만드는, 또는 중독을 동반하는 생리적 조건들이 존재한다. 그것들에는 유전, 체형, 신체 질환, 외상 그리고 알코올 중독과 많은 다른 중독들의 기질적 퇴보 단계들과 같은 것들이 있다. 그것들은 모든 대사 및 영양학적 기능뿐만 아니라, 대뇌 화학 및 기능, 그리고 전체 신경계를 무력화시키는 생물학적으로 통합이 불가능하거나 치료가 불가능한 구조들과 과정들이다. 이러한 생리적 현상은, 중독에 관여하는 통합불가능한 원형적 그림자/원형적 악의 심리학적 과정의 생물학적 반영일 수 있다.

뛰어난 융학파 분석가이며, 세계 최고의 민담의 권위자인 마리 루이제 폰 프란츠Marie-Louise von Franz는 이러한 유형의 생리적/심리적 현상에 대하여 언급하고 있다. 그녀는 생리적 에너지와 정신적 에너지는 하나의 근원적인 실재의 두 측면임을 반영하는 징후들이 존재한다고 이야기하였다. "만약 이것이 사실이라면 물리적 세계는 소위 영 또는 정신적 세계의 거울 이미지인 것이며, 그 역도 성립한다."[28] 이러한 관점에 대한 융의 입장도 매우 분명하다. 그는 "유기적 구성과 정신적 구성 사이에는 원래 어떤 차이도 존재하지 않는다."[29]고 하였다.

폰 프란츠는 "마음에 존재하는 승화를 거부하는, 제거되어야 하는, 동화되지 않는 악"[30]의 부분들을 보여주는 신화, 민담, 연금술의 상들을 이야기하면서, 정신의 통합불가능한 측면을 지지하는 자신의 사례를 설명하고 있다. 그녀는 또한 정신에 의해 통합될 수도, 소화될 수도, 합병될 수도 없으며, 그래서 의식적으로 거부되어야 하는 자아초월적 악으로서의 정신적 물질이 존재함을 가정하고 있다.

폰 프란츠는 계속해서 자신의 견해를 설명한다. "어느 연금술사는 '원질료prima materia' 중에서, 변환하려는 모든 노력에 저항하므로 제거되어야만 하는 일정한 양의 제어되지 않는 '저주받은 흙terra damnata'이 존재한다는 것을 관찰하였다. (이것은 앞에서 언급하였던 Kalsched가 "보다 적은 합Lesser Coniunctio"이라고 불렀던 것과 매우 유사하다.) 모든 어두운 충동이 구원을 주는 것은 아니다. 악에 잠긴 어떤 것들은 벗어나도록 허용될 수 없으며, 오히려 강하게 억제되어야만 한다. 자연을 거스르는 것은 전력을 다해 제지되고 박멸되어야만 한다. '(개인적) 그림자의 동화'라는 표현은 우리의 본성의 유치하고, 원시적이며, 개발되지 않은 측면에 적용할 수 있는데, 어린이, 개 또는 낯선 사람의 상으로 나타난다. 그러나 인간을 파멸시킬 수 있는, 그래서 저항하여야 하는 치명적인 병원균들이 존재한다. 이러한 것들이 존재한다는 것은, 무의식으로부터의 모든 것을 무조건 받아들이지 않도록 냉정한 분별력으로 조심해야 한다는 의미이다."[31]

융은 개인적 그림자의 통합 그리고 원형적 그림자/원형적 악의 통합 문제에 대하여 언급하고 있다. 그는 "어떤 사람이 자신의 본성의 상대적인 악을 인식하는 것은 가능하다. 그러나 그가 절대적 악을 지켜보는 경험은 잘 일어나지 않을 뿐만 아니라, 그것은 충격적인 경험이 될 것이다."[32]

융과 폰 프란츠의 이야기가 함축하는 것은 심오하고 충격적이다. 그들은 이 현상을 지적하면서도, 강하게 격퇴해야 하는 이러한 "어두운 충동"의 예를 설명하지 않고 있다. 이 절대악이란 무엇인가? 인간을 파괴하고 충격을 줄 수 있는 이들 "치명적인 병원균"이란 무엇인가? 임상적으로, 심리학적으로 그리고 사회에서 우리는 그것들을 어떤 장면에서 볼 수 있는가? 정신에 동화가능한 것과 동화불가능한 것을 어떻게 구별할 수 있는가? 어떤 상과 경험들은 무섭고 위협적이지만, 그럼에도 개성화 과정에 필요하고 통합이 가능한가? "악을 담은" 어떤 상과 경험들은, 우리가 그것을 감히 통합하려 한다면 우리를 파멸시킬 수 있는가? 우리가 그것을 어떻게 알 수 있는가? 고문하는 자들, 아동 성애자들, 정신병질 연쇄 살인마들은 정신을 지배하고 통제하는 원형적 그림자/원형적 악을 가지고 있는가? 나는 확실한 것을 모르겠다.

칼 융은 Bill W.에게 보내는 편지에서, 알코올 중독을 포함한 중독은 "매우 적절하게도 악마라고 불리는" 자아초월적 악의 요소를 가지고 있다는 견해를 공식적으로 표명했다. 폰 프란츠도 또한 내가 중독에서 이야기하고 있는 것과 같은 원형적 그림자/원형적 악을 언급하고 있다.

널리 알려진 *Women Who Run with the Wolves*를 저술한 융학파 분석가 Clarissa Pinkola Estes도, 실제로 존재하며 구제불가능한 명백한 악의 유형이 존재한다는 것을 인정하였다.[33]

프로이트, Kalsched, Guggenbuhl–Craig, 폰 프란츠, 그리고 융의 이야기는, 정신에는 통합불가능한 측면이 존재한다는 생각을 지지하는 현존하는 임상적이고 이론적인 진술들이며, 이것은 이미 정신역동적으로 진술되어왔던 것이다. 내가 이러한 생각을 만들어낸 것이 아니다. 나는 알코올 중독을 포함한 중독 일반에서 정신의 통합불가능한 측면이 존재한다는 주제를 계속 토론하고자 한다. 나는 이것을 원형적 그림자/원형적 악이라고 부르는데, 융도 Bill W.에게 보내는 편지에서 그 점을 언급하고 있다.

민담, 신화, 종교에서의 중독과 원형적 그림자/원형적 악의 상
Images of Addiction and Archetypal Shadow/Archetypal Evil in Fairy Tales, Myth, and Religion

민담, 신화, 종교에 투영된 중독과 원형적 그림자/원형적 악의 상들을 발견하고자 한다면, 우리는 그것들이 구체화된 인물들의 이야기를 통해서, 그리고 그것에 대한 사람들의 반응 방식을 통해서, 마음속에서 그것들이 어떻게 작동하는지를 어렴풋이 알 수 있다.

예컨대 폰 프란츠는 푸른 수염Bluebeard [9]의 남자 주인공이 개선이 불가능한 악을 보여주는 하나의 사례라고 믿었다. 그녀는, "푸른 수염은 살인자에 불과하다. 그는 자신의 부인들을 변화시킬 수 없으며, 자신도 변화될 수 없다. 그는 죽음과도 같은 흉포한 측면의 아니무스animus(긍정적이거나 부정적인 여성의 마음속의 남성성의 원리)를 가장 악마적인 양태로 구체화하고 있다. 이런 인간의 경우, 도망가는 것이 유일한 해결책이다."[34]라고 하였다. 많은 설화들에 등장하는 흡혈귀는 푸른 수염처럼 개선이 불가능한 인물의 다른 예일 뿐만 아니라, 또한 원형적 그림자/원형적 악과 중독 모두의 본보기이다. 흡혈귀는 자신의 매력을 이용하여 순진한 사람들을 유혹하고는 그들의 목에 이빨을 박아 생혈生血을 빨아 먹고 파멸시키는 살인자이다. 희생자들은 피를 많이 빨려 너무 약해져서 저항할 수 없게 되고, 결국 산송장이 되어 버린다. 때때로 최악의 경우, 알코올 중독자들은 흡혈귀 같은 중독에 모든 힘을 빼앗긴 산송장 좀비처럼 두리번거리며 돌아다닌다.

---

9) 17세기 말 샤를 페로가 쓴 동화. 푸른 수염으로 불리는 귀족의 부인들이 차례로 실종되는 주제의 민담이다. (역주)

우리는 흡혈귀와 협상하지 않는다. Linda Leonard는 "알코올 중독자가 술을 한 모금 먹는 것은 흡혈귀에게 목을 내어주는 것과 마찬가지다. 이것은 미친 짓이다."[35]라고 하였다. 우리는 흡혈귀와 거래하지 않는다. 우리는 흡혈귀와 타협하지 않는다. 우리는 죽을 힘을 다해 흡혈귀로부터 도망친다. 우리는 십자가를 들고 성찬식의 신성한 성체에 둘러싸여 스스로를 보호한다. 우리는 몸에 마늘을 두르고 열심히 기도한다. 은유적으로는 모든 중독에 대한 응답은 같아야 한다. 익명의 알코올 중독자들 모임의 표현을 따른다면, 술에 취하지 않은 맑은 정신을 유지하기 위해서 "무엇이든 하는 것"이 우리가 할 일이다.

중독이 그러하듯, 흡혈귀는 자신의 목적을 위해 우리의 목숨을 희생시키고자 한다. 흡혈귀와 중독은 인간의 생혈을 빼앗아 먹으며 산다. 흡혈귀와 중독은 할 수만 있다면 우리를 죽이고자 한다.

Leonard는 뛰어난 저서 *Witness to the Fire: Creativity and the Veil of Addiction*에서 중독의 이러한 측면을 "살인자"라고 명명하고 있는데, 이것은 모든 법의 위에 있고, 모든 경계를 넘어서며, 신분과 지위의 적용을 받지 않는다. 중독자를 대상으로 심리상담을 하고 있는 그녀와 Marion Woodman은 모든 중독은 살인자라고 이야기한다.

앞에서 언급한 위대한 신화학자인 케레니는 셰익스피어의 오델로에 등장하는 이아고Iago를 원형적 악의 인격화, 영원한 신화적인 악당으로 언급하고 있다. 케레니는 칼 부르크하르트Carl J. Burckhardt를 인용하고 있다. "이아고는 질투라는 우주적 힘에 의해 지탱이 되고 결정되었다. 그는 어느 곳에 있든 질투하였으며, 절망이 결과물이었다. 그는 악의에 특별한 재능이 있었다."[36] 케레니는 "이아고는 세상 어느 곳이든 항상 작용하고 있다."[37]고 이야기한다. 분명히 중독에서는 중독자의 배우자, 가족 그리고 친구들뿐만 아니라 중독자들에게도 지속적으로, 질투, 의심, 그리고 절망이라는 보편적인 요소들이 존재하는 것처럼 보인다.

Mario Jacoby, Verena Kast 그리고 Ingrid Riedel은 자신들의 저서 *Witches, Ogres, and the Devil's Daughter: Encounters with Evil in Fairy Tales*에서, 보다 인격적이고 개선과 발전이 가능한 악과 대조되는 민담의 '진정한 악Real Evil'을 이야기하고 있다. 진정한 악은 "파괴적인 힘이 작용하는 것으로 이것은 다룰 수 없고, 오직 피할 수만 있음을 의미한다"고 이야기하고 있다. 외견상 영웅이 변환 없이 귀환하는 아쉬움이 있더라도 도주만이 유일한 해법이다. 예컨대 알코올 중독자들은 술을 마시지 않아야 한다는 의미이다."[38]

그들의 조언은 계속된다. "만약 악이 지나치게 강하다면, 그저 도주하는 것만이 살길이다. 그러한 경우 우리는 악과 거리를 두고 어떤 접촉도 피하는 것이 필수적인 것으로 보인다. 즉, 알코올 중독자들은 술을 마시지 않겠다는 다짐을 하며 술집에 앉아 있지 않아야 한다. 충분한 자제력을 회복했는지 확인하려고 술을 한 잔 마시는 등으로 자신을 시험하지 않아야 한다는 의미이다. 개인적 그림자를 통합하듯, 이러한 유형의 원형적 악을 통합하려고 시도하다가는 파멸이 초래될 것이다."[39] Jacoby, Kast, Riedel은 앞에 언급한 폰 프란츠의 입장과 매우 유사하다. 그러나 그들도 도대체 이 "진정한 악"이 무엇이고, 어떻게 생겼는지 이야기하지 않고 있다. 뿐만 아니라 우리가 그것을 어디서 발견할 수 있는지도 이야기하지 않고 있다.

폰 프란츠는 심지어 자신의 논문 "The Problem with Evil in Fairy Tales"에서, 원형적 그림자/원형적 악을 피하고 거리를 두는 것은 용감한 행동이라고 역설하였다. 그녀는 "악의 힘으로부터 도망치고, 문자 그대로 그것에 '사로잡히는 것'을 회피하는 것은 영웅적 행동일 수 있다."[40]고 이야기하였다.

폰 프란츠는 "악은 그 자체로 강렬한 신성神性이므로, 그것을 주의 깊게 살피는 것은 불경한 것이다. 심리장애자들은 종종 신성한 힘에 대한 주의 깊은 존중이 부적절하게 결여되어 있으며, 특히 어두운 측면에 대해 그러하다. 부분적으로는 이러한 'religio'[10]의 결여가 그들의 심리장애의 원인일 수 있다. ... 인간이 악의 원리the principle of evil를 두려워하는 것은 매우 정상적이고 적절한 것으로 보인다. ... 우리 정신의 원형적이고 파괴적인 내용물을 두려워하는 것은 비겁한 것이 아니라, 성숙함을 반영하는 것이다."[41]라고 말했다.

아마도 우리는 "신을 두려워하는 것이 지혜의 첫걸음이다."라는 성경의 구절을 확장할 필요가 있다. 그것은 "지혜의 첫걸음은 그 형태가 어떠하든 원형적 그림자/원형적 악을 두려워하는 것"을 포함하여 확장해야 할지도 모른다. 블랙홀을 피하는 것은 어리석은 것이 아니며, 순진한 것도 아니다. 알면서도 원형적 악의 힘 속으로 모험을 하는 것은 자살 행위가 될 수 있다. 블랙홀은 물질, 중력, 심지어 빛을 포함한 모든 것을 삼키고 빨아들일 수 있다. 어두운 소용돌이 속으로 빨려드는 강력한 트랙터 같은 광선에서 헤어날 수 있는 것은 없다. 블랙홀은, 지나치게 가까이 다가간다면 우리를 파괴하고, 빨아들이고 통째로 삼켜버릴 수 있는 중독, 그리고 원형적 그림자/원형적 악의 또 다른 이미지인가? 만약 그러하다면, 우리를 위태롭게 하고, 그것에 희생될 위험에 빠뜨릴 수 있는 유혹들, 습관들, 태도들로부터 거리를 두려고 노력해야 한다. 나는 무엇에 관해 이야기하고 있는가? 만약 당신이 과도하게 도박, 섹스, 섭식을 하고 있거나 또는 알코올이나 약물을 남용하고 있다면, 멈춰야 한다. 오늘, 바로 지금 멈춰야 한다. 만약 멈출 수 없다면, 당신은 이미 중독의 블랙홀 안에 있는 것이다. "삶에 적응하기 위하여" 정서적 고통을 감소시키려고, 스트레스를 피하려고, 또는 책임에서 벗

---

10) 주의 깊은, 성실한 관조의 자세를 말한다. 이러한 태도는 특히 그림자 원형과 관련되는데, 그것은 우리의 의식에 동화시킬 수 없기 때문이다. 이부영, 분석심리학, 일조각, 2011, p. 95

어나려고, 도박이나, 술이나, 약물이나 또는 어떤 잠재적으로 중독성이 있는 행동을 하지 않아야 한다. "삶에 대처하고", 정서적 고통을 완화하고, 스트레스를 피하고, 책무를 잘 처리하기 위해 더 건강한 방안을 찾아야 한다. 도움을 요청하라. 자조 집단에 가입하고, 심리학자에게 상담을 받고, 운동을 하고, 일기를 쓰고, 정원을 가꾸고, 누군가와 대화를 하고, 샌드백을 치고, 휴가를 가고, 참지 말고 울고, 편지를 쓰고, 무언가 창조적인 것을 하고, 권한을 위임하고, 직업을 바꾸고, 기도를 하고, 명상을 하고, 요가를 하고, 묵상을 하고, 자원봉사를 하거나 또는 즐거운 놀이를 하라.

너무 쉽게 의존하게 될 수 있는 습관적 패턴에 빠져들지 않는 것이 좋다. 술을 매일 먹지 말아야 한다. 알코올이 완전히 대사되려면 48시간이 걸린다. 매일 술을 마신다면, 우리의 신체, 정신, 전체 시스템은 결코 알코올에서 자유롭지 못하게 된다. 나의 개인적인 방침은, 한 잔이 "생각날 때" 절대로 한 잔을 마시지 않는 것이다. 스트레스를 많이 받아 소진되어 귀가하는 날 나는, 많은 사람들이 그러하듯, "자, 오늘 정말 한 잔이 필요해!"라고 스스로에게 이야기한다. 그날이 내가 술을 마시지 않아야 하는 날이다. 나는 자가 치료하려고, 도피하려고, "삶에 적응하려고" 술을 찾는 것을 피하려 노력한다. 나는 어리석게 블랙홀의 입구에 스스로를 위치하지 않으려고 노력 중이다.

그림 형제의 동화 중에 "영리한 그레텔Clever Gretel"이 있다. 이 동화에는 알코올 중독 과정에 있는 사람에게서 관찰되는 많은 핵심적인 요소들과 태도들이 그려지고 있다. 그레텔은 요리사이며 하인이다. 그녀는 뒤축이 빨간색인 신발을 신는데, 그러면 스스로 매우 예쁘게 느껴진다. 그녀는 집에 도착하면 그 행복한 기분을 포도주를 마시며 축하한다. 포도주를 먹으면 배가 고파지므로 그녀는 주인을 위해 요리한 것 중 가장 맛있는 것을 먹어 버린다. 그리고는 자신이 요리한 음식의 맛이 어떤지를 알아야 한다고 정당화한다(이것은 그녀가 말하는 거짓 동기의 이면에 있는 합리화와 자기 과신이다).

하루는 집주인이 그녀에게 손님들이 오시니 특별한 요리를 만들라고 지시하였다. 그래서 그녀는 닭 두 마리를 불에 구웠다. 요리가 준비되었을 때, 손님들은 아직 도착하지 않았다(유혹에 빠짐). 집주인은 손님을 마중하려고 나갔다. 그가 집을 비우자, 그녀는 다시 술을 마시기 시작했고, 결국 술에 취했으며, 준비한 요리를 모두 먹어 버렸다. 그리고는 자신의 제멋대로의 행동을 합리화하고, 변명하고, 정당화하였다. 집주인이 손님들과 돌아오자, 영리한 그레텔은 이 난처한 상황을 벗어나려고 머리를 굴렸다. 결국 그녀는 손님들에게 집주인이 당신들의 귀를 자르려 한다고 이야기하였다. 이 이야기를 듣고 손님들은 놀라서 도망갔다. 그러자 그레텔은 소리를 지르며 주인에게 달려가 손님들이 닭요리를 훔쳐 달아났다고 하였다. 주인은 이야기를 듣고 너무 화가 나서 고기를 저미는 칼을 들고 손님들을 잡으러 뛰어 갔다. 손님들은 집주인이 자신들의 귀를 자르려고 뛰어 온다고 생각하고 더 빨리 달아나기 시작했다. 이렇게 바보 삼총사류의 슬랩스틱 코미디는 끝났다.

이 동화는 어떻게 생각하면 한편으론 재미가 있다. 영리한 그레텔이 해결이 불가능한 상황에서 어떻게 벗어나는지를 보라. 그러나 나에게는 다른 것이 흥미로웠다. 이 동화에는 알코올 중독 및 중독 일반의 역동이 발달하는 과정을 보여주는 많은 전형적인 심리학적 요소들이 담겨 있다.

그레텔은 하인이며 요리사이다. 그러나 그녀는 자신이 집주인이라도 된 것처럼 심리적으로 팽창되어 행동하였다. 알코올 중독 및 중독 일반에서는 흔히 낮은 자존감과 열등감을 보상하려고 팽창되고 과대하게 된다. 그레텔의 합리화, 변명, 자기 정당화는 자기애적 특성의 기본적인 요소들이다. 그녀의 빨간 굽은 강렬히고 건방지며 지존감의 외적 원천이다. 그녀는 그 구두를 신을 때 스스로 예쁘다고 느낀다. 그 구두는 그녀의 거만하고, 고양되고, 팽창된 자기상/페르조나를 반영하지만, 그것은 근거가 없는 것이었다. 그녀가 주인의 포도주와 음식을 몰래 먹고 변명을 한 것은 그녀의 허영심 때문이었다.

이 이야기에서 그레텔의 자아는 거짓 자기와 동일시하고 있다. 이 동일시와 그녀의 알코올과 음식 중독 사이에는 직접적인 연결이 존재하는데, 이것은 끝없는 자아 팽창, 탐욕스런 허기와 자기 기만을 가지고 오며, 결국 통제 불능이 되어 모든 것을 집어 삼킨다. 그녀의 자기 과신은 끝이 없어서, 처음에는 주인의 음식을 맛만 보지만, 결국은 모두 먹어 버리고 만다. 그녀는 처음에는 그저 축하하려고 포도주를 한 잔 마시지만 결국은 한 병을 모두 마셔버린다. 자신의 비도덕적인 행동을 무마하려고 그녀는 날조된 이야기를 조작해야 했다. 그런데 이것은 많은 알코올 및 다른 중독자들이 곤란한 상황에 처했을 때 하는 행동들이다. 그녀는 거짓말을 하고, 기만하고, 훔치고는 다른 사람들이 자신의 잘못에 대한 책임을 감당하도록 만든다. 그녀는 끊임없이 완벽하게 부정을 하고 있다. 그녀는 자신의 행동 결과에 대하여 양심이 없는 것처럼 보인다. 자신의 위험하고, 파괴적인 그리고 중독 행동을 감추려고 매우 부정직하고 기만적이다.

그레텔은 먹고 마시는 탐욕을 억제하거나 통제할 수 있는 의지, 자제력, 극기, 또는 자아의 능력을 충분히 가지고 있지 못했다. 혹시 그녀가 아직 중독이 아니라면, 그녀는 무너지는 절벽의 끝에 서 있다고 할 수 있다. 그녀는 어떻게 될 것인가? 알다시피 그레텔은 이번에는 걸리지 않았다. 그러나 만약 이러한 패턴이 지속되고 그녀가 경험으로부터 배우지 못한다면, 또는 자신의 행동을 수정하지 못한다면, 그녀는 곧 최악의 상태에 빠져 모든 것을 잃고 게임이 끝나게 될 것이다.

알코올 및 다른 중독자들은 자신의 중독을 숨기려고 자주 거짓말을 하는데, 더구나 그들은 자신이 거짓말을 하고 있다는 것도 모른다. 그들에게는 사실과 허구가 명료하지 않으므로, 거짓말을 하면서 스스로 그것을 진실로 믿기 시작하는 것이다.

알코올 및 다른 중독자들에게 해당되는 것으로 보이는 그레텔 동화의 다른 측면은 그들이 눈치가 빠르고 영리하다는 것이다. 많은 중독자들이 지적 능력이 매우 뛰어나고, 머리가 좋고, 고등교육을 받았다. 그들은 우둔해서 중독에 빠진 것이 아니다.

나는 처음 공개적인 A.A.에 참석했을 때를 기억한다. 그때 나는 잠시 세계의 모든 지혜로운 남녀 철학자들의 모임에 참석한 것 같다고 생각했다. 나는 내가 회복 중인 알코올 중독자들의 모임에 참석하고 있음을 계속 떠올려야 했다. 매우 확실한 몇몇 "헛소리"는 모임 전날 금주를 시작한, 그래서 회복에 관해 아무것도 모르는 사람들로부터 나왔다. 고작 하루 전에 금주를 시작했음에도 그들을 겸손하게 하는 데 도움이 되지 않았다. 그들은 모르는 것이 없는 금주 분야의 전문가인 것처럼 이야기를 하였다. 그들은 자신들이 다 안다고 생각하는 것처럼 보였다. (A.A.는 그럴듯하게 말하는 사람과 정말 행동으로 보여주는 사람을 구별한다.) 물론 이 초심자들은 아직 아는 것이 없는, 세상 물정을 모르는 순진한 사람들이다. 그러나 그들은 내가 지금까지 만났던 사람들처럼 머리가 좋고 두뇌 회전이 빨랐다. 그들은 좋은 머리를 이용하고 있거나 아니면 중독이 그 좋은 머리를 이용하고 있는 것인데, 그 목적은 자신과 타인을 조정해서 중독적 행동 패턴을 지속하려는 것이다.

한스 크리스티안 안데르센Hans Christian Anderson의 민담, "빨간 구두 The Red Shoes"는 중독에 관한 민담으로써 많은 사람들에 의해 고찰되었다. 예컨대 Clarissa Pinkola Estes의 저서인 *Women Who Run with the Wolves*, 그리고 Kent와 Maria Carr의 저서인 *Unraveling Collective Confusion: Archetypes and Issues* 등이 있다.

이 민담은 어머니를 여읜 불쌍한 어린 소녀에 관한 이야기인데, 그
녀는 구두가 없었다. 소녀는 천 조각들을 짜깁기하여 투박한 빨간 구
두 한 켤레를 만들었다. 그녀는 이 구두를 정말 좋아했다. 그 후 소녀
는 부유한 노파에게 입양되었는데, 노파는 그 낡고 투박한 빨간 구두
를 불속에 던져 버렸다. 어린 소녀는 매우 슬프고 상처를 받았다. 소녀
는 부유한 노파가 속한 사회의 엄격한 규칙들과 예절들을 배웠지만,
그녀의 마음속에는 무척 좋아했던 빨간 구두를 잃어버린 상실감으로
가득했다. 교회의 신앙 모임에 참석할 때, 소녀는 가장 멋지고 새빨간
가죽 구두를 골라서 신었는데, 사실 그것은 엄숙한 종교 행사에 적절
한 것은 아니었다. 그 구두를 본 사람들은 공공연히 비웃었다. 교회의
벽에 그려진 성화들조차 눈살을 찌푸렸다(디즈니 영화에서의 이 장면이 눈
에 선하다). 그러나 소녀는 신경을 쓰지 않았다. 그녀는 그저 자신이 너
무도 사랑했던 그 아름다운 빨간 구두에 관한 생각뿐이었다. 부유한
노파는 기분이 상하여 소녀에게 교회에 갈 때는 다시는 빨간 구두를
절대로 신지 말라고 금지하였다. 그러나 소녀는 노파의 말을 무시하고
다음 일요일 교회에 갈 때 그 구두를 신었다. 교회 입구에서 한 늙고
부상 입은 군인이 구두의 밑창을 툭 쳤다. 그리고는 소녀에게 "계속 춤
을 추는 것을 기억해."라고 하였다. 곧 그녀의 발이 간지럽기 시작하
여, 신앙 모임이 끝난 후 소녀는 춤을 추기 시작하였고 멈출 수가 없었
다. 그녀는 어디서나 춤을 추었다. 그녀는 발을 통제할 수 없었으며 춤
을 멈출 수 없었다. 노파와 그녀의 마부가 강제로 구두를 떼어냈으며,
그렇게 함으로써 소녀의 발이 조용해졌다. 노파는 구두를 숨기고는 소
녀에게 다시는 그것을 건드리지 말라고 경고하였다. 그러나 물론 소녀
는 그럴 수 없었다. 소녀는 노파가 숨긴 구두를 찾아 다시 신었으며,
다시 춤이 시작되었고 멈출 수가 없었다. 구두는 그녀를 춤추게 하였
으며, 그녀가 원하는 곳이 아니라 자신들이 원하는 곳으로 그녀를 데

리고 다녔다. 어린 소녀는 마침내 두려워져 빨간 구두를 벗으려고 하였으나, 벗어지지 않았다.

그녀는 완전히 지치고 녹초가 될 때까지 계속 춤을 추었다. 그럼에도 그녀는 춤을 멈출 수가 없었다. 그녀는 피골이 상접하게 되었다. 빨간 구두가 소녀를 죽이고 있었다. 자포자기한 소녀는 마을 사형집행인에게 가서 자신의 발을 잘라달라고 요청하였다. 그 외에는 다른 방법이 없었다. 그는 동의하고 소녀가 빨간 구두를 신은 채로 그녀의 발을 잘랐다. 소녀의 잘려진 발은 구두를 신은 채로 계속 춤을 추며 사라졌다. 그녀는 이제 평생 불구가 되었으며, 다른 사람들에게 봉사하며 살게 되었다. 그녀는 이후 결코 빨간 구두를 소원하지 않게 되었다. 엄청난 이야기가 아닌가!

소녀가 천조각으로 짜깁기하여 만든 원래의 빨간 구두를 진심으로 사랑했다. 그 구두는 스스로를 보호하기 위한 그녀의 마음으로부터의 본능적이고 창조적인 노력을 표상한다. 또한 그것은 소녀가 필요로 하는 것을 공감하고 돌보아 주었을, 소녀를 사랑했던 생모가 부재한 상황에서, 그녀의 어떤 특별함에의 욕구를 표상한다. 부유한 노파는 어린 소녀의 특별하고자 하는 본능적 욕구를 인지하지 못하였다. 그녀는 생모를 대체한 어설픈 페르조나였다. 노파는 소녀가 진정으로 원하는 것보다 사회가 원하는 것을 훨씬 크게 신경을 썼다.

특별함에 대한 소녀의 자기애적 욕구는 사회가 요구하는 가치를 대변하는 어떤 것에 사로잡혔다. 새빨간 가죽 구두가 그것을 표상하는데, 그것은 소녀가 진실로 필요로 하고 원했던 것의 조악한 대체물이었다. 이것은 많은 알코올 및 다른 중독자들이 잠재적 중독 행동에 의지하는 것과 같은 것이다. 그들은 이를 통해서 삶에서 잃어버린 것(자존감, 사랑, 행복, 만족감, 성취, 성공, 가치, 칭찬 등)을 얻으려고 시도하고 있는 것이다. 흔히 중독의 발달적 배경에는 중독자가 필사적으로 발견하거나,

또는 대체하려고 노력하는, 그가 잃어버린 것들로 가득하다. 잃어버린 것들을 현실 세계에서, 그리고 자신과 다른 사람들의 현실 관계에서 찾지 못하면, 많은 사람들이 환상 속에서 대체물을 찾으려고 한다. 그것은 대체로 사회가 그리고 유명인, 영화, 잡지, 방송에서 집단적으로 제공한 페르조나에 의해 형성된 것들이다. 그것은 그저 일시적인 것에 불과하다. 그럼에도 잃어버린 것을 보상하고 공허함을 채우려고, 과소비하거나, 물질만능주의가 되거나, 알코올, 약물, 도박, 음식, 섹스와 같은 잠재적 중독 행동에 빠지는 것이 많은 사람들이 취하는 방법이다.

두 번째 빨간 구두는 소녀에게 위안이 되고, 기분 전환이 되고 도피처가 되어 주었다. 그러나 그것은 곧 마음을 빼앗고 강박적으로 몰두하게 만들고 가장 중요한 것이 되었다. Clarissa Pinkola Estes는 "소녀는 중독이 그러하듯, 사랑, 희망, 행복을 가지고 오기보다는, 충격, 두려움, 탈진을 가지고 오는 방식으로 자신의 인생을 훨훨 날려 버렸다. 그녀에게 휴식은 없다."[43]고 했다.

중독이 그러하듯, 그녀가 통제력을 잃고 무기력하게 되어 삶을 통제할 수 없게 되는 시점이 존재한다. 빨간 구두가 표상하는 것처럼 중독은, 곧 전권을 잡고 완벽히 통제를 하게 되고, 결국 소녀는 그것이 지시하는 대로 행동하는 단순한 인형이 되어 버린다. 이렇게 자아 콤플렉스는 중독―그림자―콤플렉스에 압도되어 완전히 사로잡힌다. 이러한 상황이 계속된다면, 오직 죽음과 파괴 그리고 모든 것을 상실하는 결과에 이르게 된다. 중독을 무력화시키기 위하여 무언가 비상한 일이 일어나지 않는다면, 결국 모든 것을 잃게 될 것이다. 민담에서는 그것은 어린 소녀의 발을 절단하는 상상을 초월하는 충격적인 자해로 나타난다. 발은 소녀의 의식의 관점을 표상한다. 그러므로 발의 절단은 소녀가 보다 겸손하고 봉사하는 새로운 관점으로 의식의 태도가 대체되었음을 의미한다. 이러한 충격적인 사태 전개로 어린 소녀는 빨간 구

두 중독의 악마적인 본성을 완전히 의식화할 수 있게 되었다. 적어도
이 이야기에서 다시는 빨간 구두에 대한 욕망을 보이지 않았다.

어린 소녀의 자아는 처참한 죄악의 운명으로 보이는 것을 받아들였
다. 그렇게 중독된 자아the addicted ego의 관점을 철저히 단념함으로써
자신의 생명을 구원할 수 있었다. 바로 이것이 익명의 알코올 중독자
들 모임의 1, 2, 3단계로 진술되고 있다.

> 1. 우리는 알코올에 무력했으며, 우리의 삶을 수습할 수 없게 되었
>   다는 것을 시인했다.
> 2. 우리보다 위대하신 힘이 우리를 본정신으로 돌아오게 해줄 수
>   있다는 것을 믿게 되었다.
> 3. 우리가 이해하게 된 대로, 그 신의 돌보심에 우리의 의지와 생
>   명을 맡기기로 결정했다.

때때로 우리보다 큰 힘이 집행자가 되어 빠르고 난폭하게 상황을 정
리해 버린다(당장 금주를 하라!). 때때로 우리는 그 집행자(신, 익명의 중
독자들 모임, 공동체, 12단계, 후원자)가 우리를 살릴지, 죽일지 확실하지
않을 때에도, 그에게 통제권을 넘기고 신뢰해야만 한다. 이것은 일종의
매우 극단적인 심리적 수술이라고 할 수 있다. 그것은 최악의 상태에
있거나, 삶이 너무나 고통스럽고, 무의미하고, 절망스러워, 그로 인한
아픔과 고통을 더 이상 견딜 수 없는 순간이 오기 전까지는, 우리 모두
무서워서 피하고 싶어 하는 그런 것이다. 이 지경이 되면 우리가 선택
할 수 있는 것은 자살이거나, 아니면 철저하고 과격한 심리적 수술이
될 것이다. 자살은 중독이 우리에게 최종적으로 승리했음을 의미하는
것이다. 반면 수술을 함으로써 괴물 같은 중독으로부터 목숨을 구할
수도 있다. 정말 어려운 선택이다!

Clarissa Pinkola Estes는 두 번째 빨간 구두를 본질적인 본능과의

연결 상실을 의미하는 잠재적 중독 행동의 표상으로 보았다. 민담은 어린 소녀에게 그녀를 보호하고 양육할 모친이 부재하다는 이야기로 시작한다. 이런 모친의 공백은 궁극적으로 중독 행동이라는 과도하게 치명적인 수단으로 채워지는데, 이는 결국 모든 정신적 뼈대를 무너뜨리고 개인을 완전히 파괴하고 절멸시킨다. 이 민담의 빨간 구두는 중독-그림자-콤플렉스의 원형적 그림자/원형적 악의 측면을 반영하는데, 이것은 동화할 수 없고 오직 거리를 둘 수만 있다. 빨간 구두는 심지어 잘려진 후에도 살아 춤을 추었던 것을 기억하라. 빨간 구두는 아마도 바보같이 구두를 신고 파멸할 누군가를 만날 때까지 계속 춤을 출 것이다.

　독자들은 신화와 민담에 나타난 알코올 중독과 다른 중독을 설명하면서, 왜 내가 그리스 신화의 디오니소스Dionysus(로마 신화의 바커스Bacchus)를 언급하지 않는지 궁금할 것이다. 나는 디오니소스의 이야기가 알코올 중독 및 중독 일반에 관한 것인지 또는 그것과 관련이 있는지 확신이 없다. 디오니소스 신화는 과도함, 희열 그리고 심지어 남용에 관한 것이지, 중독에 관한 것은 아니다. 디오니소스는 광범위한 함축과 의미를 갖는 매우 복잡한 신화이다. 어떤 사람들은 디오니소스를 열광적으로 추종한 여성들인 마이나스Maenads(Bacchae)[11]를 언급하면서, 그녀들이 알코올 중독 및 중독의 파괴적인 측면을 표상한다고 주장할 수 있다. 그러나 신화에 의하면 이들 여성들은 지속적으로 음주하거나 통제 불능에 빠지지 않았다. 사실 그녀들의 행동은 자신들이

---

11) 그리스 신화에서 주신(酒神) 디오니소스를 수행하는 여자들. 표범 등 짐승의 가죽을 걸친 그녀들은 나뭇가지로 만든 관을 쓰고, 한 손에는 뱀이나 포도송이를, 또 다른 한 손에는 '티르소스'라고 하는 디오니소스 숭배의 표지인 지팡이를 든 채 노래하고 춤추면서 산과 들을 뛰어다님으로써 인간의 습관이나 두려움을 잊고 지냈다. 두산백과, ㈜ 두산, 2020년.

참여하는 집단적 종교 의식의 한계 내에서 이루어지고 처방된 것으로 보인다.

많은 사람들이 알코올을 남용하면 공격적이 되고 심지어 난폭하게 된다. 많은 양의 음주는 지각, 집중력, 판단력의 손상을 가지고 온다. 뿐만 아니라 생리학적으로 구뇌old brain[12)]에 속하는, 원시적인 성적 그리고 공격성과 관련된 영역을 활성화시킨다는 것이 과학적으로 잘 밝혀져 있다. 마이나스는 평화롭고, 재미를 추구하고, 축하하는 특성을 갖고 있다. 그런데 술을 지나치게 많이 먹으면, 제멋대로에, 폭력적이고 흉악하고 난폭한 공격적 성적 행동을 보인다. 그래서 마이나스는 술을 먹었을 때의 생물학적, 심리학적 변환을 신화적으로 표상하는 것일 수 있다. 온화로울 때는 마이나스가 바위와 흙에 손을 대면, 마술처럼 물, 우유, 포도주가 솟아났다. 야생 동물들과 아이들에게 젖을 먹였다. 그리고 자신들의 지팡이(디오니소스의 추종자들이 갖고 다니는 위에 소나무가 붙은 지팡이)로부터 꿀이 흐르도록 했다. 그러나 술에 취해 분노하거나 정신착란에 빠지면 그녀들의 엄청난 신체적 힘은 잔인한 방종이 되었다. 지금까지 자신들이 양육하던 동물들, 나무들, 땅, 인간들 그리고 순진무구한 생명들을 갈가리 찢어 버리는 것이었다. 폭행, 살인, 배우자 및 아동 학대, 그리고 강간과 같은 대부분의 폭력 범죄들은 알코올 또는 약물과 관련되어 일어난다. 술집과 가정에서 일어나는 대부분의 폭력은 오직 사람들이 지나치게 술을 많이 마실 때 일어난다. 결혼식 피로연에서 일어나는 싸움의 대부분은 사람들이 한계 이상으로 술을 마실 때 일어난다. 이것은 우연이 아니다. 이러한 사건들은 슬프고, 파괴적이고, 후회스러운데, 이때의 그들의 행동은, 반드시 중독은 아니더라도, 남용 그리고 과도한 것과 연결된다.

---

12) 인간의 뇌가 구뇌, 중뇌, 신뇌로 이루어졌다는 이론에 따르면, 구뇌는 경계하고 안전을 평가하는 생존과 관련되는 뇌 영역이며, 호흡, 배설, 수면 등 기본적인 신체기능의 자율적인 조정과 관련된다. (역주)

　사람들이 술을 먹고 도덕 관념을 잃는 것, 즉 사회적으로, 성적으로 덜 억제되고 공격적으로 변하는 것 때문에 그들이 알코올 중독이나 어떤 중독자가 되는 것은 아니다. 그들은 술을 먹고 어리석은 행동을 하고, 다음 날 아침 부끄러움을 느낀다. 그러나 그것이 그들이 술을 먹을 때, 자아 통제, 절제, 억제가 불가능함을 의미하는 것은 아니며, 그것이 반드시 원형적 그림자/원형적 악이 부분적으로 관여하고 있음을 의미하는 것도 아니다. 마이나스와 디오니소스의 추종자들은 음주 후의 황홀함과 만취한 광기 사이의 경계가 얼마나 얄팍한 것인지를 자각할 수 있도록 돕는 신화적 표상일지도 모른다.

　디오니소스는 단지 파티를 사랑할 뿐만 아니라, 그보다는 사람들에게 땅을 경작하는 법, 포도주를 만드는 법 그리고 농업 기술을 가르친다. 즉, 디오니소스에게는 풍부하고 창조적이고 활기를 주는 특성들이 존재한다. 그는 또한 서양에서 드라마와 연극의 탄생에 영감을 준 신이었다. 디오니소스와 로마 신화의 바커스는 바보 같은 주취와 떠들썩한 유흥의 신들일 수 있다. 그렇지만 그들은 원형적 그림자/원형적 악을 상징하는 푸른 수염, 이아고, 사탄, 그리고 흡혈귀와는 거리가 멀다. 나는 디오니소스 신화에서 원형적 그림자/원형적 악의 의미 있는 반영으로 고려할만한 것을 발견하지 못했다.

　아마도 오늘날 가장 널리 알려진 원형적 악의 신화적 상은 매우 대중적인 영화 *스타워즈Star Wars*에서 볼 수 있을 것이다. 이 영화에서 제다이의 기사였던 아나킨 스카이워커는 선을 행하려고 노력했지만, 어두운 측면the Dark Side의 힘의 유혹, 기만, 팽창의 유혹을 받고 결국 굴복하여 개종한다. 그는 결국 어두운 측면의 자아초월적, 원형적 악의 힘에 동화되어 다스 베이더로 개명하고 재탄생한다.

　많은 중독자들이 그랬던 것처럼 아나킨은 자신이 어두운 측면의 에너지와 힘을 통제할 수 있고 지금 통제하고 있다고 되뇌인다. 그는 블랙홀의 가장자리에서 잠시 버티는 듯 보이지만 사실 처음부터 속수무책이었다. 결국 그는 어두운 측면의 적수가 되지를 못한다. 그는 자신의 부인을 포함하여 자신이 사랑했던 소중한 모든 것이 파괴되는 대가를 치른다. 어두운 측면은 아나킨을 유혹하기 위해 권력, 야망, 분노 그리고 이상화와 같은 그의 개인적인 약점을 이용하였다. 결국 그는 피할 수 없는 어두운 측면에 사로잡혀 이제 완전히 그것의 통제를 받으며 섬기고 있는 것이다. 이것은 다스 베이더가 사지가 절단되고는, 어두운 측면에 의해 신체의 대부분이 기계로 대체되어 글자 그대로 재구성되어 부활되는 것으로 영화 속에 그려지고 있다. 정말 어두운 측면이 그를 살려 주었다. 여기에는 그가 숨을 쉬는 공기도 포함한다. 물론 이것은 그가 스스로의 개인적인 안녕을 위한 것이 아니었지만, 이렇게 됨으로써 그의 상당한 힘과 능력은 어두운 측면을 섬기는 데 계속 사용될 수 있었다.

중독―그림자―콤플렉스의 영향을 받는 사람들이 그러하듯, 다스 베이더도 자신이 자율적이고, 의지가 있으며, 독립적으로 선택하고 결정하는 능력이 있다고 믿었다. 그러나 사실 이 모든 것들은 그가 오래 전에 상실한 것들이다. 그럼에도 중독이 그러하듯, 어두운 측면은 그에게 통제력이 있는 것처럼 믿도록 감언이설하고 기만하였던 것이다.

영화 *스타워즈*에서, 어두운 측면은 악이 지배하는 핵심 왕국의 모든 특성을 갖고 있으며, 선함, 광명, 희망이 가득한 핵심 왕국의 힘과 대립한다. *스타워즈*에 등장하는 인류와 다른 많은 종들은 대립적인 자아초월적 에너지인 힘과 어두운 측면 사이에 사로잡힌다.

*스타워즈*는 분명히 현대의 신화이다. 이 신화에는 대극의 원형적 요소들인 대천사 미카엘과 그의 천사 군대(제다이 기사들), 그리고 그에 대항하는 루시퍼와 타락한 천사들이 등장한다. 모든 인간은 그 사이에 위치하며, 어느 쪽에든 속할 수 있다. *스타워즈* 신화에서 메시아, 예수의

역할을 하는 것은 루크 스카이워커인데, 아버지가 다스 베이더로 판명되는 등 그에게는 다소 우여곡절이 있었다. 이 모든 이야기가 흥미롭지만, 우리에게 가장 중요한 것은 *스타워즈*가 하나의 현대 신화로서, 원형적 그림자/원형적 악의 상들이 반영되어 그려지고 있다는 것이다.

*반지의 제왕*the Lord of the Rings은 J. R. R. Tolkien의 소설을 영화화한 것이다. 이 영화는 호빗hobbit, 난쟁이, 요정, 엘프elf, 나무, 엔트ent, 트롤troll, 인간들이 우주에서 자신들의 자리를 찾기 위하여 투쟁하는 엄청난 서사 판타지 모험이다. 이들은 편견, 카스트 제도, 전쟁, 종 간의 경쟁, 생존의 문제, 궁극적으로 선과 악이란 무엇인가, 그리고 가장 중요한 것은 개인과 자아초월적 수준 모두에서 악의 본성이 무엇인가라는 문제를 해결하려고 애를 쓴다. 이 영화에서 원형적 그림자/원형적 악은 가장 강력한 악인 사우론Sauron으로 그려진다. 사우론은 자신이 통치하는 모든 것에 완벽한 죽음, 완전한 어두움을 가져오고, 철저하게 파괴한다. 그의 압도적인 힘은 매우 잔인해서 모든 빛과 생명을 완전히 파괴한다. 사우론이 통치할 때 온 세상은 암흑이고 죽음이다(블랙홀의 다른 이미지이다).

호빗인 빌보 배긴스, 프로도 배긴스, 샘 갬지, 그리고 그 밖의 다수가, 마지못해서 지구, 인간성, 자연, 생명 자체를 지키기 위하여 엄청난 역경과 싸우며 그 전능한 영적 존재에 대항하여 투쟁한다. 특히 그 모든 것을 구제하고 살리는 과업은 상대적으로 왜소하고 평화를 사랑하는 호빗들에게 주어진다. 호빗에게 종종 그 과제는 절망적으로 보인다. 진성 중독에서와 매우 유사하게, 중독ー그림자ー콤플렉스의 원형적 그림자/원형적 악의 측면에 나타난 압도적인 암흑, 죽음, 파괴 때문에, 종종 상황은 절망적으로 보인다.

이 영화의 가장 중요한 영웅인 프로도는 악에 의해 부상을 당한다. 프로도는 그 부상으로 계속 고통을 받으며, 또한 저주받은 힘의 반지를 그것이 만들어진 운명의 산의 화염으로 파괴시켜야 하는 부담으로 고난을 겪는다. 그는 유혹당하고, 괴롭힘을 당하고, 절망하고, 도중에 여러 번 거의 죽을 위기에 처한다. 그를 보호하고 구제하는 것은 친구들, 그리고 선과 은총의 위대한 원천(위대한 힘)이 그에게 부여한 재능과 힘을 통해서다.

대부분의 알코올 중독자와 다른 중독자들은 의식적으로 선택해서 원형적 그림자/원형적 악의 영역에 들어가는 것이 아니다. 호빗들처럼, 그들은 자기 자신, 자신의 배우자, 자신의 가족, 자신의 사업, 그리고 자신의 공동체를 구하기 위하여, 마지못해서 매우 두렵고 절망적으로 보이는 투쟁에 참여하게 된다. 영화 *반지의 제왕*에서 그러하듯 그 투쟁의 길에서 취해야 하는 심리적 태도는 겸손이며, 이는 영화에서 보잘것없는 호빗으로 상징화되었다. 이 투쟁은 어둡고 사악하고 파멸에 이르는 강력한 힘과 권능에 대항하는, 밝고 선하고 치유하는 자아초월적인 위대한 힘과 권능이 한 번에 한 단계씩 인도한다. 호빗이 그렇게 했다. 반지의 제왕에서 사우론과 그의 군대에 대항하듯, 중독에서 중독자들은 원형적 그림자/원형적 악과 투쟁을 한다.

알코올 중독에 관한 실제적이고 직접적인 경험에 근거한 A.A.의 신조 중의 하나는, 한 번 알코올에 중독되면 앞으로도 계속 그렇다는 것이다. 알코올 중독자들은 아무리 오랫동안 금주를 했더라도 중독이 재활성화되지 않도록 한 모금의 술도 멀리해야 한다는 것이다. 선택가능한 것은, 술을 먹는 진행성의 알코올 중독자이거나 아니면 술을 먹지 않는 회복 중인 알코올 중독자이다. 완치되거나 회복된 알코올 중독자는 선택할 수 없다는 것이다. 이것은 어떤 의미인가? 누군가 한 번 알코올 중독의 본질적인 원형적 그림자/원형적 악을 경험했다면, 그 후에는 죽을 때끼지 영원히 지울 수 없는 흔적과 취약성을 갖게 된다는 것이다. 한 번 그 선을 넘었다면 다시는 돌이킬 수 없다는 것이다. 그 후에는 중독이 언제나 재활성화될 수 있는 잠재성을 갖게 된다는 것이다.

이는 기독교에서, 세례를 받으면 긍정적이고 지워지지 않는 특성이나 흔적이 수여된다는 신념, 즉 세례를 받으면 그때부터, 그가 기독교 신앙을 실천하건 또는 하지 않건, 죽을 때까지 그는 기독교인이라는 믿음과 배치되는 것이다. 성사로서의 견진성사Christian confirmation는, 신자가 그것을 이용하건 또는 이용하지 않건 관계없이, 영적 성장을 위한 영원한 잠재력인 성령the Holy Spirit을 특수한 방식으로 활성화하는 것으로 간주된다. 힌두교 전통에서 쿤달리니Kundalini를 각성하는 것도 잠재적 변환을 위한 영적, 심리적, 신체적 에너지를 영원히 각성하고 활성화시킨다고 믿어진다. 만약 선함과 은총으로 가득한 최상의 영적 힘이 이러한 영구적인 효과를 가지고 온다면, 파괴와 악으로 가득한 가장 강력한 힘도 어떤 식이든 그와 반대되는 방향으로 작용할 것으로 보는 것이 논리적이다.

한 번 중독자면 영원히 중독자라는 관점이 어떤 뿌리 깊은 편집증, 패배주의, 구겨진 자존심, 또는 영원히 고통을 주는 사고라고 생각하지 않는다. 한 번 어떤 사람이 중독의 원형적 그림자/원형적 악의 측면을 경험했다면, 그는 강력하고 치명적이며 통합불가능한 어두운 파괴적 에너지에 가까이 접근하고 노출된 것이다. 나는 이러한 노출이 영구적인 표식과 상처를 남기고 취약하게 만든다는 사실을 반영한다고 믿는다. 이는 마치 막강하고, 치명적인 심리학적 핵 방사에너지에 노출되면 심신의 세포들에 영구적인 흔적이 남는 것과 같다. 방사선에 다소 노출되면 치명적인 독성이 재활성화되고, 그로 인해 다시 병에 걸려 사망에도 이를 수 있다. 한 번 그것에 노출된 경험이 있다면, 이후 다시 노출되었을 때 병이 재활성화될 잠재적 위험이 존재한다.

J. K. Rowling이 쓴 *해리포터Harry Potter*는 어린 영국 마술사 또는 마법사에 관한 이야기인데 멋지게 영화화되었다. 이것도 원형적 그림

자/원형적 악의 측면이 반영된 또 하나의 대중적인 현대 신화이다. 해리포터는 각양각색의 이승과 저승에서, 선과 악, 치유와 파괴의 마법을 분별하여 사용하는 길고 위험한 교육적인 모험 이야기이다. 이 이야기에서 선한 마법사인 해리의 부모님은, 모든 선을 파괴하고 만물의 전능한 권력자가 되려는 가장 강력하고 사악한 대마법사인 볼드모트 경에 의해 살해당한다. 볼드모트는 자신의 야심적인 계획을 이행하는 많은 미니언minion들을 지배한다. 그의 지휘를 받는 부하들로 이루어진 한 무리가 디멘터Dementor인데, 다른 존재들의 영혼의 진수를 찾아 빨아먹고 추출하여 파괴하는 앞잡이들이다.

해리를 죽이려는 볼드모트 경의 공격에서 살아남도록 그를 보호하는 것은 오직 그의 엄마의 사랑이다. 그는 목숨을 건졌지만 이 경험으로 영구적인 흉터와 부상을 입는다. 이 지워지지 않는 흔적은 볼드모트 경과 관련 있는 어떤 악이 가까이 오거나 만나게 되면 언제나 통증을 느끼고 고통스럽다. 볼드모트는 해리포터 버전의 원형적 그림자/원형적 악이라고 할 수 있다. 성배聖杯 신화의 어부 왕the Fisher King이 그러하듯 상처는 결코 치유되지 않는 것으로 보이는 영원한 고통이다. 또는 그것이 무엇이든, 하느님이 제거하기를 거부했던, 그래서 바오로가 영원히 고통을 받으면서도 그것과 함께 사는 법을 배워야만 했던 성바오로St. Paul의 환란과 같은 것이다.

회복 중인 중독자들처럼 해리포터는 원형적 그림자/원형적 악을 경험하였으며, 그로 인해 영구적인 상처를 입고 허약해졌다. 그러나 이로 인해 해리와 회복 중인 중독자들은 이런 유형의 악을 개인적이고, 친밀하게 이해할 수 있게 되었다. 그리고 이렇게 얻은 지혜와 지식 덕분에 볼드모트 경과 디멘터들로부터 인류를 구원할 수 있었다.

이러한 경험은 가톨릭의 많은 되마사들이 악마의 자아초월적인 사악한 에너지를 다루려면 치를 수밖에 없다고 보고하는 대가이다. 그것은 어떻게든 심리적으로 또는 육체적으로 항상 퇴마사들을 괴롭힌다. A.A.의 최고의 후원자가 지옥에 갔다가 돌아온 사람들이라는 것은 아마도 이러한 이유에서다. 그들은 상처받은 치유자the wounded healer의 효과와 필요성을 보여주는 완벽한 본보기라고 할 수 있다. 생명을 파괴할 수 있는 중독의 힘을 결코 축소하거나 과소평가하지 않아야 한다.

아마도 신화, 민담, 종교에 등장하는 원형적 그림자/원형적 악의 가장 적절한 이미지는 악마일 것이다. Bill W.에게 보내는 편지에서, 심지어 융도 중독에서 볼 수 있는 이런 저항하기 어려운 "악의 힘"을 악마라는 용어를 선택하여 서술하고 있다. 나는 융이 별생각 없이 또는 자신이 이야기하려는 것을 크게 자각하지 못하고 이러한 이미지를 사용했다고 생각하지 않는다. 나는 융이 중독 현상의 본질적이고, 치명적인 측면을 묘사하려고 의식적으로 그리고 의도적으로 악마란 용어를 사용했다고 생각한다.

많은 민담에서 악마는 구원받을 수 있었다. 폰 프란츠von Franz는 "왕자와 공주The Prince and the Princess"라는 그림 민담을 언급하고 있다. 이 민담에서 절망한 사람을 자신의 아버지의 저항할 수 없는 악으로부터 구원하는 것은 악마의 딸인데, 그녀는 인간의 심장을 갖고 있다. 민담이 의미하는 것은 에로스Eros를 의식화하고 자기와 연결되는 것이, 우리가 파괴적인 개인적 그림자 측면을 통합하고 극복하고 변환하는데 도움이 될 것이라는 점이다. 아마도 이러한 민담들은 극복되고 치유될 수 있는 심리장애 및 정서장애를 이야기하고 있는 것 같다. 아마도 이러한 민담들은 알코올의 경우 남용 단계, 도박의 경우 문제성 도박 단계에서 중독을 멈추고 변화할 수 있다는 희망을 이야기하는 것으로 보인다. 즉, 알코올 남용과 문제성 도박 단계는 아직 선을 넘지 않았기 때문에 중독을 예방할 수 있는 선일 수 있다.

그러나 악마가 등장하는 다른 민담들에서는 암흑과 핵심적인 악은 극복할 수 없는 것으로 나타난다. 이러한 유형의 악마들이 표상하는 것은 원형적 그림자/원형적 악이라고 할 수 있다. 악마의 기원을 다룬 한 신화에서는 처음에는 모든 악마들이 천상에서 하느님의 천사들이었으며, 하느님을 섬기고, 찬양하고, 찬미했으며, 하느님의 의지를 실천했다고 한다. 하느님은 천사들을 창조할 때 자유 의지를 주었으며, 그래서 그들은 누구를 섬길 것이며, 충성을 어떻게 할 것인지 등을 자유롭게 선택할 수 있었다.

이야기에 의하면 어느 날 하느님은 진흙으로 인간을 창조하고 그들에게도 자유 의지를 주어, 하느님을 따를 것인지 말 것인지 선택할 수 있게 하였다. 인간에게 천상에서 하느님의 곁에 있도록 허용하였는데 이는 거의 천사와 동등한 것이었다. 어떤 천사들에게 이것은 모욕적이었고 분노를 일으켰는데 특히 그들의 지도자였던 루시퍼Lucifer에게 그러했다. 그의 이름은 "빛을 나르는 자"라는 의미인데, 그들은 신의 계획을 거부하고 반란을 일으키기로 결정하였다. 그들은 하느님이 참으로 비천하고, 품위 없고, 추하고, 그리고 진흙으로 만든 인간들에게 자유 의지를 주고 영원히 자신과 함께 할 수 있는 기회를 주었다는 것을 믿을 수가 없었다. 천사들은 영생을 할 수 있는 순수한 혼이었기 때문에, 인간들과는 달리 그들의 선택과 결정도 영원한 것이었다. 천사들은 한 번에 전체를 볼 수 있었기 때문에 마음이 바뀌는 경우가 없었다. 인간처럼 나중에 몰랐던 어떤 것을 깨닫거나, 실수했음을 알게 되는 경우는 없었다. 유한하고 비천한 인간이 하느님에 의해 구원을 받고, 전에는 오직 천사만 누리던 영원히 고귀한 신분을 누릴 권리를 얻을 수도 있다는 것이 천사들을 화나게 하였다. 그들은 너무 자만하다가 낭패를 보게 되었다. 하느님이 이번에는 선을 넘었다. 천사들은 몹시 분개하였다.

그래서 그들은 하느님과 그의 신성한 계획으로부터 영구히 독립하겠다는 결정을 내렸다. 그들은 후회하지 않았다. 이러한 결정 때문에 그들은 천국에서 쫓겨났다. 선한 대천사 미카엘Michael도 그것이 사실임을 확인해주었다. 천국에 머무는 것이 허락되지 않았으므로, 루시퍼는 천국에서 쫓겨난 이제 악마로 불리는 다른 천사들과 지옥에 자신의 독립적인 영역을 구축하였다. 거기서 그들은 지구를 돌아다니며, 인간을 유혹하고, 조정하고, 영향을 미치고, 기만하고, 궁극적으로는 그들의 영혼을 하느님으로부터 분리하여 지옥으로 데리고 가려고 끊임없이 음모를 꾸미고, 고의로 하느님의 계획을 방해하였다.

이 이야기를 어떤 실제로 일어난 일을 묘사하는 것으로 받아들이건 아니건, 루시퍼와 악마들의 이미지, 에너지, 영과 관련하여 가장 의미심장한 것은 그들이 하느님, 선, 인간의 의지에 의해 변환이 불가능하고, 구원받을 수 없고, 통합이 불가능하고, 구조할 수 없다는 것이며, 이것이 그들의 선택에 의한 것이라는 사실이다. 그들의 마음속 근저에 내재하는 적대감과 악의는 가능한 모든 수단을 사용하여 인간을 파괴하고 타락시키고자 한다. 그들에게 원칙이란 존재하지 않으며, 자신들이 원칙이다. 하느님, 선한 천사들의 영적인 힘의 도움이 없다면, 인간은 그렇게 사악한 의도와 힘을 갖는 영원불멸하는 영에 대항할 수 없다. 점잖고, 윤리적이고, 도덕적으로 선한 인간들이 중독의 영향을 받으면, 살아오며 믿고 지켜온 모든 가치들과 원칙들을 버리도록 변화할 때, 도대체 무슨 일이 일어나는 것인가? 이 선한 사람들을 그렇게 강하고, 광범위하고, 완벽하게 사로잡아, 그들의 개인적인 배경, 신념, 그리고 개인력과 무관하게 거짓말쟁이, 사기꾼, 도둑으로 변환시키는 것은 어떤 힘인가. 그들은 실망스럽고, 정직하지 못하고, 신뢰하기 어렵고, 야비한 인간들인가? 어떤 종류의 악성인 영이 중독자가 건강, 결혼생활, 가족, 직업, 친구들, 그리고 그의 생명이 파괴될 때까지, 지속적으로 이러한 파괴적 작용을 계속하는 것일까? 이러한 현상을 어떻게 명명하건, 나는 악마가 애초에 살인자이고, 고도의 사기꾼이며, 모든 거짓말의 아버지라는 융의 생각에 동의한다.

Linda Leonard는 중독을 한 사람의 영혼이 악마의 노예가 된 상태라고 설명하였다. 그녀는 중독에서 볼 수 있는 악마를 "고리대금업자"라고 비유하였다. 중독자는 고리대금업자에게 계속 돈을 빌리고, 점점 채무가 절망스럽게 증가한다. 결국 그는 중독자를 완전히 소유하고 마침내 돈을 갚으라고 요구한다. 그녀가 중독에서의 악마를 어떻게 서술하는지를 읽어보도록 하자. "무엇보다도 악마는 우리의 정신 속에 존재한다. 그는 우리에게 공짜로 무언가 가질 수 있다고 설득한다. 그는 낙원에 무임승차할 수 있으며, 쉽게 창조적인 사람이 될 수 있다고 확신하도록 만든다. 중독자가 마시는 술마다, 코카인을 흡입할 때마다, 피우는 담배마다, 빚이 증가할 때마다, 사랑으로 변환되지 않고 홀리는 모든 로맨스에, 베팅하는 돈 한 푼마다 악마가 도사리고 있다. 처음에 고리대금업자(악마)는 다정하게 보일 수 있고, 심지어는 친절하게 보인다. 그러나 일단 빚을 지게 되면, 그의 잔인함과 악마성에 놀라게 된다. 결국 우리는 빌린 것보다 훨씬 많은 것을 갚아야 한다. 그리고 때로 우리는 자신의 생명을 지불하게 된다."[44]

역사와 종교학 교수인 Jeffrey Burton Russell은 "악을 마주하기 Facing Evil"란 주제로 열린 Harry Wilmer 심포지엄에서 다음과 같이 악마를 설명하고 있다. "만약 악마가 정말 존재한다면, 악마는 무엇인가? 그 개념이 어떤 의미가 있다면, 그는 전통적인 악마일 것이다. 그는 고도의 지능과 의지를 갖고 있는 강력한 존재로서, 그의 힘은 우주를 파괴하고 모든 생명체를 고통스럽게 하는 것을 지향한다."[45]

폰 프란츠는 이러한 생각에 동의하였다. 그녀는 어떤 빈남들에서 볼 수 있는 악마들은 "본질적으로 본성이 사악한 영이며, 파괴하고 살해하는 그 자체에서 쾌락을 느낀다. 우리의 무의식에 이러한 유형의 악마성이 존재한다고 생각하면 몹시 두렵다. 그러나 신화들과 민담들의 증거에 의하면 이것은 분명한 사실이다."[46]라고 이야기한다.

원형적 그림자/원형적 악에 관한 이런 어둡고, 우울하고, 무섭고, 분명히 절망적으로 보이는 주제를 강의할 때, 사람들은 때때로 거의 절망하여 나에게 질문한다. "그러면 우리는 무엇을 할 수 있습니까?" 나는 다음 장인 "12단계를 통한 치유적 회복 과정"에서 이 질문에 심도 있는 답을 하려고 한다. 그러나 지금 나는 민담과 신화적 영역을 이야기하고 있다. 그러므로 우선은 이 주제에 관한 폰 프란츠의 넓은 지식과 경험이 이야기하는 것을 이해하여 보자. 그녀는 "누구든 자신의 마음속 가장 깊은 중심, 즉 자기로 들어갈 수 있다면, 그는 어두운 힘의 공격으로부터 안전할 것이다."[47]라고 이야기하였다. 나는 그녀의 설명을 충분히 확신하지는 못하고 있다. 다만 그녀가 말하는 "가장 깊은 중심"이, "어두운 힘의 공격"을 제압하기 위하여 자아초월적인 영적인 힘에 접근하여 활성화시키는 지성소至聖所[13], 즉 가장 성스러운 곳에 들어가는 것을 의미하는 것이라면 납득이 된다. 폰 프란츠는 계속해서 다음과 같이 이야기하고 있다. "성스러운 전체성divine wholeness은 악마의 전략적인 '약점'이다. 그곳이 악마가 자신의 심장을 숨겨두는 곳이고, 죽는 곳이며, 파괴될 수 있는 곳이다."[48] 그녀는 많은 민담에서 악마가 어떻게 자신의 심장을 섬에, 교회에 또는 우물에, 또는 거위에게 또는 알로 숨기는 것을 이야기하고 있는데, 이것들은 모두 전체성 그리고 진정한 자기의 상징들이다.

이 이야기에서 폰 프란츠는 두 개의 중요한 관점을 제시하고 있다.

---

13) 구약 시대에 성전 또는 막 안의, 하나님이 있는 가장 거룩한 곳. 표준국어대사전, 국립국어원, 2019.

첫째, 원형적 그림자/원형적 악은 영적 전체성spiritual wholeness 또는 원형적 선과 빛에 의해 상쇄되거나 제압될 수 있다. 이것은 융학파의 용어로는 자기 원형the archetype of the Self이며, 익명의 중독자들 모임에서는 위대한 힘을 의미한다. 둘째, 최종적으로 분석한다면, 악마는 기만하려고 원형적 그림자/원형적 악을 의도적으로 자기의 전체성에 숨겨두었다. 그러나 어쨌든 원형적 그림자/원형적 악은 자기 안에 포함되어 있으며, 자기가 그것을 대체하고 있다. 이러한 관념은 많은 신화들에서 통합된 지고한 신의 모습으로부터 선과 악이 나오는 것으로 나타나고 있다. 결국은 선이 승리하겠지만, 힘들게 투쟁하고 험난한 고초를 겪은 인간이 종종 혼란스러운 상태에 빠지게 된다는 사실을 드러내려고 신이 그 엄청난 충돌을 그대로 둔다는 것이다.

이처럼 우리는 원형적 그림자/원형적 악의 폭력에 완전히 속수무책인 것이 아니다. 이것은 매우 위안이 되는 사실이다. 그러나 우리는 약한 자아가 팽창하여 원형적 그림자/원형적 악을 다루거나 투쟁하도록 두어서는 안된다. 그보다는 사랑과 선함 그리고 빛의 위대한 영적 힘을 따라서 투쟁해야 한다.

사랑과 깊은 인간관계의 에로스 원리the Eros principle는 우리를 악으로부터 보호하고, 악을 치유하고 제압한다. 이러한 에로스 원리가 지금까지 이 책에서 얼마나 자주 언급되었는지 살펴보는 것은 흥미로운 일이다. Bill W.에게 보낸 편지에서 융은 에로스는 "인간 공동체를 지켜주는 방호벽"이며, "세상에 만연한 악의 원리인 원형적 그림자/원형적 악을 상쇄할 수 있다"고 하였다. 앞에 언급한 젊은이는 황금 돔의 세인트 루이스 대성당에서 악마와 신이 위대한 마지막 전투를 하는 꿈을 꾸었다. 꿈에서 젊은이는 이혼한, 즉 아직 불완전한, 그러나 친절하고 선한 여성(Eros)에 의해 위험으로부터 빗어나 구원받을 수 있었다. Guggenbuhl-Craig는 사이코패스의 심리적 구성에서 결여된 것은 만

성적이고, 치유불가능한 에로스의 결함과 결핍이라고 하였다. 중독을
그린 빨간 구두 민담에서, 작은 소녀에게는 어머니로부터의 특별한 양
육이라는 에로스 사랑이 처음부터 결여되어 있다. 해리포터가 어린 아
이였을 때 볼드모트에게 살해당하지 않고 보호받게 된 것은 오직 어머
니의 사랑(에로스) 때문이었다. 폰 프란츠는 민담에서 악마의 심장, 즉
악을 파괴하려면 그것을 찾는 것이 필요함을 지적하였다. 혹시 그것이
가능하다면 말이다. 심장은 항상 에로스 원리를 표상한다. 익명의 알코
올 중독자들 모임에서의 에로스 원리는 회복 중인 다른 알코올 중독자
들의 사랑, 돌봄 그리고 상호 원조로 나타난다. 원형적 그림자/원형적
악의 해독제는 분명히 인간 공동체에 활성화된 에로스 원리로 보인다.

　원형적 그림자/원형적 악이 존재한다는 주장은 많은 이론적, 철학적,
신학적, 심리학적 질문을 제기한다. 원형적 그림자/원형적 악이 궁극적
으로 자기의 전체성의 한 측면이라고 주장한다면, 이는 신이 삼라만상
을 창조했으므로 결국 악도 창조했다는 것이고, 따라서 악은 신의 한
측면이거나 요소라고 말할 수 있는 것이다. 어떤 사람들은 악을 신의
그림자 또는 어두운 측면이라고 설명할 것이다. 이 모든 것들이 결국
하늘의 영역에서는 사실일 것이다. 그러나 이런 주장은, (만약 그것이 존
재한다면) 이 세상의 악마 또는 원형적 그림자/원형적 악을 조금이라도
더 이해하거나 또는 다루는 데 도움이 되지 않는다. 나에게는 이러한
유형의 이론적이고 소우주적인 설명이 인간의 제한적인 지적 이해력을
넘어서는 것으로 보인다. 그것이 궁극적으로는 성스러운 계획의 일부
라고 하더라도, 인간에게는 매우 치명적이고 유해하며, 우리는 그것을
경험할 수도, 통합할 수도, 대사할 수도, 처리할 수도 없다. 더구나 그
것이 우리를 죽이고 완전히 파괴할 수 있다면, 성스러운 계획인가 아
닌가는 무의미하다. 우리가 원형적 그림자/원형적 악을 마음속에 존재

하는 것으로 개념화하건, 또는 마음의 외부에 존재하는 것으로 개념화하건, 또는 마음속과 외부에 부분적으로 존재하는 것으로 개념화하건, 그것은 우리에게 정말 자아초월적으로 경험된다. 우리는 그것을 항상 조심하고, 어떻게든 피하여야 하며, 혹시라도 만난다면 제압하여야 한다.

원형을 포함한 삼라만상은 우리의 자기/정신 체계 내에 완전히 포함되는가? 또는 어떤 외부 원천에서 파생된, 우리의 외부에 또는 우리를 초월하여 존재하는 객관적인 '어떤 것들'이 존재하며, 그럼에도 그것은 한편으로는 원형으로 우리에게, 그리고 우리의 부분으로 지각되는가? 나는 이러한 융심리학 및 다른 학문들의 현재 해결이 불가능한 이론적 논쟁에 참여할 생각이 없다. 이러한 이론적, 심리학적 논쟁은 신의 본성과 존재에 관한 해결이 불가능한 신학적 논쟁과 매우 유사하다. 사람들은 여러 측면에서 이와 관련하여 의견을 제시하고 있다. 유신론자들은 신이 존재한다고 단언한다. 무신론자들은 신의 존재를 부정한다. 불가지론자들은 알 수 없다고 주장한다. 유신론자들 중에는 신과 인간이 완전히 통합된 일체라고 믿는 사람들이 있다. 그런가하면 신은 인간의 외부에 있고 우월하고, 완전히 개별적이고, 독립적이지만, 그러나 인간은 신과 관계를 맺을 수 있고, 대화할 수 있고, 간청할 수 있다고 믿는 사람들이 있다. 그리고 어떤 사람들은 신이 인간보다 훨씬 크고, 더 위대하고, 더 포괄적이지만, 그러나 신의 성스러운 측면이 인간에 상당히 스며들어 있다고 믿는다. 유대─기독교 전통에서는 창세기에 언급된 것처럼 모든 인간이 신과 유사하게 그리고 신의 이미지에 따라 창조되었다고 믿는다. 이러한 이론들을 조합하여 믿는 사람들도 있다. 어떤 사람들은 신은 존재하고 위대하지만, 모순적이며 선의 공안처럼 알 수 없는 신비라고 믿는다.

원형의 기원과 생성에 관한 이런 사변적인 신학적 주제와 질문은 매우 흥미로운데, 그래서 진성 중독의 본성, 특히 중독이 존재하려면 요

구되는 주요한 영양분인 원형적 그림자/원형적 악의 존재와 같은 중요
한 현상학적인 관심에서 우리를 벗어나게 할 수 있다. 나는 원형의 기
원에 관한 질문에 답을 할 능력이 없고, 사실 그 문제와 관련하여 도움
이 될 수 있는 어떤 새로운 것을 가지고 있지 않다. 그러나 나는 중독
자들을 관찰하고 경험하면서, 교육이 불가능하고, 치유되지 않으며, 통
합이 불가능한, 인간을 넘어서는 자아초월적이고 치명적인 원형적 현
상이 존재한다는 것을 단언할 수 있다. 이것을 나는 원형적 그림자/원
형적 악이라고 부른다. 나는 원형의 기원이 무엇인지, 그것이 다른 영
역이나 차원에도 존재하는지, 그것의 궁극적인 목적이 무엇인지에 관
한 어떤 진전된 주장이나 심도 있는 고찰을 하지 않을 것이다. 이런 질
문들은 정신 현상으로서의 중독에 관한 중요한 질문과는 거리가 있다.
사실, 그러한 매혹적인 질문과 고찰들은 중독의 정신역동을 이해하려
는 노력에서 벗어나고 혼란을 주는 것이다.

　나는 융이 말년까지 중독의 사악한 원형적 역동의 논의에 뛰어들기
를 주저한 것에 진심으로 감사한다. Bill W.에게 보낸 편지에서, 융은
마치 세상을 떠나려다 마지막에 다시 돌아와 주저하다가, 우리에게
"자, 이제 자네들이 이 문제를 해결하게! 나는 충분히 했다네. 나는 가
네."라고 말하는 것 같았다.

　중독의 정신역동에는 통합불가능한 자아초월적 현상으로서의 원형
적 그림자/원형적 악이라는 존재가 작용한다. 이 원형적 그림자/원형
적 악의 존재를 현상학적으로 인정하는 것에 관하여 고찰해주었으면
하는 것이 내가 바라는 전부이며, 그것만으로도 충분하다.

사람들은 왜 원형적 그림자/원형적 악에 끌리는가?
Why People are drawn to Archetypal Shadow/Archetypal Evil

만약 원형적 그림자/원형적 악이 그렇게 무섭고 위험하고 파괴적이라면, 무엇보다도 왜 사람들이 그것에 빠져드는가라는 의문이 든다. 중독의 원형적 그림자/원형적 악을 경험하고 알게 된 지식에 의하면, 나는 그것의 엄청난 힘과 에너지, 상상을 초월하는 자유, 높은 지위, 뛰어난 능력, 명성에의 욕구, 초인적 능력을 보장하는 매력 때문에 사람들이 그것에 빠져든다고 믿는다.

원형은 언제나 신이 될 수 있다는 환상과 가능성으로 우리를 유혹한다. 뱀파이어의 매력은 성적이면서 영생을 약속하는 것이다. 비록 그것이 산송장일지라도 말이다. 성경에서 악마는 권력, 부, 욕망을 실현시켜주겠다며 유혹하는데, 악마에게는 가능한 것처럼 보이는 것들이다. 예수는 그저 사탄에게 머리를 조아려 절하면 되었다. 많은 중독자들이, 음주 또는 도박을 하지 않을 때 철저한 무력감을 경험했다고 이야기하였다. 어떤 중독자들은 술을 마시거나 약물을 하지 않으면 사회적인 용기나 자신감을 갖지 못하며, 그것을 먹었을 때는 자신이 무적이고 강력하며 그리고 자신감을 느꼈다고 하였다.

Bill W.는 자신의 전기를 쓴 Robert Thomsen에게 처음 술을 마셨을 때의 경험을 이야기하였다. Thomsen에 의하면 Bill은 다음과 같은 엄청난 신비감, 강력함, 황홀감 그리고 무아경을 경험하였다.

아마도 약간의 시간이 흘렀겠지만, 그러나 그것은 즉각 일어난 것으로 보인다. 따뜻한 만족감이 그동안 잊혔던 자신의 존재의 먼 구석까지 스며드는 것을 지각했을 때, 그는 몸이 이완되는 것을 느꼈고, 어깨의 경직이 사라졌다. ... 곧 그는 자신이 소개된 사람이 아니고, 사람들이 그에게 소개되었다고 느꼈다. 그가 집단에 참여한 것이 아

니라, 집단이 자신의 주위로 형성이 되었다. 그것은 믿기 어려운 일
이었다. 그리고 세상이 너무나 빠르게 변화할 수 있음을 갑자기 깨닫
고 그는 웃음을 멈출 수 없었다. 그것은 기적이었다. 달리 표현할 말
이 없었다. 그 기적은 그에게 정신적으로, 육체적으로, 그리고 영적으
로 영향을 미쳤다. 계속 웃으면서 그는 주위 사람들을 살펴 보았다.
그들은 뛰어난 존재들이 아니었다. 그들은 친구들이었다. 그들은 그
를 좋아했으며, 그도 그들을 좋아했다. ... (그가 떠날 때,) 그는 자신
의 뒤로 흐느끼는 색소폰 소리, 목소리가 오르락 내리락하는 것을 들
었지만, 그가 느끼는 압도적인 기쁨에 방해가 되지 않았다. 세상이
그의 주위에 있었으며, 그것은 젊고 신선하고 사랑스러웠다. 운전하
며 길을 갈 때, 그는 움직임이 쉽고, 은총이 가득하고, 마치 자신이
느끼는 것을 자신이 정확히 아는 것 같았다. 이전까지 그가 살았던 삶은
사슬에 묶인 것이었다. 그러나 이제 그는 자유였다.[49]

Bill W.는 처음 술을 마셨을 때 원형적 경험archetypal experience을 하
였다고 나는 생각한다. 이 경험으로 그는 그러한 자유, 그 완전한 순간
의 감정을 영원히 갖고 싶다는 갈망을 갖게 되었다. 술로 인해 그는 거
짓 자기false self와 연결되었고, 알코올 중독의 원형적 그림자/원형적
악으로의 문이 영원히 열렸다. Bill은 융이 "최고의 종교적 경험highest
religious experience"이라고 지칭한 진정한 영성에 대한 갈망으로 성배를
찾아 나섰지만, 유감스럽게도 도덕적 타락으로 이끄는 알코올의 악령
의 기만과 거짓된 희망에 사로잡혔던 것이다. Bill은 익명의 알코올 중
독자들 모임에 참여하고 나서야 위대한 힘, 즉 진정한 자기를 발견할
수 있었다.

어떤 남자들과 여자들은 자신의 성기와 성적 매력에 권능을 주는 그
런 중독이 없이는 성행위를 할 수 없다. 내가 몇 년 동안 심리치료를
했던 회복 중인 알코올 중독자가 있었다. 그는 어린 시절부터 성인이
될 때까지, 자신이 얼마나 내향적이고, 부끄러움이 많고, 부적절하다고

느꼈는지를 이야기하였다. 술이 없이는 결코 현실 세계에서 기능할 수 없었으므로, 그는 일시적이지만 알코올이 자신을 구했다고 이야기하였다. 술이 없었다면 그는 다른 사람들과 사회장면에서, 학교에서, 직장에서 어울릴 수 없었을 것이다. 술이 없었다면 그는 짝을 만나 가정을 꾸리는 것도 할 수 없었을 것이다. 그에게 알코올은 자신의 영혼을 포함한 모든 것을 파괴하기 전까지, 오랫동안 가장 강력하고 영향력 있는 최고의 친구였다. 그에게 알코올은 고마운 존재였다. 왜냐하면 그에게 고통스럽도록 결핍되었던 에너지, 욕구, 영혼을 알코올이 제공해주었기 때문이다. "치료"가 그를 죽이기 시작하기까지는 좋았다. 영혼을 악마 또는 중독에 팔 때의 문제는 단기적으로 얻어지는 이득 때문이 아니라, 언젠가 지불해야 하는 최종 대가 때문이다. 단기적으로 얻어지는 이득은 종종 가치가 있다. 그러나 장기적 결과가 모든 것을 뒤집는다. 왜냐하면 그것은 결국 죽음을 요구하기 때문이다.

융은 자아가 원형에 과동일시archetypal overidentification할 때의 문제를 알고 있었고, 그래서 끊임없이 경고하였다. 그는 원형의 팽창, 유혹, 그리고 그것의 저항하기 어려운 특성 등을 설명하면서, 우리는 잠재적으로 신이 되려는 압도적인 유혹에 대항하여 현실적이고 겸손하고 인간적이기 위해 노력해야 한다고 하였다. 그러지 않는다면 우리는 광기에 사로잡혀 치명적인 부상을 입고, 불구가 되거나, 손발이 잘리고 결국은 파괴될 수 있다.

이러한 원형과의 위험한 과동일시를 보여주는 유명한 사회적인 예를 살펴 보자. 마릴린 먼로Marilyn Monroe는 성과 사랑의 그리스 여신 아프로디테에 과동일시하였고, 지구상 모든 남녀의 아프로디테가 되려는 불가능한 투사를 실천하려고 했던 유명한 영화 스타이자 핀업 걸이었다. 이로 인해 두말할 것 없이 다른 사람들로부터 지나친 관심을 받았을 뿐만 아니라, 관계가 단절되고, 실망과 심한 스트레스를 겪었다. 그녀는 이러한 스트레스를 이기고, 그것에서 도피하려고 술과 약물을 남용하였으며, 결국 수면제 과복용으로 36세인 1962년 사망하였다. 이것은 아마도 모든 것에서 벗어나려는 시도였을 것이다. 그녀는 그 후 판테온 신전의 문화적 아이콘으로 격상되었고, 이제 우리 시대의 영원히 변하지 않는 관능적인 여신으로 남아 있다. 다만 그로 인해 그녀는 인간으로서의 자신의 삶을 희생하였다.

현대판 판테온 신전의 다른 문화적 아이콘인 엘비스 프레슬리Elvis Presley도 신들과의 원형적 과동일시의 위험성을 보여주는 다른 예이다. 재능 있는 가수, 연주자, 음악가이자, 로큰롤의 섹스 심볼 스타였던 그는 "제왕"이었고, 당시의 아도니스Adonis였다. 관능적인 여신 아프로디테는 아도니스를 사랑했고 그에게 저항할 수 없는 매력을 느꼈다. 아프로디테의 남성적 상대인 젊고, 잘 생기고, 섹시한 그리스 신화의 아도니스처럼, 엘비스도 대부분의 여성들에게 너무나 매력적인 존재였다. 모든 사람이 그를 숭배하였고, 글자 그대로나 비유적으로나 잠깐이라도 그와 만나고 싶어 했다. 이로 인해서 결국 그는 죽게 되었다. 그는 1977년 약물 과복용으로 사망하였다. 그는 법적으로 처방된 흥분제와 진정제를 과하게 복용함으로써, 엄청난 부담이었던 팬과 신도들의 과도하게 광적이고 비현실적인 투사와 기대, 그리고 "로큰롤의 제왕"이라는 무거운 역할을 수행하고 기능하고 실행할 수 있었다. 엘비스는 원형들과의 과동일시에 의해 파괴된 또 하나의 슬프고 비극적인 이야기라고 할 수 있다.

영국의 다이애나Diana 왕자비의 팬들, 찬미자들 그리고 방송은 그녀를 매우 친근하게 "디 왕자비Princess Di"라고 불렀다. 이것은 전 세계에서 공통적으로 발견되는 민담인 완벽하고, 아름답고, 행복한 결말의 공주를 원형적으로 투사한 것인데, 물론 불가능한 것이다.

원형과 과동일시한 사람들이 실제로 좋은 결과를 보이는 경우는 드물다. 그것은 정말 어렵다. 융은 우리를 보호하려고 원형과의 과동일시를 강하게 경고하였다. 원형과 신에 동일시할 때, 우리는 자아 팽창하고 광적이고 사로잡혀서 그저 평범한 인간들처럼 정상적으로 유한하게 되는 것이 어렵다. 그래서 위대한 모든 성자들과 신비가들이 겸손해야 한다고 그렇게 강조하는 것이다. 왜냐하면 그들은 자신이 인간임을 잊고 신성神性과 과동일시하여 팽창하려는 유혹에 끊임없이 시달리기 때문이다. 진정한 겸손은 원형적 팽창의 치료제이다. 이러한 팽창, 즉 나는 다르다, 나는 예외적이다, 나에게는 규칙이 적용되지 않는다는 자기애적 특별함은 분명히 중독자들의 잠재적 위험이다. 나는 특별한 범주의 인간이며, 더 많은 권리가 있고, 다른 사람들과 다르다고 망상적으로 믿기 시작하기 쉽다. 나는 신이라고 생각하기 시작하는 것이다. 이러한 일이 벌어지면, 자만심은 신으로부터의 원형적 보상을 불러일으키고, 결국 우리를 무너뜨려 제자리로 돌아가는 것은 시간문제인 것이다.

신화와 민담에서 인간은 항상 신에게서 무엇을 훔치거나, 신의 권리를 침해하거나, 또는 신이 되려고 하다 심한 벌을 받거나 살해당한다. 불을 인간에게 가져다 준 프로메테우스Prometheus, 병자를 치유하고 죽은 자를 소생시킨 아스클레피오스Aesculapius처럼, 어떤 사람들은 인류에 큰 기여를 하지만, 그로 인해 개인적으로 큰 대가를 치른다. 헤라클레스가 풀어줄 때까지 프로메테우스는 쇠사슬로 산에 묶였으며, 독수리들이 끊임없이 그의 간을 쪼아 먹으면, 그 간이 재생되는 형벌을 받았다. 얼마나 멋진 은유인가? 아스클레피오스는 그가 저지른 죄로 인해 죽임을 당했다. 그러나 인간들이 제우스에게 그의 죽음을 강하게 항의했기 때문에, 그는 결국 그리스의 신으로 받아들여졌다. 원형에 과동일시하는 대부분의 사람들은 이기적이고, 자아중심적이며, 저속하게 된다. 이 경우 인류의 성장에 기여하기는 어려운데, 그럼에도 치러야 하는 대가는 동일하다.

이것이 자아가 원형에 과동일시할 때 가능한 결과이다. 악의 원형과 원형적 그림자는 인간 수준에서는 결코 통합할 수 없고, 동화할 수 없으며, 변환도 불가능하다. 이로 인한 부담이 증가한다면, 그 결과는 희망을 갖기가 전혀 불가능하다.

원형적 그림자/원형적 악의 개념의 명료화
Clarification of Definitions of Archetypal Shadow/Archetypal Evil

사람들은 원형적 그림자 또는 원형적 악이라는 용어를 다양하게 사용하였으며, 때로 서로 매우 다른 의미로 쓰였다. 예컨대, Liliane Frey－Rohn은 원형적 악이라는 용어를 사회의 집단적 그림자collective shadow를 표상하기 위하여 사용하였다. 또한 그녀는 원형적 악을 개인적 그림자, 페르조나, 아니마, 아니무스, 영웅, 모성 등등의 모든 원형들의 그림자 측면 또는 어두운 면의 동의어로 사용하였다. 그녀는 원형적 악을 사회적, 집단적, 문화적 상황에서의 불균형 또는 일방성의 결과라고 보았다. 즉, 그녀에 의하면 원형적 악은 개인적인 것이 아니라 사실상 비개인적이고 집단적인 것이다.[50] 그녀가 사용하는 원형적 악이라는 용어는 내가 사용하는 의미와는 다르다. 나와 달리 그녀는 그 현상의 통합불가능한 측면은 언급하지 않고 있다.

중독의 이러한 심리적으로 통합불가능한 측면이 원형적 그림자/원형적 악이며, 이것이 여러 측면에서 중독을 대부분의 다른 심리/정서 장애들과 근본적으로 다르게 하고 구별짓는다. 내가 생각하는 원형적 그림자/원형적 악의 본질적이고 고유한 측면은 이러한 통합불가능함이다. 왜냐하면 그것이 모든 형식의 자아 통찰, 자아 통제, 자아 적응의 영향을 받지 않는 중독의 측면을 설명하기 때문이다.

다시 한번 말하자면 나는 현상학자이다. 그래서 나는 오직 현상을 적절하게 묘사하는 단어들과 이미지들을 발견하려고 노력한다. 나는 중독의 진정한 본성을 정확하게 반영하고 지칭하는 지도를 그리려고 최선의 노력을 하고 있다. 나는 명명하는 것에 집착하는 것이 아니다. 이런 심오하고 중요한 중독의 측면을 지칭하는 더 좋은 단어가 발견된다면 나는 그것을 사용할 것이다.

철학, 신학, 문학에서는 "근본악radical evil" "실재악real evil" "절대악 absolute evil" "핵심악core evil" "초월악transcendent evil" "자아초월악 transpersonal evil"과 같은 용어들이 쓰인다. 이런 용어들은 개인적인 죄, 결함, 나쁜 행동을 넘어서는 악의 어떤 측면, 어떤 유형을 지칭하고 있다. 이 용어들은 모두 개별적 인간에 의해 생성되는 것 이상의, 더 크고, 더 깊고, 더 강력하고 심오한 원천이나 영역을 가리키고 있다. 이 용어들은 모두, 심리적 중독의 정신역동 구성의 필수적인 요소인, 어떤 면에서 내가 원형적 그림자/원형적 악으로서 이야기하고 있는 현상을 가리키고 있다.

중독 현상의 본성에는 다른 많은 정신/정서 장애들에서 진행되는 것과는 분명하고 본질적으로 다른, 그리고 현존하는 이론들과 전통적인 자아중심적 심리학의 정신역동 모델로는 설명되지 않는 어떤 것이 존재한다. 심지어 신경증과 정신증의 정의도 중독에서 일어나는 것을 적절하게 기술하지 못한다. 심리장애에 관한 전통적인 관점으로는 이해할 수 없는 보다 어둡고 불길한 어떤 것이 중독 현상에 존재한다.

중독은 조현병과 양극성 장애만큼 슬프고 비극적인 심리장애이다. 그러나 다양한 형태의 심리치료와 정신약물이 긍정적이고, 때로는 뚜렷한 변화를 가져올 수 있다는 희망적인 인간성의 느낌이 존새한다. 우울증, 강박장애, 양극성 장애, 조현병, 성격장애, 적응장애 등의 심리장애는, 치료를 위하여 자아가 붕괴하는 회심ego-collapse conversion의 경험이 절대적이고 최우선으로 요구되지는 않는다. 즉, 자신의 완전한 무력함을 인정하고 치유되기 위하여 위대한 힘에 의지해야 한다는 것이다. 사실 대부분의 심리/정서 장애들의 경우, 치료의 조건이 현재의 자아 콤플렉스가 자신의 역할을 효과적으로 수행할 수 있도록 강화하고, 확장하고, 보다 자율적으로 되도록 하는 것이 필요하고, 도움이 된다. 심지어는 종종 그러한 것이 요구된다. 전통적인 심리치료는 매우 효과적으로 내담자의 자아의 그러한 변화를 도울 수 있다.

우울증, 강박장애, 양극성 장애, 조현병과 같은 많은 심리/정서 장애들의 경우, 정신약물학적 약물치료는 일차적이고, 필요하며, 효과적인 치료 조건을 위해 요구된다. 그러나 중독의 치료에서는 그렇지 않다. 해독치료제인 디설피람, 그리고 날트렉손과 아캄프로세이트(알코올과 다른 약물들의 신경화학적 효과를 억제, 차단함으로써 그 생물학적 갈망 효과를 감소, 억제하는 데 매우 도움이 되는 것으로 알려져 있다)와 같은 새로운 약물들은 중독의 치료에 보조적으로 도움이 될 수 있다. 그러나 이들 약물 중 어느 것도 일차적이거나, 필요하거나, 필수적이지 않다. 이들 약물들 단독으로 중독의 진행을 막거나 치료할 수 없다. 정신약물학적 약물치료는, 병이 장기간 진행된 것이 아니라면 대부분의 일반적인 심리장애를 치유할 수 있다. 반응성 우울증, 강박장애, 불안 및 적응장애와 같은 많은 심리/정서 장애들은 전통적인 심리치료만으로도 개선되고, 억제되고, 치료될 수 있다. 그러나 중독을 치료하는 경우 전통적인 심리치료만으로 개선되거나, 억제되거나 또는 치료될 수 없다.

중독 외의 대부분의 심리/정서 장애들은 치료가 어렵지 않다. 오늘날 거의 대부분의 심리장애들은 약물 처방과 심리치료를 적절히 조합함으로써 효과적으로 치료될 수 있다. 그러나 중독의 경우 약물 처방과 심리치료가 그것의 억제에 효과적인 일차 치료인지는 입증되지 않았다. 중독장애에 다른 심리/정서 장애가 동반된 경우에는, 회복 과정에서 약물과 심리치료가 때로 도움이 되는 보조적 역할을 할 수 있다. 특히 일단 중독 행동이 멈추어진 또는 회복 중인 중독자가, 중독을 일으키는 데 기여한 성격 및 개인 역동을 이해하고자 할 때, 전통적인 심리치료와 정신분석이 도움이 될 수 있다.

치료적 접근과 효과에서의 이러한 차이는 다른 심리/정서 장애들과 중독장애의 본성이 심리학적으로, 생리학적으로, 근본적으로 다르다는 것을 현상학적으로 보여주는 것이다. 비록 만성적인 의심, 두려움, 불안 때문에 그 기능하는 능력이 왜곡되고, 감소되었지만, 일반적으로 신경증의 자아 콤플렉스는 계속 기능하면서 자신의 역할을 수행할 수 있다. 자아는 여전히 정보를 처리하고, 적응하고, 통합하고, 치유할 수 있다. 정신증의 자아 콤플렉스는 정말 무의식의 내용물에 사로잡혀 있다. 그래서 때로 기능이 정지하며, 그래서 효과적으로 기능하지 못함으로써 자신의 역할을 수행하는 것이 불가능하다. 물론 신경증과 정신증 모두에서, 자아의 기능 손상 수준은 개인마다 매우 다르다. 그러나 신경증 및 정신증과 비교하여, 중독의 자아 콤플렉스는 때로 매우 높은 수준에서 계속 기능한다. 그러나 이것은 중독에 사로잡히기 전에 기능하던 자아 콤플렉스와는 다르다. 중독의 자아 콤플렉스는 이전과는 다른 어떤 것으로서, 궁극적으로는 지킬 박사와 하이드처럼 자기 파괴적이고, 중독을 영속케 하는 역동과 지향을 갖는다.

중독, 특히 알코올과 약물 중독의 경우, 어떤 유형의 인간적 개입도 허용하지 않고 무력하게 하는 무언가가 존재한다는 것을 우리는 알고 있다. 그것은 너무나 심원하고 어둡고 "사악"하여 인간의 합리적 이해를 넘어서는 것이다. 그것은 우리를 두렵게 하고, 우리가 파악할 수 없는 것으로서, 냉랭하고 거리감이 있으며, 절망스럽고, 희망을 잃게 한다.

사랑하는 사람이 중독자가 되어, 불가항력적으로 때로는 천천히, 자기 자신과 그가 사랑하는 모든 사람들을 비참하게 만들며 나락으로 떨어진다. 자포자기하며 절망스러운 공허감으로 그것을 지켜보는 남편, 부인, 자녀, 친구들의 슬프고 낙담한 표정 속에 중독의 이러한 단절감과 거리감이 아주 극명하게 드러난다.

미친듯한 갈망으로 도달하려 하지만, 결코 그렇게 하지 않는, 보이지 않는 먼 어딘가로 흐린 시선을 흘려보내는 중독에 빠진 사람들의 눈빛에서도 우리는 그것을 볼 수 있다. 사람들과, 세상과, 현실과의 접촉에서 멀어질수록, 그들에게는 어떤 사람도, 어떤 것도 보이지 않게 되며, 결국 다음 파국을 향해가는 껍데기, 좀비, 또는 새로운 흡혈귀에 불과하게 된다.

사람들은 다른 유형의 심리장애자들보다 중독자에게 동정심을 갖는 것이 어렵다. "악마"에게는 연민을 느끼는 것이 어렵다. 그러므로 우리가 "악마"의 존재를 믿지 않는다면, 그것을 통제하지 못하고, 변화하지 않고, 치유되지 않는, 악마에 사로잡힌 사람을 비난하기 쉽다. 물론 이것이 바로 익명의 중독자들의 모임이 이야기하는 무력함이다. 이것이 사탄이 우리를 사로 잡을 때, 그리고 진성 중독true addiction에서 핵심적인 것이다.

나는 원형적 그림자/원형적 악은 실제로 존재하며, 중독의 핵심적 요소라는 관점을 지지한다. 그러한 맥락에서, 어떤 것들은 이미 앞에서 언급하였지만, 나는 몇 가지 개념들과 용어들을 다음과 같이 요약하고자 하는데, 이들은 동일한 또는 매우 유사한 현상들을 서술한다.

폰 프란츠는 민담과 신화에 나타나는 악마는, 때때로 "본질적으로 악하며", 동화할 수 없는 "어두운 힘"을 표상한다고 하였다. 칼 융은, 특히 알코올 중독을 포함한 중독의 역동에서, 악마-에너지the Devil-energy라는 이러한 관점을 지지하였다. Jacoby, Kast, Riedel은 이러한 현상을 "진정한 악Real Evil"이라고 불렀다. Clarissa Pinkola Estes는 치료되지 않는 "명백한 악manifest evil"을 인정하였다. Harry Wilmer는 개인적인 것도 아니고 조직적인 것도 아닌 "절대 악absolute Evil, 원형적 악 archetypal Evil"을 이야기한다. Jeffrey Burton Russell은 이것을 "악마 the Devil, 사악한 것the Evil One"이라고 지칭했으며, 실재하는 현상으로 가장 분명하게 존재한다고 믿었다. Carl Kerenyi는 이것을 신화와 종교에 나타나는 "악의 원형an archetype of evil"이라고 지칭하였다. Maya Angelou는 이것을 "맹렬한 힘a torrential force"으로, 그리고 영원히 갈등하는 "우리가 상상할 수 없는 어떤 차원의 힘"으로 서술하였다.

많은 사람들처럼 나도 원형적 그림자/원형적 악의 현상은 실재라고 믿는다. 그것을 무엇이라고 부르건 관계없이 말이다. 그것을 무엇이라고 부르건 이러한 유형의 악은 여전히 같을 것이다.

제4장

익명의 알코올 중독자들의
12단계를 통한 치유적 회복 과정

The Healing Process of Recovery
through the 12 steps

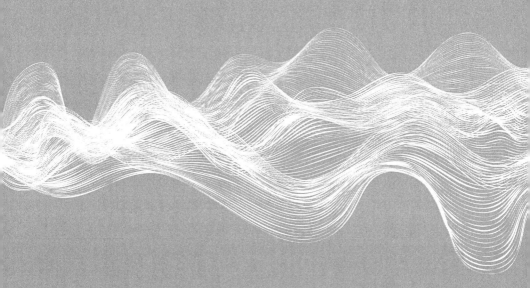

익명의 알코올 중독자들의
12단계를 통한 치유적 회복 과정
The Healing Process of Recovery
through the 12 steps

익명의 중독자들 모임의 12단계 치유적 회복 과정이란 무엇인가? 그것은 본질적으로 2장의 중독의 정신역동적 발달 과정을 다루어, 원래로 돌리는 것이다. 즉, 중독의 발달 과정을 거꾸로 나아간다. 따라서 첫째, 중독의 형성에서 마지막에 발생한 것을 먼저 다루는데, 바로 원형적 그림자/원형적 악의 측면을 무효화하는 것이다. 둘째, 중독-그림자-콤플렉스를 원래대로 되돌린다. 이것은 중독의 특수한 원인들과 결과 다루기, 개인적 그림자와 그 영향을 다루기, 보다 현실적이고 조화로운 페르조나를 구축하기, 자아의 거짓 자기와의 잘못된 동일시를 원상태로 돌리기 등을 포함한다.

심리적 중독의 치유와 회복에는 본질적으로 6단계가 존재한다. 이 6단계들은 모두 의식적 자아가 진정한 자기 또는 위대한 힘과의 연결을 구축하고 중독의 원형적 그림자/원형적 악의 측면을 무력화하는 것과 관련이 있다. 이 6단계는 익명의 알코올 중독자들 모임의 12단계를 몇

개의 범주로 분류하는 것과 관련이 있다. (이 4장을 읽으면서 계속 57쪽의 도표를 참고하기 바랍니다)

1단계 - 자아가 페르조나/거짓 자기와 탈동일시를 함
2단계 - 중독-그림자-콤플렉스의 자아 통제를 인식함
3단계 - 자아를 정신의 중심으로 상대화하기
4단계 - 개인적 그림자를 직면하고 통합하기
5단계 - 자아-자기 축을 지속적으로 유지하기
6단계 - 자기를 따라 살기

익명의 알코올 중독자들 모임의 12단계를 통한 치유적 회복 과정 12단계[1]

	1	우리는 알코올에 무력했으며, 우리의 삶을 수습할 수 없게 되었다는 것을 시인했다.
A	2	우리보다 위대하신 힘이 우리를 본정신으로 돌아오게 해주실 수 있다는 것을 믿게 되었다.
	3	우리가 이해하게 된 대로, 그 신의 돌보심에 우리의 의지와 생명을 맡기기로 결정했다.
	4	철저하고 두려움 없이 우리 자신에 대한 도덕적 검토를 했다.
	5	우리의 잘못에 대한 정확한 본질을 신과 자신에게, 그리고 다른 어떤 사람에게 시인했다.
B	6	신께서 이런 모든 성격상 결점을 제거해 주시도록 완전히 준비했다.
	7	겸손하게 신께서 우리의 단점을 없애 주시기를 간청했다.
	8	우리가 해를 끼친 모든 사람의 명단을 만들어서 그들 모두에게

---

1) 익명의 알코올 중독자들(www.aakorea.org)에서 전재(轉載)하였다. (역주)

	기꺼이 보상할 용의를 갖게 되었다.
9	어느 누구에게도 해가 되지 않는 한, 할 수 있는 데까지 어디서나 그들에게 직접 보상했다.
10	인격적인 검토를 계속하여 잘못이 있을 때마다 즉시 시인했다.
C	11 기도와 명상을 통해서 우리가 이해하게 된 대로의 신과 의식적인 접촉을 증진하려고 노력했다. 그리고 우리를 위한 그의 뜻만 알도록 해주시며, 그것을 이행할 수 있는 힘을 주시도록 간청했다.
	12 이런 단계들의 결과, 우리는 영적으로 각성되었고, 알코올 중독자들에게 이 메시지를 전하려고 노력했으며, 우리 일상의 모든 면에서도 이러한 원칙을 실천하려고 했다.

치유적 과정과 회복 – 단계들

A	1	자아가 페르조나/거짓 자기와 탈동일시를 함
	2	중독-그림자-콤플렉스의 자아 통제를 인식함
	3	자아를 정신의 중심으로 상대화하기
B	4	개인적 그림자를 직면하고 통합하기
C	5	자아-자기 축을 지속적으로 유지하기
	6	자기를 따라 살기

A. 뒤집기: A.A.의 첫 3단계와 회복의 정신역동의 첫 3단계
Turning it Over: The First Three Steps of A.A. and the First Three Stages of the psychodynamics of Recovery

지금까지 나는 중독을 암울한 것으로 묘사하였다. 그래서 중독은 거의 희망이 없고 절망적으로 보이지만 출구는 존재한다. 그것은 익명의 알코올 중독자들 모임(A.A.)에서 1930년대에 발견한 것으로, Bill W.에게 보내는 편지에서 칼 융이 "술은 *성령으로 다스려라spiritus contra spiritum*."라고 언급한 것이다. 융학파의 관점에서 치유적 과정이란, 의식적 자아가 진정한 자기true Self와의 연결을 발달시키는 것이다. 융심리학에서는 이것을 자아—자기 축the ego-Self axis이라고 부른다. A.A.에서 이것은 알코올 중독자들이 위대한 힘에 굴복하는 것을 의미한다. 즉 그들이 이해한 바대로, 신의 돌보심에 자신의 의지와 생명을 맡기기로 결정하는 것을 의미한다. 그러나 제일 중요한 것을 맨 먼저 해야 한다.

A.A.의 1단계는 다음과 같다. "우리는 알코올에 무력했으며, 우리의 삶을 수습할 수 없게 되었다는 것을 시인했다." 이 1단계가 모든 다른 단계들을 여는 열쇠이다. 이러한 신神에의 굴복, 자아의 붕괴 또는 자아의 상대화가 없다면, 중독자는 계속 중독—그림자—콤플렉스에 사로잡힐 것이다. 그러면 중독은 그를 통제하고, 지배하고 포로로 사로잡힌 자아에게 무엇을 생각하고 느끼고 행동할지를 명령할 것이기 때문이다. 중독의 최우선적인 목표는, 삶의 수많은 과제들을 무시하고, 어떤 대가를 치르든지 자신을 영속시키는 것이다. 중독이 자아—콤플렉스를 통제하고 있는 한, 온전한 치유의 과정은 작동하지 못하고 마비된 상태에 머물게 된다. 사로잡힌 자아는 중독의 무시무시한 힘과 투쟁하고 그것을 쳐부수기에는 너무 약하고, 혼란스럽고, 비효율적이다.

역설적이지만 이제 해결책은 굴복하는 것이다. 즉, 철저하고 완전히 패배를 인정하는 것이다. 처음에 이것은 완전히 미친 짓으로 보인다. 포기하고, 단념하고, 항복하는 것이 어떻게 치유에 도움이 된다는 말인가? 그 해답은 상황의 정신역동에 있다. 통제할 자아가 없으면, 중독은 기능하거나 계속해서 힘을 발휘할 수 없다. 이것은 인간이 자유 의지로 돕지 않는다면, 이 세상에서 신의 힘과 영향력은 약화되고, 한계가 있으며, 또는 무력화될 것이라는 신학의 주장과 매우 유사하다. 이러한 의미에서 신은 자신의 성스러운 계획을 실행하기 위하여 인간에게 의존하고 있으며, 인간을 필요로 한다. 이러한 신학적 주장에 동의하든 말든, 그것은 중독의 역동을 이해하고 무력화하기 위하여 우리에게 필요한 중요한 모델이다.

중독자가 익명의 중독자들 모임의 1단계를 따를 때, 그는 자아-살해ego-cide를 하는 것이다. 즉 그는 중독된 자아를 살해함으로써, 더 이상 그것이 중독과 치유에 관한 판단, 선택, 결정을 하지 못하도록 하는 것이다. 이렇게 함으로써 기생하던 중독의 숙주를 박탈하는 것이다.

1단계의 심리학적 의미는 음식과 연료 공급을 차단하여 중독을 굶기는 것이다. 이렇게 자아의 에너지가 중독에 의해 사용되지 않도록 함으로써, 중독자를 구조하려는 것이다. 중독자가 중독 행동에 계속 참여한다면, 중독은 성장하고, 더 커지고 강해진다. 따라서 이러한 참여를 중지시킨다면 중독의 생존에는 위기가 닥치는 것이다.

이렇게 하면 중독의 기능은 일시적으로 중단되지만, 또한 중독자도 완전히 무기력하고 쇠약하게 된다. 그렇지만 중독자는 계속 살아가야 한다. 그는 계속 판단하고, 선택하고, 의사결정하고 행동해야 한다. 이제 중독자는 굴복하는 것만으로는 충분하지 않다. 그는 무언가를 단단히 붙잡아야 한다. 현 상황에서의 최선은 확신을 갖고 자신을 누군가의 힘과 통제에 맡기고 그것을 신뢰하는 것이다. 이렇게 1단계를 받아들이면 그는 익명의 중독자들 모임의 2단계로 나아가게 된다.

익명의 알코올 중독자들 모임(A.A.)의 2단계는 다음과 같다. "우리보다 위대하신 힘이 우리를 본정신으로 돌아오게 해주실 수 있다는 것을 믿게 되었다."

이러한 확신과 신뢰에 입각한 행동은, 중독을 신으로 믿도록 오랜 시간 중독자를 기만한 중독−그림자−콤플렉스의 교묘한 속임수를 철저하게 약화시킨다. 2단계의 본질은 거짓 우상에 도전하는 것이다. 즉, 흡혈귀의 심장에 말뚝을 박는 것이다.

중독자가 중독을 신으로 받들게 되는 것도 이해할 수 있다. 그에게 중독은 너무나 신비하고 강력하고 압도적이다. 외견상 중독은 모든 답을 갖고 있는 것처럼 보인다. 어떤 사람이 남용에서 중독으로 넘어갈 때, 심리학적으로 자아는 부지불식간에 중독에 완전히 항복하는 것이다. 이제 중독은 그 사람의 마음에서 절대적 권위의 신이 된다. 이제 중독은 진정한 자기Self가 갖고 있던 권위를 박탈하고, 자신이 신이며, 자신만을 숭배하라고 선포한다. 그것은 물론 사신邪神·a false god이다. 자아가 페르조나, 즉 거짓 자기false self와 동일시함으로써 길을 잘못 들어 만난 거짓 신이다. 거짓 자기에서 거짓 신으로 옮겨가는 것은 그렇게 어려운 일이 아니다.

융학파의 용어로 설명한다면, 중독−그림자−콤플렉스가 자신이 진정한 자기true Self라고 주장하는 것이다. 중독자는 그러한 주장이 참인지 거짓인지를 식별할 수 없다. 진정한 자기, 즉 하느님의 성령(자아초월적 진정한 정신)만이 거짓 신, 즉 거짓 자기의 정체를 밝혀 그것들에 합당한 위치에 머무르게 할 수 있다. 원형적 빛/원형적 선은 사랑과 치유로 가득한 최고의 영적 원천으로부터 나타난다. 중독의 원형적 그림자/원형적 악의 측면은 이 원형적 빛/원형적 선에 의해서만 중화될 수 있다. 이러한 방법 외의 다른 해결책은 존재하지 않는다.

회복 과정의 이 시점에서, 알코올 중독자들은 A.A.의 원리들을 맹목적으로 따라야 한다. 즉 그들은 모임에 참석하여, 후원자의 이야기에 귀 기울이고, 유혹을 멀리하고, 먼저 치유의 길을 가고 있는 절주 중인 사람들의 지도와 충고를 따라야 한다. 그들은 모든 것을 신께 의탁하고 중독에 무력했음을 재확인해야 한다. 그들은 이전의 중독된 자아의 통제하에 들어가 과거로 돌아가지 않도록 노력해야 한다. 그렇게 하지 않으면 중독은 구멍이나 틈이나 디딜 곳을 찾아 중독자를 다시 완전히 통제할 것이다. 그렇게 함으로써 중독－그림자－콤플렉스가 재활성화되어 너무도 익숙한 중독이 재발하게 될 것이다.

익명의 알코올 중독자들 모임의 3단계는 다음과 같다. "우리가 이해하게 된 대로, 그 신의 돌보심에 우리의 의지와 생명을 맡기기로 결정했다." 이것은 중독의 원형적 그림자/원형적 악의 측면을 중화하는 데 결정적으로 중요하다. 왜냐하면 가장 강력하고, 자아초월적이고, 원형적인 영적 힘만이 중독의 육중하고 사악한 힘을 반격하고 저지할 수 있기 때문이다.

1단계는 지금까지의 행보를 부정하고 비우는 것이다. 즉 대개는 강압에 의하여, 중독과 자신의 삶에 대한 통제력을 갖고 있다는 환상을 완전히 포기하는 것이다. 2단계는 희망의 이론이라고 할 수 있다. 우리를 구원할 수 있는 우리보다 큰 무엇인가가 존재한다는 것이다. 2단계는 비우고, 청소하는 1단계 이후의 필요한 과도적인 단계인데, 아직은 불확실하고, 믿음 수준에 불과한 단계라고 할 수 있다. 이 단계에서는 아직 무엇을 할 것인지의 결정은 일어나지 않았다고 할 수 있다. 3단계가 중요하다. 3단계는 회복 중인 중독자에게 건설적인 행동을 적극적으로 하도록 요구한다. 그저 포기하는 것이 아니라, 자유 의지로 스스로 책임감을 갖고 긍정적인 행동 계획을 따르는 것이다. 많은 중독자들이 실제로는 이행하지 않는 소망, 희망, 꿈, 약속, 그리고 선한 의도를 거창하게 이야기한다. 이러한 "선한 의도로 포장된 지옥으로 가는 길"에 3단계는 매우 직접적으로 도전한다.

회복 중이던 어느 알코올 중독자는 나에게 이렇게 이야기했다. 1단계는 "나는 할 수 없다"는 의미이고, 2단계는 "그는 할 수 있다"는 의미이며, 3단계는 "그에게 나를 맡긴다"는 의미이다. 1단계, 2단계, 3단계를 다르게 비유한다면, 외발 자전거로 줄타기를 하는 사람을 지켜보는 것과 같다. 처음에는 우리는 "그는 할 수 없다. 줄에서 떨어질 것이다."라고 말할 것이다(1단계). 그리고 우리는 그가 외발 자전거로 줄을 타고 그것을 해낸다는 것을 알게 된다(2단계). 이것은 익명의 중독자들 모임에서 다른 중독자들의 성공을 관찰하는 것과 같다. 그러나 곧 외발 자전거로 줄타기를 하는 사람이, "좋아요. 당신이 내가 할 수 있다고 정말 믿는다면, 이제 외발 자전거 위로 올라 오세요."라고 말을 할 것이다. 3단계에는 피해를 최소화하고 이익을 극대화하는 그런 연계매매란 존재하지 않는다. 또한 낡은 자아와 아집 나부랭이를 고수할 수도 없다. 자신의 의지를 신 또는 위대한 힘에게 맡긴다는 것은 무슨 의미인가? 그것은 내가 옳다고 생각하거나 또는 그렇게 되어야 한다는 생각에 기초하여 선택, 결정, 행동하는 권리를 자유 의지로 포기한다는 의미이다. 그 대신 내가 원하는 것이 아닌, 신, 위대한 힘, 자기自己가 나에게 원하는 것에 나의 의지와 삶을 맞추도록 끊임없이 노력해야 한다. 3단계는 삶의 주도권을 신에게 의지할 것임을 약속하고, 주의하고, 지속적으로 실천하는 것을 요구한다.

3단계는 자신이 만든 빈자리를 긍정적인 무언가로 채우는 실질적인 행동으로 강화할 것을 요구한다. 그러지 않는다면, 1단계와 2단계의 노력은 상대적으로 빠르고 쉽게 좌절되고, 절망에 이르게 될 것이다. 이것은 다시 중독에 빠지도록 불에 기름을 끼얹는 것이며, 이로 인해 다시 충분히 취약해지고 상처를 입으면, 중독은 곧 자신의 의지를 휘두르게 될 것이다. 어떤 의미에서 3단계는 안팎으로 신의 갑옷을 입는

것이다. 그렇게 함으로써 우리가 다시 중독에 휘둘리지 않도록 보호하
는 것이라고 할 수 있다. 이것은 아직은 약하고 오염된 자아에 작업함
으로써, 우리가 잠재적으로 중독에 의해 조정되지 않도록 보호하는 것
이다. 3단계의 본질은 "말한 것을 실천하라. 말로만 하지 말고, 그 말
을 실행하여 달라."는 것이다.

　A.A.에서 추천하는 행동들 중의 하나는, 3단계에서 회복 중인 알코
올 중독자는 문자 그대로 친구를 찾아 함께 그 단계를 잘 수행할 수
있도록 신의 도움을 청하는 기도를 하라는 것이다. 위대한 힘에 닿으
려면 위대한 힘의 도움을 받으라는 것은, 내가 생각하기에는 매우 현
명하고 또한 매우 효과적인 것이다.

　3단계는 회복 과정에서 "자유 의지free will"와 "의지력willpower"을 구
별하는 문제를 제기한다. 3단계는 원형적 그림자/원형적 악의 영향력
이 여전히 압도적으로 지배적이고 매우 강력하게 통제력을 발휘하는
아직 초기라고 할 수 있다. 이 3단계에서조차 "자유의지"는 존재하며,
알코올 중독자는 자신의 의지와 삶을 신의 보호하에 두는 결정을 할
수 있다고 분명하게 시사하고 가정한다.

　자유 의지는 양자택일 중에서 선택할 수 있는 능력으로서, 우리는
어느 정도는 의식적이고 창의적으로 이러한 선택을 한다. 반면, 의지력
은 우리의 의지, 마음, 결단력 또는 자제력의 강도를 말한다. 의지 자
체는 결단력, 고집, 끈덕짐, 즉 우리의 의도를 표현하는 개념이다. A.A.
에서는 자유 의지는 언제나 개인에게 존재하며, 결코 소멸되지 않는다
고 주장한다. 그러나 자유 의지에 힘과 에너지를 제공하는 의지력이
항상 존재하는 것은 아니다. 또는 내가 하고 싶은 것을 실행하기에는
의지력이 충분하지 않을 수도 있다. 대부분의 중독자들은 이 문제로
어려움을 경험하고 있다. 그들은 다시 그것을 시작할 때까지, '술을 마
시지 않겠다', '약물을 복용하지 않겠다', '도박을 하지 않겠다'고 스스

로에게 다짐하는 것이다. 그들에게는 자유 의지가 존재한다. 그러나 중독의 압도적이고 강박적인 힘을 극복하기에 충분한 에너지와 힘이 없는 것이다.

중독−그림자−콤플렉스는 그리스 신화의 판도라 상자와 매우 비슷하다. 불행하게도, 그것이 일단 개봉되면 모든 것이 풀려난다. 중독−그림자−콤플렉스의 경우, 모든 것이 중독의 마법과 힘의 지배를 받게 된다. 판도라의 경우 박스에 남은 것은 희망이었다. 중독의 경우 남은 하나는 자유 의지이다. 원형적 그림자/원형적 악조차도 자유 의지는 소멸시킬 수 없다. 자유 의지는 희망이다. 즉, 자유 의지는 절주와 회복이라는 미래로의 문을 여는 열쇠이다.

A.A.의 초기 3단계들은 정신역동적 치유·회복 과정의 초기 3단계와 밀접한 연관이 있다. (144쪽의 차트를 보면 그것은 문자 "A"로 범주화되어 단계들이 분류되어 있다.) 자아는 과거의 실수를 원상태로 되돌려야 한다. 이것은 자아가 페르조나/거짓 자기와 탈동일시하는 것에서 시작되어야 한다(1단계). 자아는 중독−그림자−콤플렉스가 자신을 통제하고 있으며, 스스로의 판단과 현실 지각을 신뢰할 수 없다는 사실을 인식하고 자각하여야 한다(2단계). 자아는 성찰을 통해 자신이 정신의 최고의 권위자가 아니라는 것을 깨달아야 한다. 즉, 정신의 최고의 힘은 자아가 아니라 자기自己인 것이다. 따라서 자아는 언제나 자기에 종속되어야 하며 진정한 자기를 따라야 한다. 이것은 정신의 위계에서 자아를 상대화하는 것을 의미한다. 자아에게 이것은 언제나 패배, 실패, 타격, 하락, 우울한 자각으로 경험된다. 이것은 굴욕적이지만 그러나 중독자의 생명을 구원할 수 있다. 익명의 중독자들 모임에서 이것은 바닥을 치는 것hitting bottom을 의미한다. 즉 중독자는 지금까지 자신의 행태가 거만하고 망상적이었으며, 그것이 사실은 절망적이고, 헛되고, 비침한 것임을 인식하여야 한다. Bill W.는 이를 언급하면서, "'바닥을 치는

것'이 A.A.에 진정으로 참여하는 본질임을 항상 기억해야 한다."[1]라고 이야기하였다.

1단계는 중독된 자아the addicted ego의 기능 정지를 의미한다. 1단계가 없이는 2단계와 3단계, 그리고 다른 단계들도 가능하지 않다는 것을 강조하고자 한다. 왜냐하면 중독−그림자−콤플렉스, 그리고 특히 원형적 그림자/원형적 악의 힘에 자아가 오염되어 통제된다면, 이로 인해 사고, 감정, 통찰, 의사결정, 판단, 행동이 왜곡되고 뒤틀리고 조작되어 중독 행동이 지속될 것이기 때문이다.

"바닥을 친다", 즉 자아의 역량으로 자제력을 유지한다는 생각을 완전히 포기한다는 이러한 관점은 익명의 중독자들 모임의 고태적이고, 시대착오적인 생각이 아니다. 정신역동적으로 이것은 알코올 중독을 포함한 중독자들이 치유와 회복을 위한 유일한 기회를 시작하고 구축하기 위하여 가장 결정적이고 필요한 조치이다. 그러한 조치가 없다면, 다른 모든 것이 쓸모없는 헛수고가 될 것이다.

A.A.의 공동 창설자들 중의 한명인 Bob 박사는 애크론 회복모임 Akron Group의 성장을 이끌었는데, 그것은 A.A.의 초기 모임 두 개 중의 하나였다. 다른 하나는 Bill W.가 이끈 뉴욕시 회복모임이었다. Bob은 A.A.에 참여 예정인 멤버들에게 실제로 먼저 자아를 포기하도록 요구하였다. 그래서 그들은 모임에 참석하기 전에 정말 무릎을 꿇고, 자신이 알코올에 무력했으며 신(위대한 힘)에 의지할 것임을 기도하여야 했다. 이것은 매우 극적이고 상징적인 행위였으며 또한 자아의 오만함을 꺾는 의식이었던 것이다!

이 의식은 계속되지 못하였다. 왜냐하면 A.A.는 단주를 희망하는 사람이 종교인이건, 비종교인이건, 무신론자이건, 불가지론자이건, 그의 프로그램 참여를 방해하는 어떤 것도 제거하기를 원했기 때문이다. 그 의식은 더 이상 요구되지 않지만, 그러나 자아의 완전한 포기는 여전히 요구된다.

이러한 현상의 다른 예는 Tiebout 박사가 광범위하게 기술하였고 칼 융이 Roland H.에게 권했던 심리적 "회심 경험"이다. 회심은 중독 −그림자−콤플렉스의 지배하에 있던 자아를 무력하게 한다는 점에서 근본적으로 같은 현상이다.

우리는 대부분의 중독자에게 통상적인 신앙 생활과 "금주하겠다는 맹세"가 단주와 단주의 유지에 왜 효과가 없는지 궁금하다. 왜냐하면 이러한 접근에도 믿음과 영적인 노력이 포함되어 있기 때문이다. 그에 대한 답변을 정신역동적 관점에서 할 수 있다. 선한 의도의 기독교 신앙 생활과 "금주하겠다는 맹세"는 의지력, 통찰, 수양, 그리고 자아 통제를 통한 변화가 가능한 정상적이고, 충분히 건강한 자아의 경우에만 도움이 되기 때문이다. 교회의 신앙 생활이나 "금주 맹세"가 중독에서 벗어나는 데 성공적으로 도움이 되었던 사례들이 드물게 존재한다. 그러나 나의 생각에 그러한 경우란 다음 둘 중의 하나일 것이다. 첫째, 그 사례의 내담자는 중독이 아니라 남용 범주로서 아직은 자아가 변화하는 힘이나 통제력을 가지고 있었을 수 있다. 둘째, 신앙 활동이나 "금주 맹세"를 한 중독자도 모르는 사이에 중독된 자아가 붕괴하여 물러났을 수 있다. 그로 인해 영적인 힘이 영향을 미침으로써 변화가 나타났을 수 있다. 그렇다고 해도 이러한 과정이 의식화 과정이 없이 일어난다면, 단주는 오래 지속되지 못하고 위험에 빠질 가능성이 극도로 높다. 왜냐하면 그러한 경우 중독이 술책을 부려 중독된 자아를 재활성화함으로써 자기 멋대로 움직이는 방법을 찾을 수 있기 때문이다. 이러한 일이 아마도 융이 "예수에 의해 치유된 남자the man cured by Jesus"라고 언급한 융 전집에 수록된 사례에서 일어난 것으로 보인다. 그는 처음에는 단주를 하였지만 곧 재발하였던 것이다.

나의 임상 사회사업가 동료는 지역 병원에서 일반인을 대상으로 금연 프로그램을 운영하였다. 그의 접근법은 교육과 행동 수정을 병행함으로써, 사람들이 담배를 끊고 금연을 지속하도록 돕는 것이었다. 그에 의하면 프로그램의 진행 중 일부 참여자들이 처음에는 금연을 시작하지만, 그러나 그 기간이 짧았다. 대부분의 금연 프로그램은 사람들의 금연 유지에 결국 효과적이지 못했다. 왜냐하면 시간이 흐르면서 그들은 금연을 지속하지 못하는 것으로 보였기 때문이다. 그는 이러한 결과에 매우 낙담하고 실망하였다. 이러한 교육과 행동 수정을 통해서 극히 적은 사람들만이 금연을 유지할 수 있었다. 우리는 이러한 상황에 대해서 의견을 나누었고, 나는 그에게 그러한 결과가 놀랍지 않다고 이야기하였다. 왜냐하면 그의 프로그램에 참여한 사람들이 정말 심리학적으로 중독된 사람들이라면, 상당히 자아 – 지향적인ego-based 그의 프로그램은 효과가 없을 것이었기 때문이다. 나는 진성 중독의 본성에 대한 이해에 근거하여 그렇게 판단하였다. 자아 – 지향적인 금연 프로그램은 담배를 남용하는 사람들에게만 효과가 있을 것이며, 담배에 중독된 사람들에게는 효과가 없을 것이다. 자아 – 지향적인 교육적 금연 프로그램은 자아를 포기하고 무력함을 인정하며, 상위의 영적 권위에 의지함으로써 성취해야 하는 원형적 그림자/원형적 악의 무력화의 중요성을 고려하지 않는다. 반면 익명의 담배 중독자 모임이 담배에 심리학적으로 중독된 사람들에게 취하는 12단계 접근법은 그러한 중요성을 고려하고 있다.

흥미롭게도 알코올 중독에 대한 치료에 있어 A.A.와 다른 치료적 접근법들(예컨대 합리적, 정서적, 인지적, 행동 수정 등) 사이에 통계적으로 차이가 없다는 몇몇 최근 연구들이 발표되었다. 이러한 연구 결과들은 (자아–통찰–지향적 치료로 효과적으로 치유될 수 있는) "남용"과 (자아–통찰적 치료를 시작하기 전에 오염되고, 강탈되고, 손상된 자아를 무력하게 함으로써만 치유되는) "중독"을 엄격하게 진단적으로 구별하지 않았다. 이들 연구들은 부지불식간에 전혀 다른 것들을 동일한 것으로 간주하고 있는 것이다. 이들 연구들은 "남용"과 "중독"을 동일한 범주로 함께 묶었다. 그 결과 이들의 차이가 갖는 모든 중요한 의미를 놓치고 있으며, 또한 각각의 서로 다른 현상에 효과적인 치료가 무엇인가에 대한 차이도 놓치고 있다. 최근 우리 사회의 엄격한, "무관용" 정신은 악화되었다. 이로 인해 실험, 오락적 사용, 남용, 그리고 중독 자체의 차이를 포함하여, 많은 영역에서 다수의 매우 중요한 차이와 상이함이 무시되고 일률적으로 다루어지는 결과가 초래되고 있다. "문제성 음주자problem drinker"라는 포괄적인 정의에 초점을 맞추고 중요한 진단적 구별을 하지 않는 연구들은 알코올 중독의 이해에 타당하지도 않고 도움도 되지 않는다.

익명의 중독자들 모임에서도 4단계에서 10단계에 걸쳐 자아−통찰적 접근을 하고 있다(중독자들이 자신의 동기, 행동, 과거와 현재를 이해하고 보다 의식화하는 것을 돕는다. 자신에 대한 검토; 자신의 행동에 대한 심리적, 도덕적, 윤리적 책임지기; 자신의 잘못을 시인하고 해를 끼친 사람에게 보상하기). 그러나 이러한 자아통찰적 접근은 1단계, 2단계, 3단계에서 중독의 원형적 그림자/원형적 악의 측면을 효과적으로 무력화한 후에나 가능하다.

또한 알코올 중독과 중독에 대한 많은 오늘날의 대안적 치료적 접근들은 이론과 프로그램의 형성에 익명의 중독자들 모임의 경험과 12단계 방법론의 많은 부분을 차용하고 있다. 이러한 연유로, 이들 대안적 치료법들이 익명의 중독자들 모임과 실제로는 얼마나 다른 것이냐는 의문이 제기된다. 이 연구들에 잠재적으로 오염될 수 있는 다른 변인은 음주운전으로 체포되어 법원의 명령으로 강제로 A.A.에 참석한 사람들이 편재되어 있다는 것이다. 익명의 중독자들 모임은 누구에게도 절대로 강제로 참석하도록 요구하지 않는다. 이것은 "바닥을 치는 것" 그리고 포기라는 자연스러운 과정을 통한 자빌직인 참어를 요구한다. 법원의 명령으로 익명의 중독자들 모임에 참석한 많은 사람들, 또는 적어도 일부의 사람들은 "알코올, 약물, 도박 등을 끊으려는 욕구"를 갖고 있지 않다. 그런데 "끊으려는 욕구"는 익명의 중독자들 모임의 프로그램에 참여하려는 사람들에게 요구되는 유일한 요건이다.

분명하게 설명해 보겠다. 나는 익명의 중독자들 모임이 중독을 다루기 위한 유일하게 효과적이고, 치료가 가능한 유일한 프로그램이라고 말하는 것이 아니다. 내가 말하고자 하는 것은 A.A.의 12단계에 내재된 것과 동일한 근본적인 정신역동적 원리들(자아의 붕괴, 원형적 그림자/원형적 악의 무력화, 회심 경험, 자아–자기 축의 정렬, 공동체, 페르조나/개인적 그림자 작업, 자신에 대한 검토, 보상, 그리고 다른 사람을 돕기 등)을 사용하지 않는 치료적 접근법은 효과가 없고 실패할 것임을 이야기하는 것이다. 생명을 위협하는 어떤 불치병의 진행을 막는 효과가 입증된 약물을 가정하여 보자. 그 약물에서 핵심이 되는 모든 요소들을 제거한다면, 그 약물이 치료적 효과가 있을 것이라고 기대하는 것은 합리적이지 못하다.

중독 치료에 대한 조망은, A.A.가 나타나기 전과 후의 오랜 시간 동안 효과가 없는 이러한 대안적 치료법들로부터 유기된 잔재에 의해 어지럽혀졌다. 물론 앞으로도 중독 치료에 우수한 효과가 있다고 주장하는 다른 새로운 만병통치약들이 나타날 것이다. 치료적 효과가 있다고 주장하는 많은 치료법들이 나타났지만 효과는 없었다. 이 문제는 그렇게 단순한 것이 아니다. 좋은 결과를 보이지는 못하지만 선한 의도의 치료자들이 있다. 그러나 효과도 없는 치료법에 돈, 시간, 에너지를 낭비하도록 꼬드기는 엉터리 돌팔이들도 있다. 사이비 치료자들은 의도적으로 또는 부지불식간에 중독–그림자–콤플렉스와 공모하여 중독자들이 계속 중독 행위에 참여하도록 함으로써 중독자들이 계속 죽어가고 있는 것이 사실이다. 알코올 중독자에게 사교적으로 적당히 음주하라고 가르치는 것은 사기일 뿐만 아니라, 그들의 죽음을 앞당기는 것이다. A.A.는 멤버들에게 안이하고 쉬운 길을 가려고 하지 말라고 항상 경고한다. 그들은 이것이 거짓되고 헛된 약속임을 알고 있는 것이다.

익명의 중독자들 모임의 12단계에 담겨 있는 이러한 핵심적 정신역동의 원리들을 포함하는 새로운 치료적 접근법이 나타난다면, 나는 그 치료법은 효과적일 것이라고 믿는다. 나의 관심사는 중독과 효과적인 치료에 대한 것이지, 낙인찍기, 동호회 또는 포장하기가 아니다. 그러나 이미 훌륭한 프로그램이 있는데 다시 만드느라 시간을 낭비하는 것은 나에게는 이치에 맞지 않는 것 같다. 우리에게는 이미 유용하고, 이해하기 쉽고, 편리하고, 효과 있고, 치료비도 들지 않는 익명의 중독자들 모임이 있기 때문이다. 나는 "고장 난 것이 아니라면, 고칠 필요가 없다"는 말을 믿는 사람이다.

Ernest Kurtz는 A.A.의 역사를 다룬 명저를 저술하였다. 그는 이 책에서 A.A.의 첫 3단계의 핵심은 알코올 중독자가 자신이 신이 아니라는 깊은 깨달음을 얻는 것이라고 설명하였다. 정말 그의 책의 제목은 '신이 아니다'이다. 나는 "중독이 정신 안에서 '신'으로 행세한다"고, 그리고 "마찬가지로 중독자들도 스스로 팽창되어 있다"고 이야기하고 있음을 때때로 깨닫는다. 처음의 자아는 건강하고 정상적이지만, 과도하게 이상화된 페르조나 또는 거짓 자기와 동일시함으로써 팽창에의 유혹을 받는다. 나중에 일단 중독의 강력한 원형적 에너지가 활성화되면 중독자는 중독을 신으로 인식하게 된다. 뿐만 아니라 중독은 이제 중독자를 사로잡아 속이고 기만하여 자아를 팽창시키고, 자아로 하여금 자신이 신이고 모든 것을 통제할 수 있다고 믿게 만든다. 그러나 사실 자아는 아무것도 통제할 수 없으며, 정말 실권을 갖고 있는 것은 중독이다. 나는 내가 이해한 대로, 그리고 경험한 대로 중독 현상을 설명하려고 하고 있다. 현싱을 설명하려고 노력하고 있지만 독자에 혼란을 주거나, 또는 모순이 있다면 사과를 드린다. 그러나 중독은 매우 복잡한 현상이며, 흔히 어떤 산뜻하고 단정하고 분명한 범주에 집어넣어 설명하기가 어렵다.

중독에 관한 나의 믿음은 이렇다. 처음에는 자아가 페르조나, 즉 자신에 대한 조작된 이미지인 거짓 자기와 과도한 동일시를 한다. 중독 과정이 진행되면서, 개인적 그림자the personal shadow가 관여하며, 이때 마음에 일어나는 스트레스, 긴장, 갈등을 완화하기 위하여 잠재적 중독 행동이 개입한다. 보통 이러한 모든 역동이 일어난 후의 어느 시점에 잠재적 중독 행동은 원형적 그림자/원형적 악에 통합되어 포함된다. 그리고 원형적 그림자/원형적 악이 완전히 활성화되며, 중독자는 남용에서 중독으로 이행된다. 이렇게 되면 중독-그림자-콤플렉스Addiction-Shadow-Complex가 정신을 사로잡아 완전히 지배하게 되고, 결국 정상적인 자아의 통제력은 완전히 사라지게 된다.

Linda Leonard는 중독과 창의성을 다룬 자신의 저서에서 중독 회복 과정의 이 첫 번째 부분을 언급하고 있다. 그녀는 A.A.의 1단계에 대하여 다음과 같이 이야기하였다. "중독으로 인해 밑바닥까지 내려갔으므로 그들은 굴욕을 경험했다. 이제 그들은 더 이상 자신을 통제할 수 없으며, 자기 자신의 주인이 아님을 인정하는 겸손을 통해서만 변환이 가능하다."[2] 그녀는 2단계에 대하여 "중독에 빠지면, 중독자는 창조주와 자신은 관계가 없다는 의식을 갖게 된다"[3]고 하였다. Leonard는 중독은 중독자들을 그릇된 신과 제휴하도록 하는데, 치유와 회복 그리고 이로 인한 창조성은 올바른 신과의 올바른 제휴에 의한다고 주장하였다. 이것은 믿음에 의한 결단을 요구하는 것인데 터무니없는 이야기처럼 들린다. 이것은 논리와 이치를 초월하는 것이다. 키에르케고르는 "믿음에 의한 결단은 겸손함을 요구한다. 왜냐하면 결단은 합리적 사고를 넘어서는 것이기 때문이다."[4]라고 하였다. 나는 자아 통제의 포기가, 상상할 수 있는 가장 커다란 믿음에 따른 결단이라고 생각한다.

자신을 넘어서는 원형적, 자아초월적 힘은 우리의 정신이 사로잡힘에서 벗어나 생명의 원리에 따르도록 재조정하는 잠재력을 갖고 있다. 중독자가 이러한 힘에 접근할 수 있도록 하는 것은, 2단계에서 이야기하는 회복 중인 알코올 중독자의 이러한 개방성 때문이다. 그렇게 함으로써 우리는 참으로 자신의 운수, 운명, 숙명을 재조정할 수 있게 되는 것이다.

우리 자신을 넘어서는 이러한 힘은 신이거나, 익명의 중독자들 모임이거나, 12단계이거나 또는 그저 우리보다 큰 어떤 것이 우리를 도울 가능성일 것이다. 결정적으로 중요한 것은 우리가 해답을 갖고 있지 않으며, 그것을 알지 못하며, 그것을 통제할 수 없다는 것을 받아들이는 것이다. 의식의 태도에서의 이러한 변화는 매우 작은 것이지만, 그러나 사실은 거대한 발자국으로서 두 가지를 가능하게 한다. 의식의 태도 변화는 우리에게 자아에 의하지 않고 문제를 해결할 가능성을 열어주며, 그럼으로써 이 과정에서 자아초월적 힘 또는 은총이 우리를 돕도록 촉진한다.

자기the Self에 봉사하는 자아the ego는 자신을 섬기지 않는다. 진정으로 신을 섬기려고 하는 자아는 악마를 섬기지 않는다. 신의 의지를 따르려고 하는 자아는 자기중심주의의 위험에 빠지지 않도록 항상 주의하며, 원형적 그림자에 휩쓸리지 않으려고 노력한다. "누군가를 섬겨야만 할거야you gotta serve somebody"라는 후렴구가 계속 반복되는 밥 딜런의 노래가 있다. 그는 이 노래에서 우리가 봉사할 수 있는 모든 사람들과 사물들을 열거하고 있다. 그러나 이 노래의 요점은 우리 모두가 어쨌든 누군가를 섬겨야 하며, 그 대상이 누가 "되어야 하는지"를 의식적으로 선택할 필요가 있다는 것이다.

B. 그림자 작업: 익명의 알코올 중독자들 모임의 4단계에서 10단계 그리고 회복의 정신역동 4단계
Shadow Work: A.A. Steps Four through Ten and Stage Four of Psychodynamics of Recovery

일단 자아 의식이 진정한 자기에 맞추어 정렬함으로써 제자리를 찾는다면, 즉 익명의 중독자들 모임의 1단계, 2단계, 3단계를 따름으로써, 자아가 중독－그림자－콤플렉스를 자각하고 거짓 자기와의 동일시에서 벗어나, 더 상위의 영적인 힘(자기, 신, 위대한 힘 등)에 복종한다면, 그는 중독 행동을 멈추고, 맑은 정신과 자제력을 회복하게 된다. 그러면 이제야 비로소 개인적 그림자를 인식하고 통합하는 어렵고 지난한 정신역동적 작업이 시작된다. (원형적 그림자/원형적 악은 오직 억제하거나 무력화만 할 수 있음을 기억하라. 그것은 적어도 인간이 치료하거나, 통합하거나, 제거할 수 없는 것이다.)

익명의 중독자들 모임의 4단계에서 10단계는, 융학파의 관점에 따른다면, 개인적 그림자의 인식 및 통합 작업이라고 할 수 있다. (144쪽의 도표에서 이들 단계들이 문자 "B"로 범주화하여 지정되었다.) 개성화 과정에서 자신의 개인적 그림자에 대한 심리학적 책임을 자각하고, 받아들이고 통합하는 것은, 융학파 분석에서 중요한 작업이며, 오랜 시간에 걸려 이루어진다.

익명의 중독자들 모임에서의 4단계는 "철저하고 두려움 없이 우리 자신에 대한 도덕적 검토를 하라."이다. 익명의 중독자들 모임에서는 소위 "성격적 결함character defects"이라고 부르는 것, 즉 자신과 다른 사람들을 아프게 하고 상처를 준 실수와 약점들을 직면하기 위하여 오랫동안 정직하게 자신을 들여다보도록 격려한다. 이것은 용기를 필요로 하는데, 왜냐하면 이 작업은 쉽지 않기 때문이다. 그러므로 이것은 진실을 축소하거나, 합리화하거나, 또는 얼버무려 넘기는 것 없이 용감하고 철저해야 한다. 그러므로 이것은 면밀한 도덕적 측면의 탐색이어야 한다. 우리는 자신의 선택, 결정, 행동으로 인한 결과와 영향에 대해, 변명하지 말고, 책임을 받아들여야만 한다.

이는 매우 유혹적이기 마련인 다른 사람들에 대한 도덕적 탐색이 아니라, 자기 자신에 대한 것이어야 한다. 익명의 중독자들 모임은 "다른 사람들을 탐색"하지 않도록 경고하며 반대한다. 왜냐하면 그것은 무익하며 흔히 판단적이고 궁극적으로 중독에서 벗어나 평화를 얻는 데에 아무런 도움이 되지 않기 때문이다. 이러한 탐색이란 또한 자신의 강점, 긍정적 속성, 선한 성격을 과장하거나 과소평가하지 않고 정직하게 평가하는 것을 포함한다. 그것이 긍정적이든 또는 부정적이든, 우리를 자유롭게 하는 것은 진실이다. 이러한 탐색은 자만심과 자아 팽창을 경계하고, 또한 과도하게 이상화된 페르조나에 자신을 과도하게 동일시하면서 독선적이 될 위험도 경계하는 이점이 있다. 탐색과 개인적 그림자의 작업은 겸손을 강화한다.

익명의 중독자들 모임의 교재인 *12단계와 12전통*Twelve Steps and Twelve Traditions은 자기 탐색을 시작하는 사람들에게 7가지 대죄를 검토하도록 권한다. 그것들은 자만심, 탐욕, 색욕, 분노, 폭식, 시기 그리고 나태함이다.[5]

Bill W.는 중독을 금전, 사랑, 교우 관계에 대해 파괴적이고, 왜곡된 욕구로의 경향일 뿐만 아니라, 성, 관계, 안전에 대한 자연스러운 본능적 경향이라고 보았다. 그는 이러한 왜곡이 "요구" 때문에 일어난다고 생각했다. 그는 다음과 같이 이야기하였다. "우리는 우리 자신, 다른 사람들 그리고 신에게 불합리한 요구를 하고 있다. … 우리는 신처럼 행동하며 주위 사람들을 지배하려 하거나 또는 그들에게 과도하게 의존하려고 한다."[6]

개인적 그림자의 정의를 기억하라. 그것은 "자아가 억제하거나 지금까지 인식하지 못한, 선하기도 하고 악하기도 한 자신의 숨겨진 무의식적 측면"이다.[7] 그것은 보다 원시적이고 구별되지 않는 충동 및 본능들과 함께, 우리가 개인적 무의식 안으로 억제하거나 억압한 모든 받아들이기 어려운 사고, 감정, 욕구, 환상 그리고 행동들이다. 우리 인간의 권력, 자아 팽창, 의존에의 욕구를 고려하면, 개인적 그림자에 대한 이러한 정의는 Bill W.의 알코올 중독의 왜곡된 본능에 대한 관점과 매우 유사하다.

A.A.의 5단계는 "우리의 잘못에 대한 정확한 본질을 신과 자신에게, 그리고 다른 어떤 사람에게 시인했다."이다. 자신을 탐색하는 4단계 이후에 오는 것이 고백인데, 이는 우리의 영혼에 도움이 되는 것으로 알려져 있다. 회복 중인 사람에게 5단계는 심리학적으로 정직하고 진실로 겸손하도록 이끄는 것이다. 자신의 가장 은밀하고, 어둡고, 부끄럽고, 당혹스럽고, 굴욕적인 비밀을 자신에게뿐만 아니라, 신과 다른 사람에게 이야기하는 것이 쉬운 일은 아니다. 우리들 마음속의 벽장, 다락방, 지하실에 가두어 둔 말썽꾸러기 아이들을 기억하라. 이제 그들이 밖으로 나와 햇빛을 볼 때가 온 것이다.

자신의 개인적 그림자를 탐색하고, 인정하고, 다른 사람들에게 이야기하는 것은 융학파 분석의 초기에 진행되는 중요한 부분이다. A.A.에서와 같이 자신에 관한 고통스러운 진실을 다른 사람에게 털어놓는 것은 치유적인 경험이다. 이것은 마치 기독교 전통의 고백 성사에서 사제에게 고백하는 것과 같다. 죄, 결점 그리고 인간성으로 가득한 부끄러운 짐을 더 이상 숨기지 않아도 된다는 것은 커다란 위안이다. 다른 사람에게 털어 놓는 것은 마음을 가볍게 하는데, 왜냐하면 우리는 더 이상 고립되거나 혼자가 아니기 때문이다. 우리는 다른 사람과 그것을 공유한 것이다. 물론 고백을 할 때, 우리는 자비심이 있고, 판단하거나 비난하지 않고 이해하는 잘 들어주는 사람을 선택하는 것이 중요하다. 그러한 사람은 인간이 되는 것의 고통, 상처 입은 멋진 창조가 갖는 고통을 잘 이해하는 사람이다.

융학파 분석가인 John Sanford는 자신의 저서 *Healing and Wholeness*에서 이러한 개인적 그림자 작업을 그리스의 치유와 의학의 신인 아스클레피오스Asklepius(Aesculapius)의 치유 의식의 관점에서 설명하고 있다. Sanford는 다음과 같이 이야기하고 있다.

> 어떤 사람이 아스클레피오스의 신전에 도착하면, 그는 고백 및 정화 의식을 거쳐야 한다. 그가 자신과 이웃에게 올바르지 않다면, 영혼의 치유력은 효과가 없게 된다. 사제가 그가 지은 죄에 대한 보상을 요구하는 것은 도착한 그 순간, 즉 청원자가 치유의 신에게 간청하기 위하여 성소에 들어가기 전이었다. 심층 심리학(융심리학을 지칭)의 언어로 기술한다면, 우리의 삶과 성격의 열등하고, 원하지 않는 부분인 "그림자 다루기"라고 할 수 있다. 우리가 삶의 어두운 측면인 그림자를 직면하려 하지 않는다면, 무의식은 열리지 않고 마음의 치유력은 갇혀 있게 된다.
>
> 물론 청원자는 신전에 도착하면 고백과 정화를 해야 할 것을 알고 있었다. 신전까지의 여정에서 그는 A.A.에서 이야기하는 '개인적 탐색'을 하였을 것이다. 신전에서 치유되려면 삶을 반성하고, 자신을 돌아보아야 했다. 이것은 고통스러운 과제였지만 병으로 인한 고통이 더 컸으므로 그는 그렇게 할 수밖에 없었다. 이것은 또한 왜 고통이 없이는 가능하지 않은지를 부분적으로 설명한다. 왜냐하면 우리는 자신의 그림자를 보는 것에 크게 저항하기 때문이다. 심리적인 큰 고통이 없는 채로 자신의 그림자를 살펴보는 사람은 거의 없다. 그러나 이러한 자기 탐색이 없다면, 거의 아무런 일도 일어나지 않는다.[8]

내가 아는 많은 알코올 중독자들을 관찰한 바에 의하면, 그들은 정서적이고 심리적인 고통을 겪기보다는 스스로에게 총을 쏘는 것을 선택할 것이다.

Eckhart Tolle는 저서 *the Power of Now*에서 자신이 관찰한 것을 다음과 같이 이야기하고 있다. "모든 중독은 (어두운 측면을) 직면하고 자신의 고통으로 옮겨가는 것을 무의식적으로 거부하는 것에 기인한다. 모든 중독은 고통에서 시작하여 고통으로 끝이 난다. 중독된 대상이 무엇이든 – 알코올, 음식, 합법적 약물, 불법적 약물 또는 어떤 사람 – 우리는 고통을 감추기 위하여 어떤 것 또는 누군가를 이용한다."[9] 4단계와 5단계는 회복 중인 알코올 중독자들에게, 정신을 마비시키는 중독이라는 도피 기제에 의존하지 않고 정서적, 심리적 고통을 다루도록 강제한다.

우리는 도덕적으로 용감하게 자신의 개인적 그림자를 탐색하고, 심리학적으로 고백하여야 한다(4단계). 그리고 대개 당혹스럽고, 창피하고, 부끄럽지만, 그러한 탐색을 통해 알게 된 것을 인정하고 신과 다른 사람에게 고백하여야 한다(5단계). 이렇게 할 때 우리는 정서적이고 심리적인 큰 고통을 경험하게 되는데, 특히 우리가 삶에서 다른 사람들에게 주었던 고통, 상처, 학대를 깨닫고 직면하게 된다.

4단계와 5단계는 부정, 축소, 합리화, 회피, 변명을 고려하지 않으며, 그럼으로써 우리는 그것을 비밀로 간직하고 있을 수 없다. 이 단계들에서는 자신에게 정직할 것을 무자비하게 요구하는데, 이는 대부분의 중독자들에게 익숙하지 않은 것이다. A.A.의 후원자들은 멤버가 이러한 단계들을 따르는 데 특히 도움이 된다. 이러한 탐색이란 그저 개인의 결함, 나쁜 것, 받아들이기 어려운 특성들뿐만 아니라, 재능, 재주와 같은 긍정적 속성의 탐색도 포함한다는 것에 주의하여야 한다. 종종 우리의 개인적 그림자에는 지금까지 억압되고, 평가절하되고, 부정되었던 본능적이고, 긍정적이고, 창의적인 측면도 포함하고 있는 것이다. 이러한 측면들도 또한 우리의 그림자를 구성하고 있다. 그림자의 탐색과 고백이란 자존감, 자기 개념, 자부심을 낮추려는 것이 아니다. 이 작업의 목적은 자신을 보다 객관적이고, 정직하고, 있는 그대로 진실하게 보도록 도우려는 것이다. 중독-그림자-콤플렉스의 속성은 기만, 부정직, 거짓말이므로, 우리가 진실, 즉 있는 그대로 보려는 것을 좋아하지 않는다. 정직한 탐색은 중독이 자신의 의도대로 우리를 조정하려고 취하는 책략들을 저지한다.

A.A.의 12단계를 보다 깊이 이해하고자 하는 사람들에게, 나는 그 모임의 서적 *12단계와 12전통*Twelve Steps and Twelve Traditions을 진심으로 추천한다. 이 책은 12단계가 어떻게 작동하는지, 그리고 왜 그것을 받아들이는지를 명쾌하고 매우 쉽고 재미있게 설명하고 있다.

Marion Woodman은 변화가 일어날 수 있도록, 중독자들이 철저하게 자신을 탐색하라고 권고하였다. 그녀는 다음과 같이 말하였다. "고통을 겪고, 죽고 그리고 다시 부활하는 신비한 경험의 에너지를 접촉함으로써, 자아는 위대한 힘에 자신을 제물로 바치고 확장되고 변화되어 그 결과 새로운 조망을 갖고 일상생활로 복귀하게 된다."[10]

중독되어 있는 동안 중독자와 주변의 사람들은 무의미하고, 분별없고, 혼란스러운 고통을 경험한다. 그럼에도 불구하고, 이러한 탐색을 통해 소화된 고통이 회복 과정에서 선험적인 의미와 구원적인 가치를 가질 수 있다고 믿는 것은 엄청난 믿음의 도약이다.

Bill W.는 "모든 멤버에게 인사드립니다."라고 시작하는 그의 첫 공개 크리스마스 카드에서, 고통이 갖는 이러한 필연적인 원리를 지지하며 그만의 감동적인 언어로 다음과 같이 이야기하고 있다. "우리는 오직 고통을 통해시만 저 신세계로의 문을 열어주는 충분한 겸손을 발견할 수 있음을 결코 잊어서는 안됩니다. '약한 것에서 강한 것이 나온다' 그리고 '부활 이전에 굴욕이 있다'는 성스러운 역설을 이토록 잘 이해할 수 있음은 우리의 커다란 특권입니다. 다시 말해서 고통은 귀찮은 대가이기만 한 것이 아니라, 오히려 영적 부활을 위한 시금석인 것입니다."[11]

A.A.의 6단계와 7단계는, 개인적 그림자를 통합하는 작업을 지속하는 것이다. 즉 우리의 성격적 결함을 위대한 힘(신)에게 맡기고, 그것이 신의 의지라면 치유하고 제거해달라고 요청하는 것이다. 6단계는 다음과 같다. "신께서 이런 모든 성격상 결점을 제거해 주시도록 완전히 준비했다." 그리고 7단계는 다음과 같다. "겸손하게 신께서 우리의 단점을 없애 주시기를 간청했다." 중독에서 회복 중인 사람이 기꺼이, 자아가 아니라 위대한 영적 힘에 모든 것을 맡기고, 초월적 은총에 의지하려 하는 것은 모든 위대한 영적 전통들의 정수를 따르는 것이다. 6단계와 7단계는 자아에게 겸손할 것을 계속 강조하고 있다. 이것은 중독－그림자－콤플렉스가 회복 중인 개인을 다시 지배하는 것을 매우 어렵게 한다. 이러한 단계들은 치명적인 질병에 다시 전염되지 않도록 보호하는 예방 접종과 같다고 할 수 있다.

정신역동적 용어로 설명한다면, 개인적 그림자를 통합하고 변환하는 모든 작업을 자기에게 맡기는 것이라고 할 수 있다. 우리가 영적인 전체성을 이루기 위해 배워야 하는 것들을, 자기는 꿈, 관계, 경험, 동시성을 통해 알려주는데, 우리는 그것에 열려있게 되는 것이다. 자기 자신, 특히 페르조나와 개인적 그림자의 본성을 정직하고 진실하게 알기 위해서는 꿈과 무의식으로부터의 정보가 필수적이다.

A.A.에서는 8단계와 9단계는 6단계와 7단계를 행동으로 실천하는 것이라고 이야기한다. "행동이 없는 믿음은 죽은 것이다." 8단계와 9단계는 믿는 것을 실천하는 작업이다. A.A.의 8단계는 다음과 같다. "우리가 해를 끼친 모든 사람의 명단을 만들어서 그들 모두에게 기꺼이 보상할 용의를 갖게 되었다." 8단계는 자진해서 "모든 사람"에게 보상할 "마음"

을 강조하고 있다. 즉 명단의 목록을 최소화하거나 축소하지 않아야 하며, 진정으로 탐색하고 고백하기 전에 "취소"하지 않아야 한다. 우리가 상처를 주었거나 해를 끼친 사람들의 목록을 작성할 때, 철저하게 정직하여야 한다. 다른 사람들을 아프게 했던 구체적인 내용들이 분명히 파악되거나 이해되지 않는다면 우리는 사과를 할 수도, 보상을 할 수도 없다. 아주 고통스럽게 그림자를 통합하는 작업을 해야 한다!

9단계는 다음과 같다. "어느 누구에게도 해가 되지 않는 한, 할 수 있는 데까지 어디서나 그들에게 직접 보상했다." 8단계와 9단계는 일반적이고 포괄적인 사과를 의미하지 않는다. 또한 스스로를 위로하거나, 용서받거나 면죄 받음으로써 즐거워지려는 것이 아니다. 이 단계에서는 우리가 재정적으로, 정서적으로, 관계에서, 그리고 영적으로 진 빚을 갚으려는 것이다. 우리가 파괴하거나 소홀히 한 것들을 고치고 해결하려는 것이다. 우리가 다른 사람들에게 저지른 잘못을 바로잡으려는 것이다. 그렇게 함으로써 결과적으로 우리의 기분이 좋아진다면 그것은 좋은 일이다. 그러나 그것이 8, 9단계의 목적이거나 또는 일차적인 목표는 아니다.

9단계에서 "직접 보상하라"고 하는 것에 주목하라. 간접적인 보상은 지지되지 않는다. 친구에게 우리가 부족한 것을 용서해달라고 하라. 우리가 해를 끼친 사람들이 우리를 용서할 의향이 있는지 또는 용서를 할 수 있는지는 중요하지 않다. 우리를 이해하고 용서할 것이 분명하고 확실한 사람만 찾아가 용서를 비는 것은 본질에서 벗어난다. 8, 9단계는 나와 나의 평화에 관한 것이 아니다. 그것은 내가 어떤 식으로든 상처 주고, 고통을 주었던 사람들의 안녕에 대한 나의 관심과 노력에 관한 것이다. 8장과 9장은 우리가 대우받고 싶은 대로 자신과 다른 사람들을 대접하라는 황금율의 원리를 구체적이고 조작적으로 정의한 것이다(이웃 사랑하기를 네 몸같이 하여라).

다시 한번, 이 단계들은 자아의 겸손, 사심 없음, 정직함, 자신의 행동과 그것이 다른 사람들에게 미치는 효과에 대한 개인적인 심리적, 사회적, 도덕적 책임에 토대한다. 어떤 사람들은 8단계와 9단계가 업보를 바로잡거나, 또는 불교의 정사유正思惟와 정업正業을 함양하는 것에 관한 것이라고 이야기할 것이다. 과거에 약속을 어겼거나, 다른 사람들을 실망시키고, 상처 주고, 배반한 적이 있다면, 거짓말하고, 사기를 치고, 훔친 적이 있다면, 특히 이러한 일들이 중독에 기인했다면, 중독-그림자-콤플렉스는 우리가 저지른 행동 뒤에 남겨진 파괴적 결과를 축소하거나, 합리화하거나, 무시하거나, 부정하거나, 망각하기를 원할 것이다. 왜냐하면 진정한 양심과 진정한 죄책감은 중독에 치명적이기 때문이다.

8장과 9장은 우리가 과거에 대한 도덕적 책임을 지고, 그것을 바로잡는 것과 관련된다. 8장과 9장은 행동으로 옮기는 것과 관련된다. 그저 좋은 의도에 머무르는 것은 지옥으로의 문을 여는 것이다.

Linda Leonard는 9단계와 보상하기에 대하여 다음과 같이 이야기하고 있다. "행실을 고친다는 것은, 스스로를 교정하고 삶을 개선함으로써 성장하는 것을 의미한다. 이렇게 함으로써 진정한 죄, 즉 우리가 창조주에게 진 존재의 빚을 인정하는 것이다."[12]

로마 가톨릭 교회의 전통에 의하면, 신으로부터의 용서, 즉 죄를 면죄 받기 위한 고백 성사의 본질적인 요소 또는 조건은, 타인에게 저지른 죄와 범죄에 대하여 실질적인 배상과 보상을 하는 것이다. 고백 성사는, 만약 가능하다면, 어떤 행동을 함으로써 잘못을 바로잡을 의무를 부여하는 것이다. 그렇지 않다면 신의 대리자인 사제를 통하여 신에게 용서를 받을 수 없게 된다. 우리는 또한 자신의 행동을 변화시키고, "더 이상 죄를 짓지 않도록" 전념해야 한다. 즉, 말로만이 아니라 행동으로 고치고 죄를 배상해야 한다. 사제는 종종 다른 사람에게 저지른 잘못을 바로 잡기 위하여 보속補贖으로 알려진 것을 요구한다. 이러한 보속에는 직접 용서를 구하는 것들이 포함된다. 예를 들면 다음과 같은 것들인데 훔친 재산이나 돈을 돌려주기, 직접 사과하기, 다른 사람들을 자진해서 돕기, 고장 난 물건을 교체하기, 5일 동안 좋은 말만 하기, 가난한 사람에게 적선하기, 비판을 하지 않기, 궁핍한 사람들을 방문하기, 적을 위해 기도하기, 자선 단체에 기부하기, 익명으로 친절한 행동을 하기, 먼저 화해의 손길을 내밀기, 물론 주님의 기도 세 번과 성모송 세 번 바치기 등도 있다.

8단계와 9단계는 심리학적으로 어떤 측면에서 도움이 되는 것일까? 그것은 중독자의 자기애를 직접 공격함으로써, 그가 생각하고, 느끼고 행동할 때 다른 사람들을 자신보다 앞에 두는 직접적이고 강력한 기회를 제공하는 것이다. 9단계에는 조건이 있는데, 누군가에게 해가 된다면 그러한 보상은 하지 말라는 것이다. 우리에게 다른 사람들의 안녕을 위해 기계적 의무로서가 아니라, 사려 깊게 행동할 것을 요구하는 것이다. 어떤 사람에게는 이것이 다른 사람들과 관계를 맺는 완전히 새로운 방식의 경험이 될 수 있다.

융학파의 용어로 설명한다면, 개인적 그림자를 통합하는 작업은 그것을 이론적으로 아는 것 이상의 것이 요구된다. 그것은 그저 추상적 주지화가 아니다. 그림자를 통합하는 작업은 통찰하고 이해하는 것 이상을 요구한다. 우리는 그림자를 먹는 것을 배워야만 한다. 즉 그것을 소화하고, 분해하고, 동화하고, 자신의 신체, 정신, 영혼의 세포 속으로 통합해야만 한다. 이것은 우리가 살고, 행동하고, 생각하고 느끼는 방식을 통해, 자신과 타인을 대하는 방식에서의 변화를 도덕적으로 명령하는 것이다. 그림자 작업을 통해 우리가 보다 친절하고, 공평하고, 동정심이 많고, 용서하고, 자비롭고, 타인과 자신에게 딜 판단적이 된다면, 우리는 그림자를 진정으로 소유하고 받아들일 수 있게 된다.

융은 실제로 개인적 그림자를 기독교의 "원죄原罪"[13]와 동일한 것으로 간주했다. 그것은 우리가 인간이기 때문에 모두에게 주어진 것으로, 우리가 인정하고, 의식하여야 하며, 자기(또는 기독교 전통의 그리스도를 통해, 또는 A.A.의 위대한 힘을 통해)를 통해 회복되어야 하는 것이다.

융학파 분석가인 Jolande Jacobi는 그녀의 저서 *The Way of Individuation*에서, 그림자 통합과 A.A.의 4단계에서 10단계까지의 관점들을 확충하여 다음과 같이 이야기하고 있다.

> 통합이란 개념은 (개인적) 그림자의 질을 그냥 인식하는 것 이상의 것이 포함된다. 예컨대 (아마도 사용하기 적절한 용어는 아니지만) 치유되기 위해서 알코올 중독자들은, 그들 중 많은 사람들이 부정하지만, 자신의 음주하려는 경향과 강박을 의식해야 할 뿐만 아니라, 갈망을 유발하는 심층적 이유를 발견해야만 한다. 이러한 이유들이란 항상 우리가 받아들일 수 없는 그림자 특성들이다. 그것을 인식하면 양심의 고통을 받기 때문에 그것에서 도망가는 것이다. 그러므로 치유를 위한 조건은 (나는 회복이라는 용어를 선호하지만) 다음과 같다. 알코올 중독자들은 자신의 그림자 특성을 끊임없이 유의하고, 변함없는 동반자인 내 안의 술꾼을 마음의 눈으로 지켜보아야 한다. 그럼으로써 그는 마음속의 술꾼을 절대로 망각하지 않게 되는 것이다. 왜냐하면 "어떤 내용이 통합되기 위해서는 그것의 양면이 의식화되고, 또한 그것이 지적으로뿐만 아니라, 정서적으로도 이해될 때만 가능하기 때문이다"(Aion, CW, Vol. 9, Part II, p. 30).[14]

이상하게 들릴 수도 있지만, 중독이 재발하여 생지옥으로 돌아가게 되는 가장 큰 위험 요소들 중의 하나는 그들이 자신이 여전히 중독자라는 사실을 잊는 것에 기인한다. 때때로 상황이 좋아지면, 그들은 이제 도박을 하고, 술을 먹고, 약물을 하고, 성관계를 해도 통제하고 조절할 수 있다고 믿기 시작한다. 이러한 자아 팽창, 자기 기만은 중독-그림자-콤플렉스가 다시 자아를 사로잡고 정신을 통제할 수 있는 절호의 기회다. A.A.에서는 건강, 부, 지적 능력이 회복의 가장 큰 위험일 수 있다고 경고한다. 그것들은 우리가 여전히 중독자라는 것을 잊기 쉽게 만든다. 이것이 익명의 중독자들 모임에서 멤버들이 자신을 소개할 때, 항상 먼저 성을 말하고 다음으로 자신이 어떤 중독자인지를 이야기하는 유용한 심리학적 이유들 중의 하나이다. 예컨대, "안녕하세요. 나의 이름은 김이며, 알코올 중독자입니다." 또는 "안녕하세요. 나의 이름은 박입니다. 나는 도박, 알코올, 성에 중독되었습니다." 등이다. 이것은 피학적이거나 또는 징벌적으로 실시되지 않는다. 이것은 과도한 것이 아니다. 이것은 어떤 사람의 정체성을 그저 중독자로 제한하려는 것이 아니다. 또한 그를, 그의 자존감을, 자부심을, 신용을 떨어뜨리거나 평가 절하하려는 것도 아니다. 이렇게 하는 이유는 그가 자신이 중독자임을 계속 상기하도록 하기 위함이다. 이것은 자신이 중독자라는 사실을 결코 잊지 않도록 하기 위해서 매우 중요하다. 왜냐하면 그 사실을 망각하면 그의 자제력과 삶에 위험이 닥칠 수 있기 때문이다.

원형적 그림자/원형적 악을 한 번이라도 경험하면 이로 인한 오염은, 방사선에 노출되었을 때처럼 영구적인 손상을 야기한다. 이는 매우 위험해서 결코 잊어서는 안되는 것이다. 우리는 항상 신체적으로, 심리적으로 재노출되지 않도록 경계하여야 한다. 익명의 중독자 모임에서는 이 사실을 망각하지 않고 기억하고 분명히 확인할 수 있도록, 직접적이고 개인적인 방식으로 중독을 고백하도록 하고 있다. 이는 교활하고 교묘한 중독의 상존하는 위험에 대비하여, 집단적이고 자기 의식적인 예방 접종을 하는 것이라고 할 수 있다.

A.A.에서는 일단 자제력을 회복하더라도 중독자는 한 모금의 술도 걸고 마시면 안된다고 분명하게 강조하고 있다. 그것은 그 한 모금이 유혹적인 중독의 문을 열고, 원형적 그림자/원형적 악의 압도적이고

무시무시한 에너지를 작동시키기 때문이다. 익명의 중독자들 모임의 이러한 태도는 과도하게 폭압적이거나 또는 어떤 검증되지 않은 청교도적 프로그램을 시사하는 것이 아니다. 그것은 자제력을 회복하고 잘 지내고 있다가, 한 모금의 술에 의해 중독ー그림자ー콤플렉스의 블랙홀에 영원히 빠져버린 많은 사람들의 희생으로 얻어진 실용적이고, 어렵게 얻은 경험에 기초한 것이다. 그들은 그 한 모금의 술을 먹고 모든 것을 잃어버렸던 것이다.

익명의 중독자들 모임에서는 오직 성姓을 부르는 익명성의 전통을 갖고 있다. 이는 중독자들을 세상의 비난과 평가에서 보호하려는 것일 뿐만 아니라, 또한 자기 방어이기도 하다. 그렇게 함으로써 중독자가 회복되었을 때 마을의 가장 뛰어나게 회복된 중독자로 국가의 훈장을 받아 페르조나 자아가 팽창하지 않도록 보호하려는 것이다. 이러한 익명성은 또한 중독자들을 자신으로부터 보호하고, 또한 팽창된 자아가 중독을 재활성화하여 문을 여는 위험에 빠지지 않도록 보호하려는 것이다.

중독을 영원히 "쫓아다니는 동반자"로 인식하는 것이 정말 중요하다! 융은 정동emotions 또는 정서affects라는 용어를 사용하지 않고 "정서적 가치feeling value"라는 용어를 사용했다고 Jacobi가 말하였다. 이 용어를 영어로 번역하는 것은 쉽지 않다. 나는 융이 언급한 심리학적 현상을 보다 적절하고 명료하게 설명하는 다른 더 쉬운 용어나 술어가 있었으면 하는 바람이 있다. 융은 "정서적 가치"라는 용어를, 우리의 결정, 선택, 행동에 영향을 미치고 인도하는, 우리가 삶에서 받아들이는 보다 의식적이고, 사려 깊고, 사색적인 가치로 사용하고 있다. 즉 이러한 정서적 가치에 의해 진정으로 우리의 삶을 살게 되는 것이다. 융은 어떤 것을 심리학적으로 통합하기 위해서는, 그것의 그림자, 건설적 측면과 파괴적 측면, 도움이 되는 측면과 해를 주는 측면 등 그것의 "이중적 측면double aspect"을 인식해야만 한다고 말하고 있다. 그리고 우리는 이렇게 의식적으로 자각한 것을 우리의 가치 그리고 우리가 어떻게 살아갈 것인지에 적용해야만 한다. 융의 이러한 관점을 중독의 역동을 이해하기 위해 적용해 본다면, 그것은 분별력에 대한 훌륭한 처방이며, 더 의식적으로 변하고 전체로 변화한다.

　A.A.의 10단계는 다음과 같다. "인격적인 검토를 계속하여 잘못이 있을 때마다 즉시 시인했다." 10단계는 그림자 작업shadow work을 촉구하는 것이다. 이는 개인적 그림자의 과거력과 그것이 나타나는 방식에 초점을 맞추는 것으로부터, 자신에 대한 인격적인 검토를 계속함으로써, 그러한 작업이 삶의 표준적인 과정이 되어 현재와 미래에 적용되도록 지향한다. 10단계는 계속해서 자신의 사고, 동기, 행동을 검토하도록 격려한다. 10단계는 특히 지속적으로 나타나는 그림자 문제를 주시하고, 그것이 타인과의 관계에 어떤 영향을 미치는지를 계속 의식하도록 격려한다. 나의 개인적 그림자가 무의식적으로 타인에게 상처를 줄 때, 우리는 그것을 "즉각" 인정하고, 책임을 지고, 고백하고 보상해야 한다.

　융은 어떤 것을 정신에 통합하려면 그것의 긍정적인 측면과 부정적인 측면, 즉 그것의 이중적 측면이 의식적으로 다뤄져야하며, 그리고 그것이 우리의 삶의 감정적 가치의 변화로 나타나야 한다고 주장하였다. 이것은 익명의 중독자들 모임의 4단계에서 10단계까지의 핵심이다. 도덕적으로 자신을 검토하기; 우리의 잘못의 정확한 본질을 자신, 신 그리고 다른 사람에게 시인하기; 신이 우리의 성격상 결점을 제거해 주도록 준비하고, 신에게 간청한다; 해를 끼친 모든 사람들의 명단을 만들고 그들에게 적절한 보상을 한다; 그리고 마지막으로 죽을 때까지 이러한 단계들을 계속 수행한다. 오! 얼마나 멋진 삶의 방식인가?

　중독의 회복 과정에서 개인적 그림자의 직면과 통합이 얼마나 중요한지 아무리 강조해도 지나치지 않다. 참으로 익명의 중독자 모임의 12단계의 절반 이상인 7단계가 그림자 작업에 해당한다. 지금까지 그

림자 작업이 왜 그렇게 중요한지를 설명하였지만, 이에 더하여 한 가
지 이유를 더 설명하고자 한다. 그것은 앞에서 암시되었으나 직접적으
로 언급되지는 않은 것이다. 개인적 그림자와 원형적 그림자/원형적
악의 상처 입은 측면은, 상처 입은 치료자 원형the Wounded Healer
archetype을 작동시킨다. 그런데 이것이 중독의 치유와 회복에 필요한
자아초월적 에너지와 은총의 궁극적인 열쇠라는 것이다. 상처 입은 치
료자 원형의 주제는, 익명의 중독자들 모임의 최고의 후원자가 지옥에
다녀온 사람들이라는 사실에서 암시되고 있다. Marion Woodman은
고통이 구원이 되는 신비한 경험에 관해 이야기하였고, Bill W.는 크리
스마스 카드에서 고통이 부활의 시금석임을 언급하였다. 또한 이것은
개인적 그림자의 통합이 어떻게 우리를 성장시키고 다른 사람들에게
보다 자비로워지는지를 다룬 절에서도 언급되고 있다. 원형적 그림자/
원형적 악은, 중독자들이 원형적 영적 선(신, 위대한 힘, 자기 등등)을 찾
는 동력이 되며, 그럼으로써 모든 것을 잃지 않게 된다는 사실에서도
이것을 확인할 수 있다. 이와 같이 원형적 그림자/원형적 악은 무섭고
잔인하지만, 그로 인한 고통이 잠재적으로 긍정적인 영향을 미칠 수
있다. 왜냐하면 너무나 고통스럽기 때문에, 중독의 제단에 제물이 되어
죽임을 당하지 않으려고 중독자를 동기화하기 때문이다.

상처 입은 치료자 원형을 자각하는 것은 큰 도움이 된다. 그 원형은
매우 위대하며, 영원하고, 신비하고, 보편적이어서, 역사 속에서 샤만으
로, 그리스 치유의 신인 아스클레피오스로, 그리고 자신이 고통을 받고,
죽고, 부활함으로써 세상을 구원한 그리스도로 반복해서 등장했다.

내가 겪는 상처, 고통, 아픔이 타인에게 도움이 될 뿐만 아니라, 자
신을 치유하고, 변화하고, 구원하기 위한 가장 중요하고 의미 있는 필
수 조건임을 자각하는 것이 진정한 성공이다. 왜냐하면 진정한 성공이
란 저 위대함, 강력함, 긍정의 원천인 원형적, 영적인 선과 빛(위대한

힘, 신, 자기 등)을 따름으로써, 개인적 그림자를 통합하고 올바른 자아의 태도를 발견하여, 원형적 그림자/원형적 악을 무력화시키는 것이기 때문이다.

회복 중인 중독자가 자신을 쓸모없고 무의미한 고통에 사로잡힌 고립되고, 외롭고, 소외된 개인이 아니라, 인류 역사의 저 위대한, 그러나 언제나 겸손하고 상처받은 치유자들처럼, 자신이 상처받은 치유자로 특별히 선택되었다고 자각한다면 치유에, 또한 세상의 구원에도 큰 도움이 될 것이다. 비록 세상의 일부라고 하더라도 말이다.

내가 아는 큰 고통을 겪은 어떤 사람이 있다. 그가 무언가 아는 듯한 웃음을 지으며, 스스로를 "감사하는 중독자"라고 지칭할 때, 나는 그가 상처받은 치유자를 진정으로 이해했다고 느낀다. 그가 자신을 그렇게 지칭하는 것은 진정한 겸손과 위대한 정직에서 비롯된 것이다.

C. 빛을 유지하기: A.A.의 11단계에서 12단계와 회복의 정신역동 5단계와 6단계
Staying in the Light: A.A. Steps Eleven and Twelve and Stages Five and Six of the Psychodynamics of Recovery

A.A.의 11단계는 "기도와 명상을 통해서 우리가 이해하게 된 대로의 신과 의식적인 접촉을 증진하려고 노력했다. 그리고 우리를 위한 그의 뜻만 알도록 해주시며, 그것을 이행할 수 있는 힘을 주시도록 간청했다."이다. 이것은 회복의 정신역동의 5단계, "자아ー자기 축the Ego-Self Axis을 지속적으로 유지하기"에 해당된다.

12단계는 "이린 단계들의 결과, 우리는 영적으로 각성되었고, 알코올 중독자들에게 이 메시지를 전하려고 노력했으며, 우리 일상의 모든 면들에서도 이러한 원칙을 실천하려고 했다."이다. 이것은 회복의 정신역동의 6단계, "자기를 따라 살기"에 해당한다. (144쪽의 도표에서 이것은 문자 "C"로 범주화되어 있다.)

이와 같이 익명의 중독자들 모임의 11단계, 12단계와 회복의 정신역동의 5단계, 6단계는 밀접한 관련이 있다. 융은 종종 우리의 의식이 클수록, 우리는 자신, 다른 사람들, 세상 그리고 신에 대한 심리학적 책임이 더 커진다고 이야기하고는 했다. 익명의 중독자들 모임의 11단계를 융학파의 용어로 번역하면, 자아와 자기의 강력하고 생생한 연결을 지속적으로 구축하고, 유지하고, 보호하는 것이라고 할 수 있다. 즉, 자아ー자기 축이 지속적으로 작동하고 기능하고 적절하게 작용하도록 하는 것이다. 이것은 지속적으로 자신을 분석하고, 지속해서 자기를 따라 여행하는 것이다. 이것은 신의 의지를 알고 실천하기 위한 통찰적이고 자기 반성적인 기도와 명상에 관한 것이다. 융학파의 용어로 설명한다면, 이것은 적극적이고 의식적으로 개성화를 하는 것이다.

Linda Leonard는 익명의 중독자들 모임의 11단계는 "우리가 이 조용한 삶의 원동력 안에 머물도록 해준다. … 창조적 과정의 경로가 되어 주고 현재의 순간에 머물도록 해준다."[15]고 말한다.

11단계는 익명의 중독자들 모임의 슬로건인 "놓아 버리고 신께 맡기라Let go and let God", "여유 있게 하자Easy does it", "오늘 하루만을 살아가자One day at a time"를 강화하고, 그것을 실천할 수 있게 돕는다. "놓아 버리고 신께 맡기기 위해서" 자아의 주도권을 포기하고, 신의 의지를 따르고 궁극적인 통제권을 신에게 맡기겠다는 태도를 강화하여야 한다. 신의 의지를 알기 위하여 기도하고, 명상하고, 숙고하여야 하며, 또한 우리의 신체, 감정, 사고, 직관, 꿈, 가장 심층의 가치, 그리고 우주가 다른 사람들과 동시성을 통해 우리에게 보내는 소리에 귀를 기울여야 한다. 우리가 일단 우리의 삶에서 신의 의지를 분별한다면, 그다음 그것을 실천하기 위한 용기와 힘을 달라고 기도할 수 있다. "여유 있게 하자"는 슬로건은 우리가 항상, 사실은 대부분의 시간에, 모든 문제들에 대한 답을 갖고 있지 않아도 된다는 것을 깨닫게 해준다. 신에게 의지한다면, 우리는 질병, 고통, 죽음을 포함한 무슨 일이 일어나더라도, 신이 그것을 극복하도록 도와줄 것임을 믿고 쉴 수 있다. 마지막으로 "오늘 하루만을 살아가자"는 슬로건은 우리가 견딜 수 있는 이상으로 걱정하지 말고 현재에 머물 것을 환기시킨다. 우리가 어떻게 할 수 없는 과거나 미래를 걱정할 필요가 없는 것이다. "오늘 하루만을 살아가자"는 슬로건은 자제력의 유지만을 이야기하는 것이 아니라, 지금 현재에 충실하게 머무는 것, 즉 지금 이 순간의 충만함을 보다 의식하라는 것이다.

익명의 중독자들 모임의 11단계는 곧장 12단계로 이어진다. 아무리 깨우쳤다고 하더라도 다른 사람들에 대한 봉사로 이어지지 않는다면, 더 나은 세상이 되는 데 보탬이 되지 않는다면, 그렇다면 그것은 아무짝에도 쓸데없는 것이다. 12단계는 회복 중인 중독자들에게 그들의 신념, 희망, 용기, 그리고 경험을 중독으로 고통받고 있는 사람들을 돕는 데 사용하고, 그들이 영적으로 깨달은 원칙들을 삶의 모든 영역에서 실천할 것을 요구한다. Linda Leonard는 12단계에 대해 다시 한번 멋진 의견을 제시하였다. "이와 같은 창조적 변환이 없다면, 주고 받는 재능이란 존재하지 않는다. 자신의 경험, 용기, 희망을 타인과 공유하는 감사와 베풂의 행위는, 영적인 변환에 의해 주어지는 창조적인 사랑의 에너지이다. 이것은 12단계를 통해 얻어지는 것과 같은 것이다. 이것은 중독으로부터의 회복 과정을 가능하게 한다."[16]

융은 개성화 과정이 주는 이점들 중의 하나는, 이를 통해 보다 선량한 시민이 되는 것이라고 믿었다. 자신의 악과 개인적 그림자를 더 많이 인식하고 변환할수록, 타인과 세상에 대한 투사가 감소하게 된다. 우리가 자신의 독특한 삶을 보다 진정으로 살아갈수록, 그만큼 우리는 공통적인 것을 많이 갖게 되고 모든 사람들과 더욱 연결된다. 우리가 더 의식할수록, 우리는 동료 인간과 모든 생명에 대해 더 책임감을 갖게 된다.

익명의 중독자들 모임의 12단계는 중독자들이 자신의 독특한 삶과 영적인 운명을 시작할 기회를 제공한다. 다시 말해서 12단계는 중독자들이 개성화 과정에 참여하도록 하는 것이다.

익명의 중독자들의 모임과 12단계에 대한 두 개의 결정적인 견해는 다음과 같다. 익명의 중독자들 모임의 전체 프로그램은 인간과 영성적 관계, 즉 다른 중독자들 및 후원자들과의 친교 그리고 위대한 힘을 통한 자제력, 치유, 회복에 초점을 맞춘다. 익명의 중독자들 모임은 공동체이다. 그것은 중독자를 중독－그림자－콤플렉스의 외롭고, 고통스러운 고립으로부터, 특히 진정으로 이해하고 정통한 사람들로 이루어진 사랑이 충만하고, 돌보는 자비로운 공동체로 인도한다.

모든 12단계는 "우리, 우리의, 우리를"처럼 복수형으로 쓰여졌다. "나, 나를 또는 나의"라는 용어는 한 번도 사용되지 않았다. 이는 모임에 참석한 멤버가 회복 과정에서 결코 혼자가 아니라는 것을 의미하며, 이것은 결코 망각되어서는 안 된다. 익명의 중독자들 모임은 지지하고 격려하는 협력적 공동체이지, 혼자 힘으로 해나가는 개인주의가 아니다.

아직까지 이야기하지 않은 한 가지 주제가 있다. 자아는 중독－그림자－콤플렉스에 의해 완전히 통제되고 있었다. 그런데 1단계를 통해 자아는 주도권을 내어 주고 작동을 멈춘다. 이러한 회복 과정에서 정신역동적으로 어떤 일이 발생하는가와 관련된 것이다. 융은 우리는 심리학적으로 작동하는 기능적인 자아가 있어야 한다고 환기하였다. 즉 우리는 집중하고, 사고하고, 결정하고, 판단하고, 행동하고 또한 무의식으로부터의 감정과 정보를 처리하고, 통합하고, 등록하는 자아를 갖고 있어야 한다.

1단계를 실천한 후에도 자아는 계속 존재한다. 그러나 중독-그림자-콤플렉스로부터의 해독에는 시간이 필요하다. 또한 자제력 회복과 단주, 단도박 등에도 시간이 필요하다. 위대한 힘이 원형적 그림자/원형적 악을 무력화시키면, 자아는 원형적 그림자/원형적 악에서 벗어나 위대한 힘 또는 진정한 자기를 향하기 시작한다. 이러한 과정을 통해 자아는 의식의 중심으로서 정상적이고, 건강한 역할로 복귀할 기회를 갖기 시작한다. 그러나 자아는 지금까지 중독-그림자-콤플렉스에 의해 너무나 철저하게 지배되고 통제되고 오용되었으므로 처음에는 너무 취약하고 혼란스럽다. 그렇기 때문에 자아는 자신을 신뢰할 수 없으며, 그래서 자아-대리적 지원 시스템에 의존해야 한다. 바로 후원자, 회복 중인 동료, 익명의 중독자들 모임, 12단계 따르기 그리고 위대한 힘 또는 자기로부터의 자아초월적 은총 등이 그러한 것들이다.

나의 관찰에 의하면 자아는 점차 해독이 되고, 강해지며, 그리고 대부분의 경우 정상적이고, 건강한 역할을 회복한다. *The Harvard Medical School Mental Health Letter*라는 연구에 의하면, 다음과 같은 결론을 지지하고 있다.

연구에 의하면, 자제를 시작하고 난 후에도 심각한 갈등, 우울증, 부적절감과 성격 장애가 종종 지속된다. 그러나 단주는 큰 차이를 가지고 온다. 다만 그것은 2년 또는 3년 이상의 오랜 시간을 필요로 한다. 몇 개월의 금주만으로는 회복이 보장되지 않는다. 한 장기 연구에 의하면 십 년간 금주를 한 알코올 중독자들은 알코올 중독이 아니었던 사람들과 거의 구별이 되지 않았다. 3년 이하의 기간 동안 단주한 자들은 진행 중인 알코올 중독자들과 거의 동일한 심리학적, 사회적 문제들을 보였다. 그러나 그들은 알코올로 인한 질병으로 죽을 확률은 낮았다.[17]

이러한 지식과 이해, 그리고 실제적이고 직접적인 경험에 의해, 익명의 중독자들 모임은 오랫동안, 새로 회복 중인 중독자들에게 자제 기간이 1년 정도인 경우 어떤 중요한 삶의 결정이나 변화를 갖지 말도록 충고하였다. 이러한 경우 분명히 그의 판단력, 평가, 사물 지각(자아의 정상적인 작용)은 아직 취약하고 믿기 어렵다. 또한 후원자들은 그저 1, 2년 회복 중인 사람들을 비공식적으로 "아기들"이라고 지칭한다. 왜냐하면 회복되려면, 마음을 잡으려면, 실지로 행동으로 보여주려면, 강해지고 치유되려면, 시간이 필요하기 때문이다. 중독이란 광기는 어떤 사람이 중독적 행동을 중단했다고 하룻밤에 떠나가는 것은 아니다.

희소식은 십 년 이상의 시간이 지나면 자제하고 있는, 회복 중인 중독자들의 자아 기능과 비중독자들의 건강하고 정상적인 자아 기능이 구별이 되지 않는다는 것이다.

중독이 재활성화되어 중독-그림자-콤플렉스가 자아와 의식을 사로잡지 않는다면, 즉 자아의 자제력 유지와 회복이라는 적절한 조건과 환경이 주어진다면, 점차 자아는 중독의 끔찍하고, 파괴적이고, 파멸적인 영향을 극복하고, 적절하고 건강한 역할과 기능을 회복하는 것으로 보인다.

12단계를 통한 익명의 중독자들 모임의 치유적 과정은 융이 Bill W.에게 보낸 편지에서 "높은 수준의 이해(회복)"는 "은총에 의해(익명의 중독자들 모임의 1, 2 그리고 3단계)" 또는 "단순한 합리주의의 틀을 넘어서는 마음에 대한 높은 수준의 교육(익명의 중독자들 모임의 12단계를 실천함)"을 통해서 가능하다고 했던 내용을 세밀하게 계획하고 설계한 것이라고 할 수 있다. 융은 악의 힘에 저항하려면, 은총과 공동체가 정말 중요하다는 것을 이해하고 있었으며, 이 두 가지가 A.A.의 프로그램에 매우 풍부하게 담겨 있다는 것을 분명히 알고 있었다.

회복 중인 중독자의 "사용 중인 꿈"

"Using Dreams" of Recovering Alcoholic and Addicted Individuals

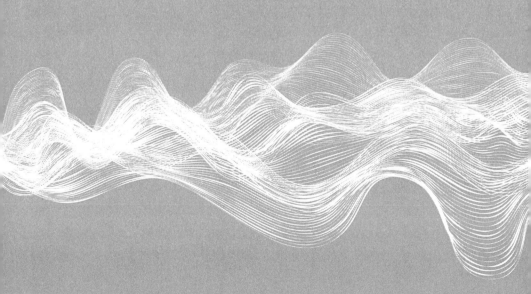

회복 중인 중독자의 "사용 중인 꿈"1)
"Using Dreams" of Recovering Alcoholic
and Addicted Individuals

 5장을 집필한 이유는, 중독의 치유와 회복에 큰 도움을 주는 꿈을 이해하고 활용하는 데 도움이 되었으면 하는 마음에서다. 또한 나는 5장이 후원자들, 회복 과정의 사람들을 치료하는 중독 상담자들, 정신분석가들, 정신건강 전문가들에게 도움이 될 것으로 생각한다. 나는 꿈이 중독의 진단, 예후, 치료에서 매우 중요하다고 믿는다.

 물질의존 치료 전문가인 심리학자 Reed Morrison은 "Dream Mapping in Chemical Dependency Recovery"[1]라는 책을 저술하였다. 이 책에는, 그가 관찰하고 평가할 수 있다고 믿었던 6개의 점진적인 회복 단계들에 나타나는, 특정한 유형의 꿈들에 대한 보편적이고 이론적인 관점이 제시되고 있다. 그는 이 6단계에 문학적이고 신화적인 이름을 붙

---

1) "Using Dream"을 약물 중독과 행동 중독에 따라 '사용 중인 꿈' 또는 '몰입하는 꿈'으로 번역하였다. (역주)

여주었다. 첫 번째 단계는 "어두운 밤The Dark Night"으로 지칭되었다. 이 단계의 중독자는 현재 약물을 사용 중이다. 즉, 그는 중독 행동에 적극적으로 참여하고 있다. 이 단계의 특징은 상실감, 분리감, 혼란스러움이다. 이 단계의 중독자들은 불량한 수면, 그리고 위협적이고 죄책감으로 가득한 꿈을 꾸는 경향이 있으며, 이로 인해 도움을 청하게 된다.

2단계는 "판도라의 상자Pandora's Box"라고 불린다. 2단계는 중독자들이 도움과 치료를 받고 처음으로 약물을 자제하고 사용을 멈추는 단계이다. 이 단계의 꿈들은 대체로 맹렬한 기세로 나타나며, 소외, 폭력, 훼손, 기괴한 성행위, 그리고 박해 등의 주제가 특징적이다. Morrison은 이러한 꿈들이 회복의 첫 45일 이내에 나타난다고 보았다.

3단계는 "용의 투쟁The Dragon Fight"으로 지칭되는데, 중독자들은 중독의 부정과 합리화의 문제에 직면한다. 그는 이 단계의 꿈들이 두려움과 관련되며, 악마와의 전쟁 그리고 투쟁의 상들이 나타난다고 믿었다. 이 단계는 자신에 대한 소유권의 획득 그리고 새로운 역할의 발달과 관련이 있다. 시간적으로는 회복 20일에서 90일까지이다. 물론 이러한 단계들은 과정들과 기간들이 겹치므로 분명하게 구분되는 것은 아니다.

4단계는 "부활Rebirth"로 지칭되며, 중독으로 인한 고통이 줄고 자유를 느끼는 단계이다. 일종의 자제-단약의 "절정"에 있는 단계로서, 꿈에는 긍정적인 움직임, 새로운 공간, 수용, 영성의 현현, 구원, 소유, 긍정적인 자기-동일시 등의 주제가 나타난다.

5단계는 "하강The Descent"으로 지칭된다. 이 단계에서 중독자는 재발하여, "마른 주정dry drunk"(여전히 자제 중이지만, 이전에 음주하고 문제 행동을 보일 때로 회귀하는 것을 의미)을 하거나, 또는 매우 낙담하여, 자신이 끝없는 나락으로 삐져드는 것으로 느낀다. 이 단계의 추정 기간은 회복의 60일에서 115일에 이른다.

6단계는 "회복The Return"으로 지칭된다. 이 단계는 중독자가 새롭고 긍정적인 행동을 통합하고 굳히기 시작하는 단계이다. 이 단계의 꿈은 전체성, 집 그리고 재생의 상들이 특징적이다. 6단계는 회복의 90일에서 180일에 이르는 기간이다.

Morrison은 직면, 하강, 재통합의 단계들이 연속적인 과정을 이루며, 단계별로 특징적인 꿈들이 동반되는 것을 알았다. 그는 이러한 과정을 성장과 개성화 과정이라는 광범위하고 일반적인 맥락에서 이해하였다.

나는 Morrison의 꿈의 이해가 여러 측면에서 흥미롭고 고무적이었다. 그의 견해는 꿈과 중독 그리고 회복 과정을 의미 있게 관련지으려는 시도이다. 그의 견해는 그 과정이 어떻게 보이는지에 대한 광범위하고 일반적인 개관을 제공하며, 회복 중인 사람들이 자신의 꿈에 주의하도록 권하고 있다.

하지만 나는 중독을 회복하는 과정에서의 꿈의 현상에 대한 그의 이해가 지나치게 단순하고 순차적이라고 생각한다. 또한 꿈이 발생하는 기간이 임의적으로 결정되어, 비현실적이기도 하다. 꿈과 사람들 사이에는 개인 간 변이가 크게 존재하므로 일반화는 위험할 수 있고 현상의 복잡성과 다양성을 반영하지 못한다. Morrison이 책을 출간하기 전에 회복 과정에 있는 한 사람 이상의 꿈의 과정을 관찰했다면, 꿈이 회복 과정을 어떻게 반영하고, 정보를 제공하며, 도움을 줄 수 있는지를 이해하는 데 보다 세밀하고, 보다 정확한 개관을 제공할 수 있었을 것이다.

나의 꿈에 대한 관점은 회복 중인 중독자들의 "꿈의 활용"이라는 현상에 특별히 초점을 맞추고자 한다. 이것은 1990년과 1991년 2년간 근무했던 루이지애나의 알코올/약물 치료 센터에서 내가 치료한 환자들에게 실시한 자기보고식 설문을 바탕으로 한다. 나는 104명의 환자들에게서 응답을 받았다. 이 중 37명, 즉 대략 36%가 알코올과 약물 남용을 시작하면서 꿈을 회상하는 정상적인 능력이 감소했다고 보고하였다. 57명(57%)은 자신들이 술을 마시고 약물 사용에 참여하는 꿈을 꾸었다고 보고하였는데, 나는 이 현상을 "사용 중인 꿈using dreams"이 라고 지칭한다. 나는 단주(단약)/자제의 기간이 하루에서 40년에 이르 는 많은 개인 및 집단과 "사용 중인 꿈"이라는 주제로 면담하고 토론 하였다. 또한 나에게 분석 치료를 받고 있던 회복 중인 중독자 환자들 의 꿈을 분석하고 기록하였다. 엄밀하게 이야기해서 나의 연구 결과와 주장은 과학적인 것은 아니다. 그러나 나는 이 연구가 회복 중인 알코 올 및 약물 중독자들의 "사용 중인 꿈" 현상을 상당히 정확하게 반영 하고 개관하였다고 믿는다.

이 연구에서 내가 발견한 것은, 일반적으로, 알코올/약물 중독자들은 정상적인 일반 모집단에 비해 꿈을 잘 회상하지 못한다는 것이다. 그 들은 자신들의 꿈을 완전히 차단했거나 또는 기억된 꿈의 요소의 양과 질에서 감소된 회상을 보이는 것 같다. 물론 이러한 현상은 그의 중독 의 단계와 진행, 남용 약물의 종류, 사용의 심각도를 포함하는 많은 요 소들과 그의 정상적인 꿈의 회상의 양태가 어떠한가에 따라 개인별로 차이를 보인다. 그가 중독자이건 아니건 어떤 사람들은 다른 사람들보 다 꿈 회상을 더 잘 한다.

많은 연구들에 의하면 대부분의 약물이 자연스러운 수면 패턴을 방 해하고 REM(빠른 안구 운동) 수면 시간을 감소시킨다. 대부분의 꿈은 REM 수면 동안에 발생한다. 물론 모든 꿈이 그런 것은 아니다. 다음에 제시하는 모든 약물들은 REM 수면을 감소시키고 방해하는 것으로 나 타났다. 알코올, 바비튜레이트, 암페타민, 그리고 일부 항우울제 등이 다. 나의 관찰에 의하면, 꿈의 회상은 초기의 신체적인 알코올/약물의 해독 과정 그리고 회복 초기에 뚜렷하게 감소한다. 단주 또는 단약을 6 개월 정도 한 경우에는 꿈의 회상이 의미 있게 증가하는 것 같다(기억 되는 꿈의 수가 증가하며, 일반적으로 꿈의 내용도 상세해진다).

　개인적으로, 직업적으로 가장 흥미로웠던 중독과 관련된 꿈의 영역은 알코올 중독자들의 "음주하는 꿈"과 약물이나 행동 중독자들의 "몰입 중인 꿈"이었다. "사용 중인 꿈using dream"이란 중독자들이 꿈에서 중독 행동에 관여하거나, 참여하거나, 참여하고 싶은 유혹을 느끼는 그러한 꿈을 이야기한다. 중독자가 깨어 있을 때 "사용using"에 대한 정상적인 반응, 즉 각성 시 의식적인 자아의 실제 반응이 있다. 또한 꿈 자아의 반응(즉, 꿈에 나타나는 꿈꾸는 이의 주관적인 자아－반응)이 존재한다. 나는 이러한 현상을 관찰하면서 진단적으로 그리고 예후적으로 그러한 반응들이 매우 의미 있다는 것을 알게 되었다.

　꿈 자아the dream ego는 우리가 자신으로 동일시하는 꿈속의 사람 또는 시각이다. 꿈에는 우리가 자신으로 경험하지 않는 사람들이나, 내용들도 나타난다. 꿈속에서 듣고, 보고, 느끼고, 냄새 맡고, 말하고, 생각하고, 만지고, 상상하고, 행동하는 바로 그것이 꿈 자아이다. 그것은 꿈을 이야기할 때, 우리가 "나"라고 부르는 꿈의 측면이나 사람이다. 각성 시의 자아the waking ego란, 깨어있는 일상생활에서의 사물에 대한 지각, 반응, 경험 등 우리가 "나"라고 동일시하는 그것을 말한다.

　꿈 자아와 각성 시 자아는 동일한 것이 아니다. 이들은 언제나 같은 방식으로 반응하거나 경험하거나 조망하지 않는다. 때때로 이들은 완전히 반대로 나타난다. 예컨대, 꿈에서 나는 가장 친한 친구가 처형되는 것을 보고 있다. 꿈속의 나는 차분하고, 냉정하게 그것을 보다가, 동의하면서 고개를 끄덕일 수 있다. 꿈에서 깨어난 나는, 꿈속의 나와 달리 소스라치게 놀랄 수 있다. 나는 꿈에서 친구를 구하거나, 처형을 멈추려고 어떤 노력도 하지 않았다는 것에 죄책감을 느끼거나 두려움을 느낄 수 있다. 꿈 자아와 각성 시 자아의 반응은 때때로 완전히 일치하고, 때때로 유사하고, 때때로 다르고, 때때로 완전히 반대여서 마치 서로 다른 두 사람처럼 보이기도 한다. 때때로 우리의 꿈 자아는,

각성 시의 자아 의식이 용납하기 어렵고, 완전히 이질적이거나 어울리지 않는 것을 말하거나, 행동으로 옮기거나, 느낄 수 있다. 이러한 꿈 자아는 그동안 부정, 축소, 합리화, 회피하려 했던 나의 사고, 감정, 동기, 행동 등을 깨닫고 동화하기 위하여, 잠재적인 그림자 문제를 돌아볼 큰 기회가 될 수 있다. 이러한 차이들은 심리학적으로 매우 의미가 있으며, 그래서 의식적으로 그리고 반성적으로 탐색되어야 한다.

융학파와 같은 전통적인 지혜에 의하면 꿈 자아는 항상 어떤 의미에서 각성 시의 자아 의식에 선행한다. 왜냐하면 그것은 이미 더 많은 것을 알고 있기 때문이다. 또한 게임에서 약간 앞서 있는데, 왜냐하면 무의식에 대한 접근성 때문에 더 많은 정보를 갖고 있기 때문이다.

나는 음주하는 꿈과 몰입하는 꿈에 대한, 회복 중인 또는 그렇지 않은 중독자들의 꿈 자아와 각성 시 자아가 보이는 광범위한 반응을 보아왔다. 어떤 중독자가 얼마나 오랫동안 자제력을 유지하고 있는지, 즉 사용하거나 몰입하고 있지 않은지, 자제력과 회복에 대한 그의 태도는 어떠한지, 뿐만 아니라 어떤 사람이 익명의 중독자들 모임에서 이야기하는 것처럼 "자신의 문제와 작업하고 있는지"(이것은 모임의 자조 프로그램 이용하기, 익명의 중독자들 모임에 참여하기, 12단계 실천하기, 빅북Big Book과 회복에 관한 저술들 읽기, 후원자와 이야기하기 등과 같이 회복을 위한 노력에 적극적으로 참여하는 것을 의미한다). 이러한 모든 것들이 꿈속에서의 음주와 몰입using에 대한 꿈 자아와 각성 시 자아의 반응에 영향을 미친다.

꿈 자아와 각성 시 자아의 반응은, 음주와 몰입에 대한 "기분 좋은" 반응으로부터 "기분 나쁜" 반응으로 두 대극 사이를 이동하는 것으로 보인다. 세 번째 가능성은 꿈 자아와 각성 시 자아의 반응이 "기분 좋은"/"기분 나쁜"이라는 대극 사이의 어딘가에 떨어지는 것이다. 사용 중인 꿈을 평가할 때, 꿈에 나타나는 사용에 대한 꿈 자아와 각성 시 자아의 반응을 비교하고 대비하는 것이 중요하다.

"기분 좋은" 사용 중인 꿈 반응
"Feels Great" Using Dream Reaction

꿈 자아의 "기분 좋은" 반응의 사용 중인 꿈이란, 중독자가 꿈속에서 중독 행위(음주, 약물, 도박, 성, 흡연, 음식 등)를 하면서, 그것을 즐겁고 기분 좋다고 느낄 때이다. 이것은 흔히 꿈에서 절정의 느낌으로, 마치 무언가를 훔치고, 규칙을 깨고, 체제를 타도하고, 나쁜 짓을 하고도 붙잡히지 않고 대가도 치르지 않는 그러한 느낌으로 경험된다. 꿈 자아는 사용을 매우 좋아하고 쾌감을 느끼는 '기분 좋은' 반응을 한다. 이때 꿈 자아는 죄책감, 두려움, 불안감, 실패감 또는 후회를 보이지 않는다.

"사용 중인 꿈"

꿈에서의 중독 몰입에 대한 꿈 자아와 각성 시 자아의 반응은 4점 척도로 평가할 수 있다. 4점 척도는 사용에 대한 "기분 좋은" 극과 그 대극인 "기분 나쁜" 극에 이른다.

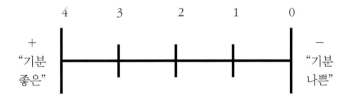

사용 중인 꿈에 대한 꿈 자아와 각성 시 자아의 반응 모두를 평가하라.

A. "기분 좋은" 사용 중인 꿈
B. "기분 나쁜" 사용 중인 꿈
C. 그 사이 어딘가의 사용 중인 꿈

꿈에서 깨어난 후의 각성 시 자아의 반응도 매우 중요하다. 각성 시 자아의 반응과 꿈 자아의 반응이 같을 수 있다. 즉, 현실에서 중독에 몰입하는 것이 불가능하거나 허락되지 않을 때 꿈에서의 몰입에 쾌감을 느끼고 절정감을 경험한다면, 이것은 그 사람이 여전히 중독–그림자–콤플렉스의 강력한 통제하에 있다는 의미이다. 이것은 진단적으로 중요한 지표이며, 또한 익명의 중독자들 모임의 1단계, 2단계, 3단계에 성공적이고 효과적으로 들어가지 못하였음을 의미할 수 있다. 그는 아직 자기(위대한 힘)에 대하여 자아를 상대화하는 꼭 필요하고 필수적인 경험을 하지 못한 것이다. 익명의 중독자들 모임의 용어로 이야기한다면, 그는 아직 "바닥을 치는 것hit bottom"을 경험하지 못한 것이다. 이런 경우는 종종 중독자가 타인(배우자, 가족, 법원, 사장, 근로자 지원 프로그램 등)에 의해 치료 프로그램에 참여하도록 강제되거나 강요되었을 경우로서, 그는 회복을 위해 실제로 노력하거나 전념하지 않았던 것이다. 이러한 단계의 동기란 대개 일단 "불을 끔"에 있으며, 따라서 상황이 호전되면 중독에의 몰입이 다시 시작될 것이다. 그는 다시 할 수 있는 기회가 주어진다면 중독이 재발할 확률이 매우 높다. 그는 아직도 매우 취약한 상태에 있다. 그는 자신의 삶을 구하기 위해 필요한 단계들을 밟을 준비가 되어 있지 않다.

꿈속에서의 사용에 대하여 꿈 자아와 각성 시 자아가 동일한 "기분 좋은" 반응을 보이는 것은, 자제력 회복이 시작되는 아주 초기, 아니면 실제로 다시 사용함으로써 중독이 재발하기 시작했거나 아니면 매우 임박했을 때 흔하게 나타난다. 이러한 꿈은 그 사실을 예견하여 경고하는 것이거나 또는 실제로 확인해주는 꿈이라고 할 수 있다.

그는 현재 (해독 중이거나, 치료 시설에 있거나, 일시적으로 중독 행동에 접근하지 못함으로써) 환경에 의해 중독이 억제되고 있거나 부정되고 있는 상태일 수 있다. 이러한 유형의 "기분 좋은" 꿈이란, 이러한 현실에 대한 무의식적 보상이라고 볼 수 있다. 어떤 의미에서는 이는 프로이트 학파의 고전적인 소망-충족의wish-fulfillment 꿈으로서 매우 위험한 결과에 이를 잠재성을 가지고 있다.

융학파 분석가인 James Hall은 융학파의 꿈 해석에 관한 자신의 저술에서 이러한 유형의 꿈을 다음과 같이 설명하고 있다. "예컨대 금주하고 있는 알코올 중독자들은 종종 금주를 시작하자마자 곧 음주하는 꿈을 꾸고는 한다. 이러한 유형의 꿈은 금연을 시작한 흡연자들의 꿈에서도 관찰할 수 있다. 구조적으로 단순한 이러한 꿈들은 무엇을 의미하나? 비록 자아는 더 이상 중독에 동일시하고 있지 않지만, 그림자 행동(중독 행동)이 내재되어 있는 자아-동일시의 패턴은 여전히 집요하다는 것을 시사한다. 이러한 꿈들을 소망 충족의 꿈으로 극단적으로 단순화하여 설명하는 것은, 자아를 과거의 태도와 행동 패턴으로 매몰시키는 우를 범하는 것이다. 사실 바람직한 것은 자아를 과거로부터 벗어나도록 격려해야 하는 것이다."[2]

Hall은 사용 중인 꿈을 중독 행동으로의 회귀적 환원론을 정당화하는 식으로 해석하는 것은 중독자를 위한 최선이 될 수 없다고 보았다. 그는 "이 꿈에 의하면 여전히 위험이 존재하는 것 같다"는 정도의 주의나 경고로 해석하는 것이 바람직하다고 보았다. 이렇게 하는 것이 중독자가 자기the Self 안에서, 회복의 빛과 자유를 향해 나아가도록 돕는다고 했는데, 나는 그의 생각에 동의한다.

회복 초기의 이러한 "기분 좋은" 사용 중인 꿈이 함축하는 것은 무엇인가? 그러한 꿈은 진단적으로 중독자의 자아-동일시가 여전히 중독-그림자-콤플렉스의 심리적 지배 아래에 있음을 보여준다. 그를 중독 행동에 참여시켜 자신의 영향력, 힘, 통제력을 유지하려는 중독-그림자-콤플렉스의 강력한 욕구가 시사된다. 중독-그림자-콤플렉스는 중독 행위를 통해 양식과 에너지를 공급받는다. 그러므로 어떤

이유로든 그러한 공급이 끊어지면, 그것은 공황에 빠져 생존하려고 몸
부림치고 서서히 굶주려 죽지 않으려 발버둥친다. 그리고 대개는 어떤
종류의 동면이 중단되지 않도록 어떻게든 에너지를 공급하도록 요구하
고 도전한다. 중독－그림자－콤플렉스는 다시 통제력을 회복하기 위하
여 가능한 모든 방법을 동원한다. 여기에는 회복의 싹을 침식하여 분
해하려 시도하는 사용 중인 꿈, 중독 행위를 재현하여 그것이 능동적
으로 작동하고 큰 힘을 얻도록 하는 것 등이 포함된다.

　만약 중독－그림자－콤플렉스가 중독 행위에 대한 압도적인 갈망과
강박을 재활성화할 수 있다면, 그것은 다시 주도권을 잡고 통제력을
회복하여, 중독자와 그의 삶을 파괴할 수 있게 된다. 중독－그림자－
콤플렉스는 현재의 상황을 자기 멋대로 휘두르기 위하여, 중독자의 사
고, 감정, 욕구, 태도, 신체, 관계 그리고 그의 꿈에서 어떻게든 약점,
취약성, 그리고 작은 빈틈을 찾으려고 노력한다.

　앞에서 언급되었던 *The Harvard Medical School Mental Health
Letter*에 실린 연구를 회상해보라. 그 연구에 의하면 회복 중인 알코올
중독자들의 심리적, 사회적 문제는 자제력이 유지되는 첫 3년 동안은
적극적으로 음주 중인 알코올 중독자들과 기본적으로 동일하다. 이러
한 연구 결과는 대부분의 "기분 좋은" 사용 중인 꿈이 회복기의 첫 3
년간 발생한다는 나의 관찰과 일치한다. 이 3년 동안, 중독자의 자아와
심리 과정은 중독－그림자－콤플렉스의 유혹에 여전히 혼란스럽고, 불
안정하고, 매우 취약하다. 3년간 자제한다면, 즉 중독 행동에 참여하지
않는다면, 중독－그림자－콤플렉스는 매우 약하고 희미해지고 심지어
어느 정도 해체된다. 그러나 중독의 원형적 그림자/원형적 악의 측면
이 재활성화되기 충분할 정도로 상황, 조건, 빈약한 판단이 연합된다
면, 그것은 복수하기 위해 복귀할 잠재력이 있음을 잊지 말아야 한다.
이러한 까닭에 A.A.는 "한 번 알코올 중독자는 영원히 알코올 중독자

다."라고 이야기하는 것이다. '알코올 중독자이다' 또는 '알코올 중독자
가 아니다' 중에서 선택하는 것이 아니다. 자제력을 유지하고 있는 회
복 중인 알코올 중독자와 통제하지 못하는, 현재형의 사용 중인 알코
올 중독자 둘 중의 하나가 있는 것이다. 그래서 일단 자제력을 회복하
면 "첫 잔을 들지 말라Don't take the first drink"는 것이 A.A.의 명제이다.
이것은 중독의 실제적인 측면을 가장 논리적이고 합리적인 방식으로
함축하고 있는 것이다.

　A.A.의 많은 사람들이, 오랫동안 자제력을 유지하던 가까운 친구가
그저 한 번의 작은 실수를 하는 것을 본 적이 있다. 그러나 그것은 사
실 다시는 절대로 찾아오지 않을 것으로 생각했던 재발이었으며, 그로
인해 그가 생명을 포함한 모든 것을 잃는 끔찍한 경험을 하는 것을 목
격한 적이 있다. 그것은 슬프고 매우 고통스러운 경험이다. 그것은 중
독의 파괴적인 힘을 결코 과소평가하지 말 것, 그리고 자제력과 회복
을 당연한 것으로 간주하는 것에 대한 경고이다.

　"기분 좋은" 사용 중인 꿈을 다른 측면에서 이해할 수 있다. 즉 회복
초기의 중독자들은 다양한 수준과 단계에서 자신의 중독을 부정하는
데, 꿈은 이런 고통스런 현실을 의식과 무의식의 수준 모두에서 수용
하여야 하는 그들의 진행 중인 투쟁을 반영한다.

　특히 첫 3년간 자제력을 회복한 후의 중독자가 "기분 좋은" 사용 중
인 꿈을 꾼다면 주의할 점이 있다. 이러한 꿈은 교묘하고 비뚤어진 영
향력을 회복하려고 기만적으로 유혹하는 중독－그림자－콤플렉스에
매혹된 자아－동일시와 관련 있을 가능성이 높다. 때때로 회복 중인
중독자는 삶이 너무도 만족스러워 더 이상의 중독은 없을 것이라고 믿
게 된다. 그래서 한 잔 마셔도, 마리화나를 피워도, 화투를 치더라도
그것 때문에 문제가 일어나지 않도록 스스로 조절할 수 있다고 생각한
다. 익명의 중독자들 모임에서는 이것을 직접적이고, 단순하고, 명료하

게 "꿀꿀한 생각stinking thinking"이라고 부른다. 때때로 어떤 사람은 자제력을 회복했던 초기의 경험인 최초의 흥분, 주의, 강화로부터 멀리 벗어났을 수 있다. 그에게 자제는 지루하고, 재미없고, 심드렁하고, 상투적인 것일 수 있다. 회복 중인 개인은 금주한다고, 단도박한다고 더이상 축하받지 않는다. 그들이 술, 도박을 자제하는 것은 이제 당연한 것이다. 그는 자만하기 쉽다. 이것은 종종 불만족함, 변덕스러움, 짜증, 그리고 과민함을 동반한다. 중독자는 가족과 친구들과 대화하기, 관계 맺기, 어울리기 매우 어려운 사람일 수 있다. A.A.에서는 이런 경험을 "마른 주정dry drunk"이라고 부른다. 이때의 회복 중인 개인들은 "기분 좋은" 사용 중인 꿈의 유혹을 받기 쉽다.

나에게 심리치료를 받고 있는 회복 중인 중독자가 "기분 좋은Feels Great" 사용 중인 꿈using dream을 꾸었다면, 그 꿈은 그가 다시 사용함으로써 재발할 가능성을 시사하는 잠재적 신호로 간주한다. 이러한 사람들은 자신이 여전히 중독자라는 현실을 포함하여, 삶의 중요한 측면을 축소하고, 합리화하고, 부정하기 시작한다. 때로는 삶에서 스트레스가 점점 많아지면, 그들은 전에 친숙했던 중독 행동의 적응 기제로 되돌아가고 싶은 유혹을 받는다. 때때로 그들은 의식적으로 또는 무의식적으로 지지 체계와 회복 프로그램을 제거하기 시작한다. 그들은 익명의 중독자들 모임에 참석하지 않는다. 그들은 회복된 사람들 그리고 후원자들과의 대화를 중단하고 12단계를 실천하지 않는다. 그들은 기도하지 않고 다른 사람들이 회복하도록 돕지 않는다. 때로는 환경이 상황을 악화시킨다. 후원자가 이사를 가거나, 새로운 직장 때문에 친숙한 모임에 참석하는 것이 어려울 수 있고, 가족이 다른 곳으로 이사를 해야 하는 경우도 있다.

"기분 좋은" 사용 중인 꿈은 잠시 멈추어 무슨 일이 벌어지고 있는지 살필 기회를 제공한다. 재발을 예방하는 기회; 강화하고 튼튼하게 할 필요가 있는 것을 강화할 기회; 더 이상 지니고 있을 필요가 없는 것을 포기할 기회; 우선 순위, 지지 체계, 회복 프로그램 및 자기(위대한 힘)와의 현재의 관계를 재평가할 기회.

자제력을 잘 유지하고 있는 어떤 사람이 "기분 좋은" 사용 중인 꿈을 꾸었다고 하자. 꿈에서의 사용using에 대하여 꿈 자아와 각성 시 자아의 반응이 긍정적이라면 이 사람은 물론 재발할 위험성이 매우 높다. 그는 보다 집중적인 도움과 지지 그리고 심리치료를 필요로 한다.

자제력을 잘 유지하고 있는 대부분의 사람들은 "기분 좋은" 사용 중인 꿈에 대한 꿈 자아와 각성 시 자아의 반응이 일치하지 않는다. 항상은 아니지만 대개의 경우, 꿈에서의 사용using에 대한 각성 시 자아의 반응은 심드렁하거나 양가적이다. 이러한 꿈은 이 사람이 어느 정도, 자제로 인한 이점들을 즐기고 있거나 감사하고 있으며 심리학적 회복을 위해 노력하고 있음을 보여준다. 보다 건강하고, 정상적인 자아가 다시 기능하고 강화하고 있는 것이다. 그는 중독-그림자-콤플렉스의 속삭임, 거짓말, 기만, 유혹을 인식하고, 분간하고, 물리치는 것이 어느 정도 가능해진 것이다.

보다시피 "기분 좋은" 사용 중인 꿈을 해석할 때, 각성 시 자아의 태도와 꿈 자아의 태도에 어떤 차이가 있는지를 평가하고 진단적으로 함축하는 것 그리고 각 조건에서 치료적으로 요구되는 것이 무엇인지를 판단하는 것이 필요하다.

회복 중인 중독자의 심리치료에서 사용 중인 꿈을 해석할 때, 전체 상황을 형태학적으로 조망하여야 함을 기억하라. 사용 중인 꿈을 신의 계시, 운명 또는 예언으로 이해하지 않아야 한다. 그보다는 그 중독자의 상황에서 진행되는 현재의 역동을 이해하는 데 도움이 되는 자료로 간주하여야 한다.

이제 나는 "기분 좋은" 사용 중인 꿈이 어떻게 개성화 과정의 역동에서 작용하는지를 이해할 수 있는 사례를 제시하고자 한다.

27세의 Bill이라는 백인 청년이 외래 심리치료를 받고자 나를 찾아왔다. 그는 알코올, 마리화나 그리고 극단적으로 파괴적이고 공동의존적인 낭만적 사랑 관계에 중독되어 있었다. 나는 중독 자제력을 이제막 갖기 시작했거나 회복의 아주 초기에 있는 사람은 외래 심리치료나 개인 분석을 하지 않는다. 왜냐하면 그러한 사람은 A.A.에 참석하기(90일간 90번) 또는 집중적인 일차 치료 프로그램이 보다 도움이 되고 효율적이다. 예컨대 입원 치료, 낮병원 치료, 집중적인 외래 치료(1주일에 5번, 4~6주간) 같은 것들이 있다. 나의 경험으로는 회복의 초기에 있는 사람이 자제력을 회복하고 유지하고 중독으로부터 진정으로 회복하고자 한다면, 상당한 수준의 반복적이고 구조화된 일상, 강화, 지지, 교육 그리고 격려가 필요하다. 일주일에 한두 번, 한 시간 상담으로는 대부분의 경우 매우 부족하다. 나는 중독 자제력 회복을 원해서 나를 처음 찾아온 중독자들에게 종종, 익명의 중독자들 모임을 찾아가거나 아니면 집중적인 중독 치료를 받도록 권한다. 그리고 6개월에서 1년 이상 자제력을 유지하면 나에게 돌아와 심리치료나 개인 분석을 받도록 권한다. 나의 경험에 의하면 일단 먼지가 가라앉아 어느 정도의 자제력을 경험하면, 즉 일단 일정 기간 술병을 따지 않았다면 그래서 자제함으로써 오는 최초의 이득을 경험할 기회가 있었고 중독 행동에 빠지지 않았다면, 전통적인 심리치료 또는 개인 분석을 통해 그의 역동들(페르소나, 개인적 그림자, 콤플렉스, 아니마/아니무스, 발달력)을 보다 효과적으로 탐색하고, 다루어 볼 수 있다.

*Harvard Medical School Mental Health Letter*의 연구에서 분명하게 언급한 것처럼, 중독의 심리학적 효과는 개인의 정신과 역동을 너무나 뒤죽박죽으로 만들어 혼란스럽게 왜곡함으로써, 그 과정에서 어떤

것이 어떤 영향을 미치는지를 분류하여 명료하게 하는 것이 매우 어렵다. 수년 전 루이지애나의 일차 치료 센터에 입원한 중독 환자들의 치료자로 일하면서 나는 이러한 왜곡과 혼란의 좋은 예를 개인적으로 관찰하였다. 입원 절차의 하나로써 우리는 환자들이 입원하는 날 다면적 인성검사(MMPI)를 실시한다. 대부분의 환자들은 입원했을 때 아직도 약물이나 알코올의 영향 하에 있다. 상당한 수준의 물질이 여전히 그들의 신체 안에 남아 있다. 많은 환자들이 의학적인 해독을 거친다.

치료진을 특히 당황하게 하고 흥미롭게 만드는 것은 많은 환자들이 다면적 인성검사의 대부분의 정신병리 척도에서 극단적인 상승을 보인다는 것이다. 이러한 결과는 마치, 중독의 영향 아래에 있을 때, 그들은 세상에서 가장 혼란스럽고 가장 심한 정신질환을 앓고 있는 사람들처럼 보이며, 나는 어떤 면에서 그것이 사실이라고 생각한다. 그들은 조현병, 건강염려증, 우울증, 히스테리아, 정신병질, 경계선, 편집증, 성 동일시, 공포, 강박사고/강박행동, 그리고 조증 등의 많은 척도에서 의미 있게 상승하였다. 이러한 결과는 마치 그 검사에서 전기줄이 누전되어, 그 결과가 사방에 나타나고 있는 것처럼 보인다.

심리학자들과 상담자들은 이러한 검사 결과를 보고 무엇인가 잘못되었다는 것을 알았다. 이러한 점수 분포는 환자들의 성격적 경향과 문제들을 정확하고 타당하게 표상하지 못하였다. 만약 정말 정확하고 타당하게 표상한 것이라면, 모든 사람이 모든 문제를 갖고 있는 것이다! 그래서 우리는 이 문제에 관하여 논의하였고 나중에 치료받고 해독되어 회복된 최소한 2주 후에 다면적 인성검사를 다시 실시하였다. 그 결과는 매우 다양했다. 전의 검사에서 기준 이상의 높은 상승을 보였던 사람들이, 이제 상대적으로 정상적인 범위 내에 분포하였다. 중독의 심리학적 영향과 효과는 어느 시점에서든 절대로 과소평가되지 않아야 한다.

이러한 검사 결과가 시사하는 것은, 알코올과 약물이 중독자에게 미치는 직접적인 대사 효과는 상상할 수 없을 정도의 심리적 혼란과 정신적 문제를 야기하며 성격의 진정한 본성을 너무도 크게 비틀어, 그들의 개성을 결코 알아볼 수 없게 한다는 것이다. 이러한 결과는 중독 －그림자－콤플렉스는 너무도 강력하고 지배적인 것이어서, 그것이 통제력을 얻으면 문자 그대로 건강하고 정상적인 방식으로 진정한 자신이 되는 능력을 말살한다는 나의 주장을 지지하여 준다. 이것은 익명의 중독자들 모임의 1단계를 입증한다. 즉 우리는 알코올(도박, 약물 등)에 무력했으며, 스스로 생활을 관리할 수 없게 된 것을 깨달았다. 이들은 동일한 현상을 전혀 다른 언어로 설명하고 있는 것이다.

어떤 경우이든, 나는 대개 회복의 초기 자제력 단계에 있는 사람들은 치료하지 않았지만 Bill에게는 그렇게 했다. 자제sobriety를 시작한 2주 후, 그는 자신이 음주하고 마리화나를 피우고 그것을 즐기는 꿈을 꾸었다고 보고하였다. 회복 3주경에 그는 꿈에서 운전을 하고 있었고 경찰이 그를 세우는 꿈을 보고하였다. 경찰은 운전면허증을 보자고 하였는데, 그는 약물중독운전(Driving While Intoxicated)으로 면허가 정지되었으므로 면허증이 없었다. 그는 불법 운전으로 체포되거나 딱지를 떼지 않도록 경찰관을 교묘하게 설득하였고 그러한 노력이 성공해서 자신에게 뿌듯하였다. 장면이 바뀌어 그는 비행기에 부모님과 타고 있었다. 그는 모르는 소녀를 보았고 그 자리에서 그녀와 성관계를 갖기를 원했다. 즉각적인 만족을 원하는 욕구인 충동성이 법보다 먼저였고, 상황을 자기팽창적으로 통제하려는 것이 꿈에서 매우 분명했다. 익명의 중독자들 모임에서는 이것을 "자기가 난리 친다self will run riot[2]"고

---

2) "self will run riot"은 '문제는 자신이 일으켜놓고 난리를 친다'는 의미이다. (역주)

말한다. 이 당시의 Bill은 꿈 자아와 각성 시 자아 모두 "기분 좋은" 사용 중인 꿈을 꾸고 있었다고 할 수 있다. 그의 자제에 대한 의지는 희박했다. 그의 중독된 자아addicted ego는 위대한 힘에 진심으로 굴복하지 않았던 것이다. 그는 사실은 여전히 중독-그림자-콤플렉스의 영향력 아래에 있으면서 그 통제를 받고 있었던 것이다. 그는 자신의 의지력, 자기 단련, 자아 통제만으로 맑은 정신과 자제력을 유지하려고 한 것이다. 익명의 중독자들 모임에서는 이것을 "무모한 의지에만 기대는 것white-knuckling it"으로 지칭한다. 그런데 알다시피 그가 정말 중독자라면, 자아에 의해 통제될 수 없는 것을 통제하려고 하고 있기 때문에 그것은 절대 불가능한 일이다.

Bill은 2개월간 자제력을 유지한 후, 다시 술을 마시고 마리화나를 피우기 시작했으며 여자친구와의 매우 파괴적인 관계로 다시 돌아갔다. 내가 Bill과 약속한 심리치료를 계속하기 위한 조건들 중의 하나는 그가 자제력을 유지하고 술과 마리화나를 하지 않아야 한다는 것이었다. 나는 그에게 우리의 계약을 상기시켰다. 그는 여러 번 상담 시간에 오지 않거나 종종 늦게 도착하였다. 그는 3주간 자제력을 유지했지만 다시 술을 마시고 마리화나를 피우기 시작했다. 그리고 이번에는 통제가 되지 않았다. 나는 그를 집중적인 입원 중독 치료 프로그램에 의뢰하였다. 그는 5주간 입원 치료를 받았다. 다시 나에게 외래 심리치료를 받으러 왔을 때, 그는 익명의 중독자들 모임에 정기적으로 참석하지 않았고, 12단계를 따르지 않았고, 후원자를 만나지 않았고, 사후 지지 집단에도 참석하지 않았다.

가장 최근에 6일간 자제한 후, 그는 중독 문제 치료를 위한 어떤 형태의 회복 또는 지지 모임에도 전혀 참석하지 않았다. 그는 꿈을 가지고 왔다. 그는 꿈에서 술에 취해 있었고 그것을 완전히 즐기고 있었으며, 깨어서는 적어도 꿈에서라도 술을 마실 수 있어서 다행이라고 느끼고 있었다. 꿈 자아와 각성 시 자아 모두 자신의 몰입하는 꿈에 대해 "기분 좋은" 반응을 보이고 있었다. 그는 나의 권유로 다시 익명의 중독자들 모임에 참석했지만 곧 참석을 완전히 중단하였으며 다시 술과 마리화나를 하기 시작하였다. 그는 나와 약속했던 심리치료에 참석하지 않았으며 나의 전화들도 받지 않았다. 그의 가족과 친구들에 의하면 그는 음주와 마리화나 사용이 훨씬 심해졌으며, 완전히 통제 불가능한 상태라고 하였다. 그는 가족에게 자신의 중독 문제를 치유하기 위한 어떤 도움이나 치료에도 더 이상 관심이 없다고 이야기했다.

슬프게도 이제 중독-그림자-콤플렉스가 Bill을 꼭 물고 그를 풀어주지 않고 있었다. Bill의 자제력은 예측하기 어려웠다. 그의 "기분 좋은" 사용 중인 꿈은, 그가 익명의 중독자들 모임의 1단계, 2단계, 3단계를 따라 자아를 상대화하는 회심의 경험, 즉 심리학적으로 필요한 변화가 없었기 때문에, 그에게 심각한 문제가 있다는 것을 보여주고 있었다. 저 3개의 단계들을 밟지 않는다면, 즉 중독의 원형적 그림자/원형적 악의 측면을 무력화하지 않는다면, 빌의 어떠한 노력도 헛되고, 무의미하고, 비효과적이다.

"기분 나쁜" 사용 중인 꿈 반응
"Feels Awful" Using Dream Reaction

전형적으로는 사용 중인 꿈에 대하여 꿈 자아와 각성 시 자아 모두가, 또는 한쪽이라도 "기분 나쁜" 반응을 보이는 것은 회복의 후반기에 나타난다. 이러한 꿈들에서 중독자는 종종 꿈속에서 부지불식간에 술을 마시고, 약물을 하고, 도박을 하는 등의 유혹을 받거나 실수를 한다. 꿈 자아는 꿈에서의 몰입에 만족해하거나 즐거워하지 않는다. 꿈 자아의 반응은 자제력을 잃은 것에 매우 놀라거나 실망하는 것으로부터, 그에 대한 매우 불안하고 양가적인 감정에까지 이른다. 공포심, 실패감, 죄책감, 수치심, 불만족감, 불안감, 그리고 후회를 흔히 보인다. 많은 사람들이 꿈속에서 일어난 것 때문에 두려움을 느꼈다고 보고하였다. 그래서 나는 이러한 꿈을 "기분 나쁜" 몰입하는 꿈이라고 부른다. 그들은 실수하였고, 재발하였고, 자제력을 상실하여 다시 중독으로 삼켜질 위험에 빠진 것에 두려움을 느꼈다.

꿈 자아는 꿈에서의 사용using에 다소 혼란스러운 감정을 보이고 있다. 그러나 더 중요한 것은 깨어난 후, 각성 시 자아의 반응이다. 꿈에서의 사용에 대한 대부분의 사람들의 각성 시 자아의 반응은 커다란 놀라움과 두려움이다. 왜냐하면 꿈은 재발에의 두려움을 불러일으키기 때문이다. 어떤 사람들은 이것이 꿈이고 현실이 아니라는 것, 즉 자신이 실제로 술을 마신 것이 아니라는 것을 깨닫는 데 약간의 시간이 걸린다. 사람들은 꿈의 중요성을 알지 못하므로 이것이 꿈이라는 것을 깨달았을 때, 자신이 여전히 자제하고 있고 "그저 꿈이었다"는 것에 크게 안도한다. 그러나 그들은 곧 도대체 이 사용 중인 꿈이 무엇을 의미하는지를 궁금해 한다. 즉, 정신이 왜 이러한 꿈을 자신에게 보냈는지를 궁금해 하기 시작하는 것이다. 사용 중인 꿈은 그들이 회복 과정의 어디에 있으며, 어떤 것이 삶의 스트레스가 되는지, 지지 체계의 강점은 무엇인지, 12단계를 얼마나 잘 따르고 있는지를 살펴보는 좋은 기회가 되어 준다.

만약 회복 중인 중독자가 "기분 나쁜" 사용 중인 꿈을 꾸었다면, 이는 자아－동일시the ego-identify가 중독보다는 자제력과 회복을 위해 노력하고 있다는 것이므로 진단적으로 좋은 신호라고 할 수 있다. 그는 초기의 부인하는 단계를 넘어서 나아가고 있으며, 중독의 위험성을 실감하고 있고, 중독에 대한 무력함을 매우 깊은 수준에서 깨닫고 있는 것이다. 자아가 중독의 커다란 영향 아래에 있지 않고, 진심으로 자제하고 싶다는 욕구를 내면화한 것이다. 이들 사례에서 자제력은 매우 중요한 것으로 인식되고 존중을 받고 있다. 또한 자제하는 삶이 주는 이점들은 계속 유지할만한 높은 가치가 있다는 것을 명백하게 보여주고 있다. "기분 나쁜" 몰입하는 꿈은 익명의 중독자들 모임의 표현에 의하면 "프로그램이 효과를 보이고 있다"고 표현할 수 있다.

정신역동적 용어로 이야기한다면, 이것은 그가 자제력과 치유를 위한 의식적 노력을 매우 열심히 하고 있음을 의미한다. 이것은 중독－그림자－콤플렉스의 원형적 그림자/원형적 악의 측면이 무력화되었음을 시사한다. 그래서 회복을 향한 전투는 매우 건강하고 잘 기능하는 자아의 도움을 받으며, 원형적 수준이 아닌 인간 수준에서 벌어지고 있음을 의미한다. 이제 의지력, 자기 단련, 자아 통제라는 심리학적 도구들과 자원들이 어느 정도 힘을 갖게 되었다. 그래서 어느 정도 자기(위대한 힘)의 의지를 따를 수 있고 생각, 감정, 계획, 결정 그리고 행동 등을 취할 때 의미 있는 역할을 할 수 있게 되었다.

치료적 측면에서, "기분 나쁜" 사용 중인 꿈은 많은 잠재적인 의미를 갖고 있다. 만약 중독자가 그러한 사실을 잊고 있거나 합리화하려고 한다면, 이러한 꿈은 그에게 아직 중독 상태임을 상기시켜주는 것이다. 사람들에게 이러한 꿈은 관심을 갖고 주의해야 하는 자기로부터의 멋진 경고일 수 있다. 이러한 꿈은, 고통스러운 병을 앓으면서 많이 배우고 성장했다는 과도한 자신감으로 중독 행동을 통제할 수 있다고 자아가 팽창한 중독자에게 경고하는 것일 수 있다. "기분 나쁜" 사용 중인 꿈은 중독자에게 현실을 깨우쳐 주고 재발하여 모든 것을 잃을 가능성이 있음을 환기시키는 효과를 가질 수 있다. 아마도 그러한 꿈은 그에게 위험한 수준의 스트레스가 있음을 경고하는 것일 수 있다. 또는 자신을 잘 돌보지 못하고 있어 생각보다 훨씬 취약한 상태임을 경고하는 것일 수도 있다.

다음 사례는 "기분 나쁜" 몰입하는 꿈이 어떤 의미를 갖는지를 보여준다. Tom은 35세의 백인 남성이다. 그는 익명의 중독자들 모임에 참여하여 4개월간 자제력을 유지한 후 나에게 심리치료를 받으러 찾아왔다. 그는 당시 전문대학원에 재학 중이었다. 그는 술과 상상할 수 있는 거의 모든 약물에 중독되어 있었다. 그는 또한 음식, 성 그리고 과도하게 의존적인 관계에도 중독되어 있었다. 8개월쯤 자제력을 유지하고 있던 Tom은 비행기 여행을 하게 되었는데, 거의 재발할 뻔했다. 그는 그때 얼음을 띄운 고급 위스키를 손에 쥐고 거의 마실 뻔 했으나 내려놓았다. 이러한 일이 있은 직후, Tom은 모든 것이 통제되지 않는 압도적인 느낌의 꿈을 꾸었다. 그는 학위 논문 작성에 어려움이 있었고, 여자친구와의 관계는 비참했다. 그는 꿈속에서 완전히 절망하여 술을 마시고 약물을 하고 있었다. 그러다 장면이 바뀌어 그는 갑자기 점프하여 수영장 크기의 불개미집으로 뛰어들었다가 놀라서 깨어났는데, 너무도 두렵고 무서웠다. 불개미가 자신을 산 채로 잡아먹는 공포에 떨면서 그는 능력을 넘어서는 일에 관하여 이야기하였다. 그의 꿈은 위험한 수준에 이른 삶의 스트레스를 처리하기 위하여, 그가 알코올과 약물을 시작할 위험이 높다고 경고하고 있었다. 그는 그러한 꿈의 의도를 알아차렸다. 그는 회복 프로그램과 지지 체계를 강화할 필요가 있음을 깨달았다. 그는 삶의 스트레스 요인들을 단순화하고, 줄이고 또한 우선순위를 다시 매길 필요가 있었다. 그는 적절한 행동을 취하였으며, 자제력과 회복을 유지하였고 전문대학원을 성공적으로 졸업하였다. 내가 그에게 들은 마지막 소식은 자제력을 유지하며 잘 지내고 있다는 것이었다.

때때로 회복 중인 중독자들은 자제력을 10년, 20년, 30년 유지하고 있다가 난데없이 음주, 약물 또는 도박하는 꿈을 꾼다. 이러한 꿈은 삶을 방해하거나, 또는 삶에서 진행되는 어떤 것과의 연관성도 찾을 수 없었다. 꿈 자아가 이러한 꿈을 "기분 나쁜" 사용 중인 꿈으로 경험하지 않거나 자제력의 심각한 위협을 경고하는 꿈이 아닐 수 있다. 그럼에도 내가 심리치료를 했던 대부분의 사람들의 각성 시 자아는 이러한 꿈을 매우 불편해 하였고, 다소 불안감을 느꼈다. 이런 꿈들이 주기적으로 나타나는 것은, 회복 중인 사람에게 당신이 아주 장기간 자제력을 유지하고 있지만 아직 중독은 사라지지 않았다는 것을 깨우쳐 주려는 것이다. 즉 자기 또는 위대한 힘이 당신이 중독의 본질을 잊지 않도록 환기시키기 위하여, 사용 중인 꿈을 통해 어깨를 두드려주는 것이라고 나는 생각한다. 말하자면 이러한 꿈이란 원형적 그림자/원형적 악이 남긴 지워지지 않는 흔적이며 없어지지 않는 상처이고, 중독 재발에의 취약성을 보여주는 것이다. 익명의 중독자들 모임은 자제력을 유지하고 있는 젊은 회원과 노년 회원 모두에게 이러한 현실을 전달한다. 그들은 '그저 한 잔 그리고 한 번만으로도', 그렇게 피하려 애썼던 중독이 재활성화되어, 통제할 수 없었던 이전의 삶으로 돌아갈 수 있는 것이다.

만약 몰입하는 꿈에 대해 꿈 자아는 '기분 나쁜' 반응을 하고, 각성 시 자아는 '기분 좋은' 반응을 한다면, 이러한 불일치는 비록 드물지만 이 생소한 분열의 본성을 긴급하게 탐색할 필요가 있음을 지적하는 것이다. 심한 애도 반응, 임상적 우울증, 어떤 심각한 상실, 존재론적 위기, 뇌종양 등 그 사람이 신체적으로, 심리적으로, 사회적으로 또는 영적으로 어떤 예외적인 상황에 있다면, 각성 시 자아의 특이한 반응을 이해하는 데 도움이 될 것이다. 어떤 것이 확인되어도, 그 새로운 요소들과 주제들을 심리학적으로 이해할 수 있도록 보다 의식적으로 다루어야 한다.

"그 사이 어딘가의" 몰입하는 꿈 반응
"Somewhere-in-between" Using Dream Reactions

나는 "기분 좋은" 몰입하는 꿈을 Bill의 사례를 들어 설명하였고, "기분 나쁜" 몰입하는 꿈은 Tom의 사례를 들어 설명하였다. "그 사이 어딘가의" 몰입하는 꿈은 꿈 자아의 꿈에서의 반응과 꿈에서 깨고 난 후 각성 시 자아의 반응이 매우 다양한 조합을 보이는 것으로서, 동일한 사람이 서로 다른 때에, 서로 다른 매우 다양한 반응을 보여준다. 때때로 그는 자제력과 회복을 위해 최선을 다하는 것처럼 보이며, 꿈에도 이러한 것이 나타난다. 때때로 그는 '그 사이 어딘가'에 사로잡혀 양가적이며, 때때로 그는 중독−그림자−콤플렉스에 의해 동요되어 이전으로 돌아가 있으며 이것이 꿈에도 나타난다.

나에게 상당히 오랜 기간 심리치료를 받은 어느 젊은 여성의 사례를 들어 "그 사이 어딘가의" 사용 중인 꿈을 설명하고자 한다. Sally가 처음 나에게 심리치료를 받으러 왔을 때 그녀는 20세의 매력적인 백인 여성으로 대학에 다니고 있었다. 그때 그녀의 음주는 통제되지 않고 있었으며, 학업, 연애, 그녀의 가족 관계에 영향을 미치고 있었다. 뿐만 아니라 이러한 무절제한 음주로 인해 그녀는 신체적으로 그리고 성적으로 매우 위험하고 두려운 상황에 있었다. 나의 권유로 그녀는 A.A.에 참여하여 자제력을 회복하고 심리적 안정을 찾았으며, 자신과 자신의 삶에 만족하고 있었다.

이렇게 5개월간 자제력을 유지하고 있을 때, 그녀는 자신이 A.A. 후원자의 노예였으며 그것에 분개하는 꿈을 꾸었다. 7개월이 되었을 때, 그녀는 6주 동안 A.A.에 참석하지 않았으며 정서적으로 의기소침하고, 매우 불안하였다. 그 당시 그녀의 익명의 알코올 중독자들 모임의 후원자는 다른 곳에 있었으며, Sally는 친구들과 다시 술집을 드나들기 시작하였다. 그녀는 술을 마시지는 않았다. 그러나 나에게 말하기를 그 곳에서 술을 마시는 생각을 하였으며, 점점 다시 술을 마시고 싶어졌 다고 이야기하였다. 이 무렵 그녀는 진토닉을 홀짝이다 멈추고, 술잔을 내려놓고, 얼음이 녹아 점차 술이 묽어지는 것을 밤새 지켜보는 꿈을 꾸었다. 꿈에서 그녀는 양가적으로, 술을 마시고 싶은 욕구와 7개월간 의 자제력을 잃으면 그동안 얻은 모든 것을 잃을 것이라는 두려움 사 이에서 갈등을 하고 있었다.

그녀의 꿈 자아는 그녀가 술을 홀짝임으로써 자제력을 잃고 재발할 수 있다는 것에 불쾌해하지 않고 있었다. 사실 꿈 자아는, 사실 이미 선을 넘은 것보다는 마치 그녀가 여전히 자제력을 유지하고 있고 의사 결정을 하려고 애쓰고 있는 것처럼 행동하였다. 그녀의 각성 시 자아 의 반응도, 꿈에서 그녀가 술을 마시고 자제력을 잃은 것을 그렇게 걱 정하지 않았다. 또한 그녀는 정기적으로 술을 마시던 때로 돌아가는 문제에 대해 심각하게 숙고하지 않는 것처럼 보였다. 그녀의 각성 시 자아가 가장 관심을 갖는 문제는 7개월간의 자제력을 상실하여, 그녀 의 지인들을 실망시키고 걱정하게 만드는 것이었다. 그녀는 또한 자제 력을 회복하기 위하여 다시 시작하고, 다시 7개월간의 자제력을 회복 하기 위하여 많은 노력을 해야 하는 것을 싫어하였다. 말을 하지는 않 았지만, 그녀가 정말 원했던 것은 자제력을 유지하면서 다시 술을 마 시는 것이었다. 어떤 사람들은 한편으로는 이러한 정직함, 자기 기만의 문제와 씨름하면서, 한편으로는 익명의 중독자들 모임의 긍정적 페르 조나를 보여주려고 애를 쓴다. 어떤 사람들은 실수를 인정하지 않고, 그것들을 망각하며, 또는 그것들은 자제력의 상실로 간주할 정도는 아 니라고 합리화하고는, 그래서 자신은 오랫동안 자제력을 유지하고 있 다는 환상을 지속한다.

이러한 이유로 익명의 중독자들 모임에서는 자제하며 오늘 하루만을 살아가자one day at a time고 강조한다. 수년 동안 자제력을 유지하는 멤버들에게 절제 기념일에 주어지는 칩은, 자제력을 오랫동안 유지한 것을 인정하는 것으로, 익명의 중독자들 모임의 지지와 격려 프로그램의 일부이다. 그러나 그것이 가장 중요하거나 강조되는 것은 아니다. 어제 자제력을 유지했다고 오늘 그리고 내일도 자제력을 유지한다고 보장할 수 없는 것은, 어제 자제하지 못했으니 오늘 그리고 내일도 자제하지 못할 것이라고 할 수 없는 것과 같다. 중독−그림자−콤플렉스의 교활하고, 교묘하며, 현실을 왜곡하는 본성은 크게 동요하고 있는 중이다. 익명의 중독자들 모임은 중독의 이러한 측면을 잘 알고 있어서, 멤버들에게 중독이 "교활하고, 당황하게 하고, 강력하다!"[3]는 것을 기억하라고 경고하는 것이다.

Sally의 꿈은 그녀에게 경고를 하고 있는 것이다. 중독의 자제에 양가적인 그녀의 태도 때문에, 그녀는 취약하고, 상처를 받기 쉽고, 혼란스러운 상태에 있으며, 그녀의 주의는 밤새 술이 희석되는 것을 최면에 걸린 듯 지켜보거나, 아니면 다른 사람들이 자신을 어떻게 생각하는지로 향하고 있는 것이다. 희석된 술은 강한 도수의 술보다 어쨌든 용인할 수 있는 것인가? 대극의 측면에서 꿈의 희석된 음료는 자제에 대한 그녀의 약화된 태도를 반영하는 것일 수 있다.

나는 꿈이 어떻게 그녀의 현재의 심리적 상황을 반영하고 있는지를 설명하였다. 꿈은 또한 그녀가 자제함으로써 얻는 이득은 유지하기를 원하면서 동시에 자신의 자제력 지원 시스템을 제거함으로써, 다음 단계는 친구들과 함께 진토닉을 주문하는 압도적으로 유혹적인 상황에 처해있음을 보여주고 있다. Sally는 "케이크를 먹으면서도 없어지지 않기를 바라는" 사람들을 생각나게 한다.

Sally는 꿈의 경고를 진지하게 받아들였다. 그녀는 지원 체계를 다시 강화하였으며, 자제력을 계속 유지하였다. 그녀는 대학을 성공적으로 졸업하였다. 1년간 자제력을 유지하고 있을 때, 그녀는 다시 음주하는 꿈을 꾸었다. 그녀는 사람들에게 그 꿈을 이야기하지 않았으며, 꿈속에서 다시 음주를 한 것에 몹시 당황하고 죄책감을 느꼈다. 그녀는 "기분 나쁜" 몰입하는 꿈을 꾼 것이다. 그녀의 꿈 자아와 각성 시 자아는 몰입하는 꿈을 꾸고, 그것을 감추는 것에 동일하게 불만을 느끼고 있었다. 이 꿈에서 우리는 중독−그림자−콤플렉스가 얼마나 끈질기며, 모든 수단을 동원해 우리를 다시 중독에 빠뜨리려고 끊임없이 유혹한다는 것을 알 수 있다. 음주를 숨기는 문제를 Sally와 탐색하였을 때, 그녀는 가족들은 자신이 알코올 중독자였던 것을 알고 있지만, 남자친구와 가까운 친구들에게는 아직 말하지 않았다고 이야기하였다. 그녀는 수치심과 당혹감으로 그 사실을 감추고 있었다.

1개월 후, 그녀는 사회복지 대학원 진학을 포기하였으며, 우리는 마지막 상담을 하였는데 그녀는 다른 사람들을 돌보면서 술에 취한 꿈을 꾸었다고 보고하였다. 그녀는 한동안 술을 좀 마시고 싶었으며, 몇 주 동안 익명의 알코올 중독자들 모임에 참석하지 않았다고 하였다. 그녀는 자신은 진정으로 알코올에 중독되었던 것이 아니고, 다만 그저 남용했던 것이며, 이제는 정말 음주를 통제할 수 있을 것 같다고 나와 자신을 확신시키려 애를 썼다. 나는 지금 일어나는 것들을 그녀가 부정하고 합리화하는 것을 지지할 수 없었으며, 그녀는 내가 자신의 자기기만에 결탁하여 지지하지 않는 것에 불만족하며 상담을 끝냈다. 나는 슬프고 무기력했으며, 그녀의 안녕이 매우 걱정이 되었다.

3개월 후 나는 그녀로부터 편지를 받았다. 편지에서 그녀는 성공적으로 다시 술을 마시기 시작했음을 자랑스럽게 이야기하였으며, 자신이 "잘 하고 있음"을 길게 설명하고는, 암묵적으로 내가 그녀의 음주의 본질을 완전히 착각하였고, 자신을 알코올 중독으로 진단한 것은 완전히 틀린 것이었다고 적고 있었다. 그리고는 거의 나중에 생각이 난 듯,

편지의 말미에 파티를 마치고 집에 돌아가다가 끔찍한 자동차 사고가 있었고 회복 중이라고 하였다. 그녀는 안전벨트를 착용하지 않았고 거의 죽을 뻔 했으며, 얼굴과 전신에 수백 곳을 봉합수술했다고 하였다. 그녀는 편지를 보낼 때 병원에서 회복 중이었다.

　내가 추측하기에 그녀는 파티에서 음주를 하였고, 그래서 안전벨트를 착용해야 하는 것을 잊었고, 사고 당시 운전에도 문제가 있었던 것 같은데 그럼에도 그녀는 그러한 연관성을 의식적으로 알아차리지 못한 것 같았다. 중독-그림자-콤플렉스의 영향 아래에 있는 자아는 가장 분명한 논리적 현실들과 결과들을 기만하고, 축소하고, 합리화하고, 좌절시키고, 부정하는데 이것은 자아를 심리적으로 조정하고 통제하는 중독-그림자-콤플렉스의 무서운 능력을 증명하는 것이다.

　Sally의 꿈은 그녀의 자아 동일시ego identity가 중독-그림자-콤플렉스the Addiction-Shadow-Complex와 자제력 사이에서 왔다 갔다 하고 있음을 보여준다. 그녀는 부정하는 초기 단계를 통과하고, 일 년 이상 자제력을 유지한 것처럼 보인다. 그러나 그녀의 자아는 다시 기만, 부정, 최소화 그리고 합리화를 하고 있으며, 그러한 상태가 그녀의 사고, 꿈, 의사결정, 행동에 반영되고 있다. 슬프게도, 중독-그림자-콤플렉스는 Sally에게 다시 자신의 통제와 지배 아래로 들어오라고 끊임없이 소리치며 부르고 있다. 여러 가지를 고려할 때, 나는 Sally가 익명의 중독자들 모임의 1단계, 2단계, 3단계를 다시 완전히 밟을 수는 없을 것으로 생각한다. 이러한 비밀스러운 조건들이 있으면, 중독된 자아는 결코 위대한 힘 또는 자기自己의 품 안으로 녹아 들어갈 수 없다. 익명의 중독자들 모임에는 "극복하기 위해 내려놓으라You must surrender to win"(1단계)는 격언이 있는데, Sally는 자제력을 구축하고 중독을 극복하기에 충분할 만큼 내려놓지 못하였다.

Sally의 이야기에는 후기가 있다. 나는 그녀의 편지를 받고 한참 만에 우연히 그녀를 잠시 만났다. 그녀는 자신이 계속 음주를 했으며, 그것이 통제되지를 않고 매우 파괴적인데, 자신은 그렇다는 것을 알고 멈추고 싶지만 아직 시작할 준비는 되어 있지 않다고 했다. 그녀는 심리학적으로 음주를 멈추고 싶은 욕구와 계속 음주하고 싶은 욕구의 사이에서 오도 가도 못하고 사로잡혀 있었으며, 이러한 상태란 중독-그림자-콤플렉스가 자신의 뜻대로 그녀를 착취하고 있음을 의미한다. 익명의 중독자들 모임은 이러한 역동을 매우 잘 이해하고 있어서, 그들의 빅북에는 "어중간한 것은 아무런 도움이 되지 않는다Half measures availed us nothing."[4]라는 격언이 있다.

나는 그녀에게 음주의 자제를 최우선 순위로 하라고 설득하였으며, 그렇게 하는 것이 치유와 회복을 위해 절대적으로 필요하다고 강조하였다. 그녀는 나의 이러한 권유에 자신은 다른 여성 치료자에게 상담을 받고 있으며, 그녀는 음주 문제가 아니라, 성과 관련된 문제를 다룬다고 함으로써 반격하였다. Sally와 오랫동안 치료를 하면서 나는 그녀가 자제력을 회복하기 전에는 성과 관련된 문제에서 큰 발전이 없을 것임을 알고 있었다. 나는 미래에 그녀가 행복하기를 소망하며, 은총을 통해 진정한 자기Self의 치유력에 이를 수 있기를 바란다.

Sally는 술을 먹으면 항상 나에게 공격적이고 투쟁적인 칼날을 세웠는데, 이것은 "나에게 이래라 저래라 하지마"와 같은 반항적 태도가 수반된 일종의 호전성이었다. 이런 태도는 그녀가 정상적인 대부분의 시간에 나에게 보이는 매우 긍정적인 전이와는 180도 다른 것으로써, 그녀는 나에게 매우 부정적이고 무시하는 모습을 보인다. 이것은 내가 그녀의 음주에 명백하게 반대하기 때문에, 중독-그림자-콤플렉스가 나를 적으로 보는 것에 기인하는 것이라고 확신한다. 중독-그림자-콤플렉스는 나와 Sally 사이에 거짓된 권력 투쟁을 만들어 내는데, 이것은 자제력의 문제로부터 이탈시키는, 그렇게 똑똑하지 않고, 뻔한 것이지만 이로 인해 결국 Sally는 알코올 사용으로 돌아가게 된다. 사실 권력 투쟁은 사실은 Sally와 중독-그림자-콤플렉스 사이의 것이다.

이러한 종류의 반응은 사실 드물지 않다. 회복 중인 나의 환자들이 다시 중독 행동을 시작할 때, 나는 이러한 부정적 전이 반응을 자주 경험한다.

요약하면, 중독의 문제를 다룰 때 꿈을 고려하는 것이 중요하다. 꿈은 환자의 상태가 남용이나 문제성인지, 아니면 중독인지를 식별하는 데 도움이 된다. 꿈은 페르조나, 개인적 그림자, 거짓된 자기, 콤플렉스, 아니마/아니무스, 그리고 진정한 자기/위대한 힘의 상호작용과 같은 중독에 포함된 중요한 문제들과 역동들을 보여줄 수 있다. 꿈은 개인의 진단, 예후 그리고 치료에 사용될 수 있는 자아의 태도ego attitude를 보여줄 수 있다. 특히 몰입하는 꿈에 대한 꿈 자아와 각성 시 자아의 반응에 초점을 맞추면, 환자가 회복 과정의 어느 위치에 있는지, 재발의 위험성에 대한 경고, 그리고 지원 체계와 회복 과정에서 특수한 유형의 변화와 치료의 조장과 관련된 풍부한 중요한 정보를 제공한다.

결론

Conclusing

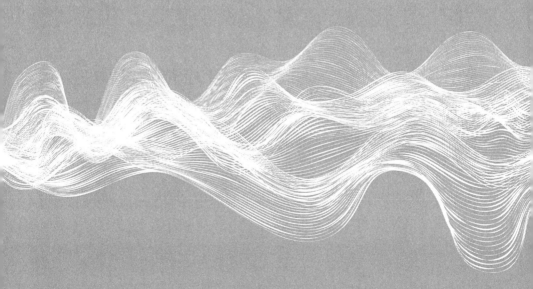

나는 이 책이 우리가 중독이라고 알고 있는 현상의 정신역동을 심상화하고, 묘사하고, 이해하려고 할 때, 도움이 되는 새로운 관점을 제시했고, 그리고 더 좋은 이해의 틀을 제공했기를 기대한다. 내가 기대하는 것은 이 책이 무엇이 진정한 심리학적 중독이고 무엇이 아닌지에 관한 대화와 토론을 활성화하는 것이다. 나의 희망은 익명의 중독자들 모임과 12단계 프로그램이 중독을 치료하는 데 효과적인 이유가, 익명의 중독자들 모임의 경험이 없는 사람들, 특히 정신건강 전문가들 및 일반인들에 의해 보다 분명히 이해되고 진가가 인정되는 데 도움이 되는 것이다. 나의 희망은 원형적 그림자/원형적 악의 개념이 잘못 이해되고 오용되는 것을 막고, 그것이 제공되는 맥락을 고려하여 이해되는 것이다. 나의 희망은 중독 상담자들과 회복 중인 개인들이, 큰 도움이 되고, 때로는 아주 유사한 개념들, 특히 중독의 진단과 치료에 유용한 도구로써 몰입하는 꿈이 갖는 매우 커다란 잠재력을 융심리학에서 발견하는 것이다.

1980년대에 나는 어떤 꿈을 꾸었다. 꿈속에서 나는 손으로 커피잔 크기의 작고 둥근 컨테이너를 운반하는 과제 또는 역할이 주어졌다. 그 컨테이너에는 상상 가능한 원형적 악의 가장 강력하고, 치명적이고, 유독한 농축액이 가득 있었으며, 한 방울만 흘려도 전 세계와 전 인류를 파괴할 수 있었다. 내가 할 일은 매우 조심스럽게, 균형을 유지하며 걸어, 운반하는 병 속의 치명적 내용물을 조금도 떨어뜨리거나 흘리지 않고 의식이 벌어지는 지정된 장소까지 운반하는 것이었다. 이 장소에서 나는 컨테이너를 조심스럽게 영원히 불타는, 적당한 크기의 나무 캠프파이어의 중앙에 놓아야 했고, 그러면 원형적 악을 도가니에 담아 무력화하고, 그것이 인간을 파괴하는 것을 막을 수 있었다.

나는 걸을 때 어깨에 전 세계를 짊어진 듯 느꼈으며, 넘어지거나 한 방울이라도 흘리지 않으려고 모든 힘을 집중하였다. 몸이 힘을 잃어 실패할까봐 나는 공포에 싸였으며, 긴장과 압력 그리고 그 과제가 주는 스트레스로 땀에 완전히 흠뻑 젖어버렸다. 나는 완전히 고갈되었으며, 성공할 수 있을지 자신이 없었다. 마지막으로 내 존재의 신체적, 정서적, 영적인 한 방울의 노력까지 쏟아 부어, 나는 악이 들어있는 병을 성화의 중앙에 성공적으로 놓고는, 뒤로 물러나면서 일생의 과업을 완수한 듯 느꼈다.

나는 이 꿈이 과도하게 팽창한 자아가 과장된 자기 중요성의 역할을 하는 꿈이 아니기를 희망한다. 나는 이 꿈이 나의 개성화 과정의 여행에서 자기自己로부터 주어진 과제였다고 믿는다. 나는 Bill W./칼 융의 편지들을 연구하고 이 책을 쓰기 시작할 때까지 그것을 이해하지 못하였다. 그 여행에서 출간까지는 몇 년이 걸렸다. 나의 희망은 중독의 원형적 그림자the Archetypal Shadow/원형적 악the Archetypal Evil을, 치유, 빛, 그리고 은총으로 가득한 위대한 힘과 자기the Self의 영원한 성화 속의 보여질 수 있고, 포함될 수 있고, 무력화될 수 있는 곳에 놓을 수 있었으면 하는 것이다. 나의 희망은 모든 사람이 보고 알 수 있도록 이 위대한 사기꾼의 베일의 일부를 벗겨버리는 것이다.

모든 것을 고려할 때, 나는 익명의 중독자들 모임의 친구들 중의 하나이기를 희망한다.

"술은 성령으로 다스려라"

노트

Note

서문

1. Ernest Kurtz와 Katherine Ketchum 저, The Spirituality of Imperfection; Storytelling and the Journey to Wholeness (New York: Bantam, 1994), pp. 114-115.
2. 예컨대, A.A.의 빅북Big Book에 "의사의 견해"라는 첫 장을 저술한 William Silkworth 박사는 중독을 이학적 알레르기와 심리적 강박의 조합으로 가정하였다. E. M. Jellinek은 미국에서 알코올 중독을 최초로 연구한 학자인데, 이 책에서는 그의 주목할 만한 연구도 언급하지 않을 것이다. 그는 중독이 보여주는 진행성 황폐의 단계들과 특성들에 관하여 저술하였었다.
3. 오블라띠 선교 수도회의 프란시스 네멕Francis Nemerck, 그리고 은수자 마리 테레사 쿰스Marie Theresa Coombs 저, O Blessed Night: Recovering from Addiction, Codependency and Attachment based on the Insights of St. John of the Cross and Pierre Teilhard de Chardin (New York: Alba House, 1998), p. 5.
4. Gerald May 저, Addiction and Grace: Love and Spirituality in the Healing of Addiction (New York: Harper Collins, 1998), pp. 4-5.
5. *Ibid.*, p. 24.

1장 기초를 닦다: Bill과 칼 융의 서신 교환

1. A.A.의 *Classic Grapevine 35/6* (November 1978), pp. 26-29를 전재.
2. R.F.C. Hull이 번역한 칼 융 전집*The Collected Works of C. G. Jung.*

(Princeton: Princeton University Press, 1953–1979), vol, 18, § 558, 621. (이후 CW.로 표기)

3. Ernest Kurtz 저, *Not God: A History of Alcoholics Anonymous* (Center City, MN: Hazelden Educational Materials, 1979), p, 8.

4. *Alcoholics Anonymous, The Story of How Many Thousands of Men and Women Have Recovered from Alcoholism* (New York: Alcoholics Anonymous Word Service Inc., 1976), p. xxvii.

5. Classic Grapevine 35/6, pp. 30–31을 전재.

6. 예컨대, 불교의 명상 수행, 로욜라의 성 이냐시오Ignatius Loyola의 영신 수련, 게슈탈트 치료, 성 베네딕토 규칙서the Rule of St. Benedict, 쿤달리니 요가, 디팩 쵸프라Deepak Chopra의 작업, 기적 수업, 에크하르트 톨레 Eckhart Tolle의 지금 이 순간을 살아라The Power of Now 등이 있다.

7. Harry M. Tiebout 저, *Conversion as a Psychological Phenomenon* (New York: The National Council on Alcoholism, Inc.), p. 2.

8. Classic Grapevien 35/6, p. 31. 강조는 인용자에 의함.

2장 중독의 정신역동: 전형적인 중독의 발달

1. Daryl Sharp 저, *Jung Lexicon: A Primer of Terms and Concepts* (Toronto: Inner City Books, 1991), p. 123.

2. 칼 융의 "그림자", CW9ii, § 14.

3. Linda Schierse Leonard 저, *Witness to the Fire: Creativity and the Veil of Addcition* (Boston: Shambhala, 1989).

4. *The World Book Encyclopedia*, 1993 edition, Vol. 18, p. 898.

5. Marion Woodman, "Holding the Tension of the Opposites" (오디오 테이프)

3장 중독의 본질적 구성요소인 원형적 그림자/원형적 악의 탐색

1. John Sanford 저, *Evil: The Shadow Side of Reality* (New York: Crossroad, 1988), p. 2.

2. *Ibid.*, p. 9.

3. 칼 융, "Individual Dream Symbolism in Relation to Alchemy", *CW 12*, § 44.

4. Sanford 저 *Evil*, p. 16.

5. James Hillman, ed., *Evil*, Studies in Jungian Thought Series (Evanston, IL: Northwestern University Press, 1967), pp. 7–10.

6. Sanford 저 *Evil*, p. 17.

7. *Ibid.*

8. *Ibid.*

9. Lionel Corbett 저, *Psyche and the Sacred: Spirituality beyond Religion* (New Orleans, LA: Spring Journal Books, 2007), p. 153.

10. *Ibid.*, p. 160.

11. *Ibid.*, p. 150.

12. *Ibid.*, p. 165.

13. *Ibid.*, p. 174.

14. M. Scott Peck 저, *People of the Lie: The Hope for Healing Human Evil* (New York: Simon & Schuster, 1983).

15. *Ibid.*, p. 196.

16. *Ibid.*, p. 199.

17. Paul Woodruff와 Harry A. Wilmer, eds., *Facing Evil: Confronting the Dreadful Power behind Genocide, Terrorism and Cruelty* (Chicago: Open Court, 1988), p. 4.

18. *Ibid.*, p. 24.

19. Peck 저, *People of the Lie*, p. 42.

20. *Ibid.*, p. 44.

21. Hillman ed, *Evil*, p. 14.

22. *Ibid.*, p. 16.

23. Jeffrey Burton Russell 저, *The Devil* (Ithaca and London: Cornell University Press), p. 23.

24. Woodruff와 Wilmer 저, *Facing Evil*, p. 28.

25. Donald Kalsched 저, *The Inner World of Trauma: Archetypal*

Defenses of the Personal Spirit (New York: Routledge, 1996).

26. *Ibid.,* p. 5.

27. Adolf Guggenbuhl—Craig 저, *The Emptied Soul: On the Nature of the Psychopath* (Woodstock, CT: Spring Publications, 1980).

28. Marie—Louise von Franz 저, *C. G. Jung: His Myth in Our Time* (New York: C. G. Jung Foundation, 1975), p. 236.

29. 칼 융, "Symbols and the Interpretation of Dreams", *CW* 18, § 512.

30. Marie—Louise von Franz 저, *An Introduction to the Psychology of Fairy Tales* (Irving, TX: Spring Publication, 1978), p. 96.

31. *Ibid.*

32. 칼 융, "그림자", *CW* 9ii, § 19.

33. Clarissa Pinkola Estes 저, *Women Who Run with the Wolves: Myths and Stories of the Wild Woman Archetype* (New York: Ballantine, 1992), p. 63.

34. Von Franz 저, *Fairy Tales*, p. 125.

35. Linda Schierse Leonard 저, *Witness to the Fire: Creativity and the Veil of Addcition* (Boston: Shambhala, 1989). p. 4.

36. Hillman ed, *Evil*, pp. 6—7에서 인용.

37. *Ibid.,* p. 7.

38. Mario Yacoby, Verena Kast, 그리고 Ingride Riedel 지, *Witches, Orges and Devil's Daughter: Encounter with Evil in Fairy Tales* (Boston: Shambhala, 1992), p. 24.

39. *Ibid.,* p. 38.

40. Hillman ed, *Evil*, p. 89.

41. *Ibid.,* p. 94, 96.

42. Kent와 Maria Carr 저, *Unraveling Collective Confusion: Archetypes and Issues* (Cornville, AZ: AI Publications, 2001).

43. Estes 저, *Women Who Run with the Wolves*, p. 248.

44. Leonard 저, *Witness to the Fire.* p. 18.

45. Woodruff와 Wilmer 저, *Facing Evil*, p. 61.

46. Hillman 저, *Evil*, p. 100.

47. *Ibid.*, p. 107.

48. *Ibid.*

49. Ernest Kurtz 저, *Not God: A History of Alcoholics Anonymous* (Center City, MN: Hazelden Educational Materials, 1979), pp. 13 – 14.

50. Liliane Frey – Rohn, "Evil from the Psychological Point of View", in Hillman, Evil.

4장 익명의 중독자들 모임의 12단계 치유 회복 과정

1. Ernest Kurtz 저, *Not God: A History of Alcoholics Anonymous* (Center City, MN: Hazelden Educational Materials, 1979), p. 61.

2. Linda Schierse Leonard 저, *Witness to the Fire: Creativity and the Veil of Addcition* (Boston: Shambhala, 1989), p. 36.

3. *Ibid.*

4. Cited in *ibid.*

5. Twelve Steps and Twelve Traditions (New York: Alcoholics Anonymous World Services, Inc., 1972).

6. Kurtz 저, *Not God*, p. 125.

7. Daryl Sharp 저, *Jung Lexicon: A Primer of Terms and Concepts* (Toronto: Inner City Books, 1991), p. 123.

8. John Sanford 저, *Healing and Wholeness* (New York: Paulist, 1977), p. 57.

9. Eckhart Tolle 저, *The Power of Now: A Guide to Spiritual Enlightment* (Novato, CA: New World Library, 1999), p. 127.

10. Marion Woodman 저, *Addiction to Perfection: The Still Unravished Bride* (Toronto: Inner City Books, 1985), p. 31.

11. Kurtz 저, *Not God*, p. 61.

12. Leonard 저, *Witness to the Fire*, p. 323.

13. 칼 융, "On the Psychology of the Unconsciousness." *CW 7*, § 35.

14. Jolande Jacobi 저, *The Way of Individuation* (New York: New

American Library, 1967), p. 40−41.

15. Leonard 저, *Witness to the Fire*, p. 335.

16. *Ibid.*, p. 351.

17. "Treatment of Alcoholism, Part II", *The Harvard Medical School, Mental Health Letter* 4/1 (July 1987), p. 2.

5장 회복 중인 중독자의 "몰입하는 꿈"

1. Reed A. Morrison 저, "Dream Mapping in Chemical Dependency Recovery", *Alcoholism Treatment Quarterly* 7/3 (1990).

2. James Hall 저, *Jungian Dream Interpretation: A Handbook of Theory and Practice* (Toronto: Inner City Books, 1983), p. 30.

3. Alcoholics Anominous: The Story of How Many Thousands of Men and Women Have Recovered from Alcoholism (New York: Alcoholics Anonymous World Services Inc., 1976), pp. 58−59.

4. *Ibid.*, p. 59.

해제

解題

    200명의 도박중독자에게 '도박에서 이길 가능성'을 물었습니다. 놀랍게도 '이길 가능성이 50% 이상'이라고 답한 사람이 10%에 불과했습니다. 더욱 놀라운 것은 70%가 '이길 가능성이 30% 이하'라고 하였습니다. 그럼에도 그들의 절반이 10년 이상 도박을 계속하고 있었습니다. '질 것을 알면서도 계속 도박을 함'. 이것이 도박중독의 가장 역설적인 본질입니다.

    전통적인 생물심리사회학적 이론은 이러한 중독의 역설을 설명하기 어렵습니다. Gerald May(1991)는 인간은 선험적으로 신을 갈구하며, 그것이 인간의 가장 심원한 갈망이라고 했습니다. 우리는 완전을 추구한다는 것입니다. 알코올은 자아의 방어를 약화시켜 무의식을 경험시킴으로써 완전에의 욕구를 충족시켜줍니다. 그러면 우리는 다시 알코올을 찾게 됩니다. 왜냐하면 알코올은 우리의 가장 심원한 갈망을 충족시켜주기 때문입니다.

    자아는 성장하며 어떤 것을 배척하여 무의식에 억압하는데 이것을 그림자라고 합니다. 그림자에는 생후 얻어진 개인적 그림자가 있고, 생득적인 집단적 그림자가 있습니다. 개인적 그림자는 사람의 형상에 가까운데 이는 의식화가 가능함을 의미합니다. 이는 인간의 영역입니다.

개인적 그림자

그러나 집단적 그림자는 괴물의 형상을 하고 있습니다. 이는 집단적 그림자는 원형의 어두운 측면으로 의식화가 어려움을 의미합니다. 왜냐하면 원형은 집단적 무의식을 구성하는 선험적 조건으로서 엄청난 에너지를 갖고 있기 때문입니다. 이는 신의 영역입니다.

집단적 그림자

'해가 되는 것을 알면서도, 왜 중독자는 그것에 강박적으로 몰입하는 가?' 이제 중독의 역설적 본질에 답을 할 때가 되었습니다. 알코올, 도박, 게임은 자아의 억압을 해제시켜 무의식을 의식으로 올라오도록 함으로써, 우리의 심원한 갈망인 완전에의 욕구를 충족시켜줍니다. 가장 심원한 갈망이 충족되므로, 우리는 음주, 도박을 할 때 엄청난 쾌감을 경험하는 것이며, 그래서 그것을 끊는 것이 어려워지는 것입니다.

구체적으로 설명하면 다음과 같습니다: 알코올, 도박, 게임에 몰입할 때 자아의 방어는 약화됩니다. 이때 개인적 무의식과 집단적 무의식의 내용물(집단적 그림자, 아니마/아니무스, 행운의 여신 등)이 활성화되어 취약한 자아를 사로잡습니다. 이제 자아는 집단적 무의식의 꼭두각시가 되며 이제 인간은 신의 노예가 되는 것입니다. 이것이 David Schoen 의 중독－그림자－콤플렉스, 즉 신들의 전쟁인 것입니다.

중독은 이처럼 자아가 집단적 무의식의 원형에 사로잡힌 상태이며 그래서 중독은 인간 수준의 설득과 비난으로 좋아지지 않는 것입니다. 생물심리사회학적 접근이 중독 치료에서 효과적이지 못한 것도, 이 전통적 모델이 개인적 무의식의 수준에서 중독에 접근하기 때문입니다. 중독자의 치유에 요구되는 것은 개인적 무의식이 아닌 집단적 무의식의 수준, 즉 영적인 체험임을 알 수 있습니다.

도박중독 상담에서 가족상담이 효과적인 것도 같은 이유에서입니다. 도박에 사로잡힌 도박자의 협소한 자아는 가족상담에서 가족의 절망, 심리적 죽음과 부활 등을, 사실상 처음으로 경험하며, 영적인 충격을 받게 됩니다. 그것이 도박중독자의 치유에 커다란 전기가 되는 것입니다. '중독은 *성령으로 다스려라*spiritus contra spiritum.'

역자 약력

—

박성현

가톨릭대학교 심리학과 박사 졸업
현 서울불교대학원대학교 상담심리학과 자아초월상담학전공 교수
(사)한국상담심리학회 상담심리사 1급

이재갑

서울불교대학원대학교 상담심리학과 박사 졸업
임상심리전문가

중독, 신들의 전쟁

초판발행   2022년 3월 30일

지은이   David E. Schoen
옮긴이   박성현 · 이재갑
펴낸이   노 현

편 집   김다혜
표지디자인   Ben Story
제 작   고철민 · 조영환

펴낸곳   ㈜ 피와이메이트
             서울특별시 금천구 가산디지털2로 53, 한라시그마밸리 210호(가산동)
             등록 2014. 2. 12. 제2018-000080호

전 화   02)733-6771
f a x   02)736-4818
e-mail   pys@pybook.co.kr
homepage   www.pybook.co.kr
ISBN   979-11-6519-220-4   93180

* 파본은 구입하신 곳에서 교환해 드립니다. 본서의 무단복제행위를 금합니다.
* 역자와 협의하여 인지첩부를 생략합니다.

정 가   15,000원

박영스토리는 박영사와 함께하는 브랜드입니다.